Dr. P. Breitwieser

Erfolgreiche Praxisführung durch moderne Psychologie

Erfolgreiche Praxisführung durch moderne Psychologie

Dr. P. Breitwieser

EDITIONES ‹ROCHE›

Satz, Druck und Einband: Mayr Miesbach, Druckerei und Verlag GmbH

ISBN 3-88878-027-6

Großen Dank schulde ich

Herrn Dr. med. Philipp A. Basci,

Facharzt für Psychiatrie
in Basel,
für seine engagierte Mitarbeit.

Er ist es, der mich zu dieser bedachteren,
psychologisch ausgewogeneren Praxisführung
angeregt hat.

Inhaltsverzeichnis

Einleitung

Eine moderne Psychologie der Praxisführung soll dem Arzt helfen, seine Beziehungen zu Patienten, Mitarbeitern und Familie zu verbessern. Die Transaktionsanalyse ist eine derartige moderne und leicht verständliche Psychologie – heute bereits in weiten Kreisen der Industrie, Polizei und zahlreichen weiteren Berufsgruppen eingesetzt – bei denen die Analyse und sinnvolle Steuerung menschlicher Beziehungen wichtig ist. Für welchen Beruf und welchen Menschen wäre eine Kenntnis dieser Zusammenhänge nicht wichtig?

Begriffe

Das Wort Transaktionsanalyse klingt kompliziert. Am liebsten würde ich es abschaffen. Zu schade, daß sich diese simple und einleuchtende Psychologie einen derartigen Titel zulegte. Unter dieser Überschrift geht es dann aber derartig verständlich und einleuchtend weiter, daß man behaupten darf: Transaktionsanalyse kann man sich anhören oder anlesen, anschließend sofort mit Freude und Erfolg selbst praktizieren.

Unsere Art zu denken, zu fühlen und zu handeln wird durch unser Elternhaus, Schule, Freunde usw. sowie durch Erfahrungen des bisherigen Lebens bestimmt. In diesem Rahmen hat jeder Mensch weite Möglichkeiten, sich zu verhalten und zu verwirklichen. Die Transaktionsanalyse hilft uns:

1. Einflüsse unserer Vergangenheit auf unser heutiges Leben besser abzuschätzen und zu verstehen.
2. Uns Klarheit über das tägliche Verhalten zu verschaffen, uns selbst und unsere Umgebung zu analysieren.

Diese Klarsicht der Ursachen und Arten unseres täglichen Verhaltens kann Voraussetzungen schaffen, unser Leben konfliktärmer und glücklicher zu gestalten. Unbewußte Ursachen unseres Handelns werden zum Vorschein gebracht.

Die Transaktionsanalyse unterscheidet:

1. Strukturanalyse: Aufteilung des psychischen Apparates.
2. Eigentliche Transaktionsanalyse: Erkennung und Beurteilung zwischenmenschlicher Beziehungen.
3. Zeitanalyse: Wie füllt der einzelne Mensch die ihm zur Verfügung stehende Lebenszeit aus?

4. Skript-Analyse: Zustandekommen des Lebensmanuskriptes und sein Einfluß aufs Heute.

Die Schlichtheit dieser Psychologie kann mit Volksweisheiten verdeutlicht werden:

A. Erkenntnis ist der erste Schritt zur Besserung: Analysieren und erkennen Sie zuerst, wie Sie derzeit leben.

B. Ohne Fleiß kein Preis: Trotz der Einfachheit der Methode ist es anstrengend, von eingefahrenen und schließlich als schlecht erkannten Denk- und Verhaltensweisen wegzukommen.

C. Übung macht den Meister: Als nützlich erkannte Denk- und Verhaltensmuster müssen täglich geübt werden, um schließlich wirksam zu werden.

D. Alles hat seine Vergangenheit: Wer seine Lebensgeschichte, die auch die Gegenwart mitbestimmt, kennt und analysiert hat, wird nützliche Entscheidungen in der Zukunft fällen können.

Strukturanalyse

Jeder Mensch denkt, fühlt und handelt aus drei Ich-Zuständen heraus:

Wenn Sie befehlen und tadeln, sind Sie in Ihrem strengen Eltern-Ich. Erklären Sie Ihrer Arzthelferin hingegen etwas in bestimmtem, aber ruhigen Ton, sie dabei vielleicht sogar um die Schulter fassend, dann sind Sie gewiß im nährenden Eltern-Ich.

Je ruhiger, sachlicher und nüchterner Sie etwas erklären, sei es einem Patienten, sei es einer Helferin oder Ihrer Frau, desto näher kommen Sie Ihrem Erwachsenen-Ich, dem unbestechlichen Computer Ihres Wesens gleichsam.

Wenn Sie lachen, spielen, tanzen, Freude empfinden und verbreiten, sind Sie mehr oder weniger stark in Ihrem freien Kind-Ich. Manche Psychologen teilen davon noch ein trotziges Kind-Ich ab, das sich z.B. im Weinen, Schreien und Türenschlagen äußert. Das angepaßte Kind-Ich hat sicherlich auch seine Berechtigung, getrennt betrachtet zu werden: Der Turniertänzer und Kunstturner sind Beispiele für erwachsene Formen des braven Kindes.

Die Helferin, die immer ja und amen sagt, befindet sich in diesem Ich-Zustand, ob bereitwillig oder Zwängen folgend, sei dahingestellt.

Der Mensch denkt, fühlt und handelt also mit drei verschiedenen Ich-Zuständen. Unser aller Verhalten ist gleichsam ein tägliches Rollenschlüpfen – oder eine Bevorzugung bestimmter Ich-Zustände. Unsere drei Ich-

Zustände werden in verschiedenen Zeiten mit verschiedenen Mengen von Energie besetzt, wie sich die Psychologen ausdrücken.

Ein erfülltes Leben braucht alle Ich-Zustände und wechselt sie häufig. Mit dieser Besetzung verschiedener Ich-Zustände steuern wir Leben und Kommunikationen. Der Arzt, der die Wirksamkeit eines Medikaments oder die Wirkung einer Operation erklärt, wird tunlichst sein logisches Erwachsenen-Ich mit Energie besetzen, sein freies Kind-Ich mit Lachen und Scherzen zurückhalten, auf die Verbreitung eines Gefühls von Hoffnung und Zuversicht beschränken. Das belehrende Eltern-Ich ist selbstredend mit im Spiel, wird von Fall zu Fall verschieden hoch dosiert. Zumeist sind also alle Ich-Zustände gleichzeitig mit unterschiedlichen Energie-Mengen besetzt. Zusammengefaßt beleuchtet die Strukturanalyse:

Eltern-Ich – Verhaltensweisen, die typisch für Eltern sind. Erwachsenen-Ich – Verhaltensweisen, die typisch für Erwachsene sind.

Kindheits-Ich – Verhaltensweisen, die typisch für Kinder sind.

Der im Augenblick aktivierte Ich-Zustand kann durch Beobachtung bestimmt werden aus:

a) Körperhaltung und Gestik,
b) Klang der Stimme,
c) Wörtern und Sätzen . . .

Nun wollen wir diese drei Ich-Zustände noch ein wenig illustrieren:

Das Eltern-Ich, natürlich schon auch von Kindern übernommen und bei diesen bereits ausgeprägt, äußert sich als kritisches, kontrollierendes Verhalten, autoritäres Benehmen, entsprechende Sprache und Gesten, kritisieren, befehlen, herrschen, tyrannisieren, strafen, schelten usw. Dies soll keinesfalls eine Negativ-Tabelle sein, eine Dosis davon gehört auch zum guten Praxis-Führer.

Nährendes Eltern-Ich äußert sich z.B. in einem beschützenden Verhalten: pflegen, loben, unterstützen, helfen, lehren . . .

Das Erwachsenen-Ich beobachtet; versucht, logisch zu sein, sich Situationen anzupassen, nüchtern zu reagieren. Computer-Verhalten: z.B. Eintragen der Leistungsziffern in einen Krankenschein. Eine Prise freies, freudiges Kind-Ich ist sicherlich auch dabei. Beim Ausfüllen der Steuer-Erklärung hingegen: trotziges, schreiendes Kind-Ich, schwer zu unterdrükken. Die Kommunikationsebene zu Patienten und Arzthelferinnen spielt sich vorwiegend im Erwachsenen-Ich ab. Das Eltern-Ich darf aber auf beiden Seiten nicht gänzlich unbesetzt bleiben, wenn die Essenzen der Kommunikation haften sollen, und ganz ohne freies Kind-Ich, also Freude an der Sache, läuft auch nichts optimal, weder im Praxisbetrieb – noch im übrigen Leben.

Unser *Kindheits-Ich* wurde teilweise in unserer Kindheit aus einem Teil unseres freien Kind-Ich geprägt (sog. angepaßtes Kind-Ich). Wir haben gelernt zu gehorchen, uns zu benehmen, uns auf Verlangen zurückzuziehen, uns schuldig zu fühlen, in Schmollen oder Aufsässigkeit auszuweichen, knatschig und mißmutig zu sein . . .

Schließlich das freie Kind-Ich; auch davon steckt in jedem von uns noch ein Quäntchen: es zeigt sich im Spieltrieb, Faulenzen, Freude, Lachen, Forschen, Neugier, aber auch in Ärger, Weinen und Trotz – hier von manchen Psychologen als trotziges Kind-Ich abgetrennt.

Transaktionsanalytische Darstellung dieser Strukturen:

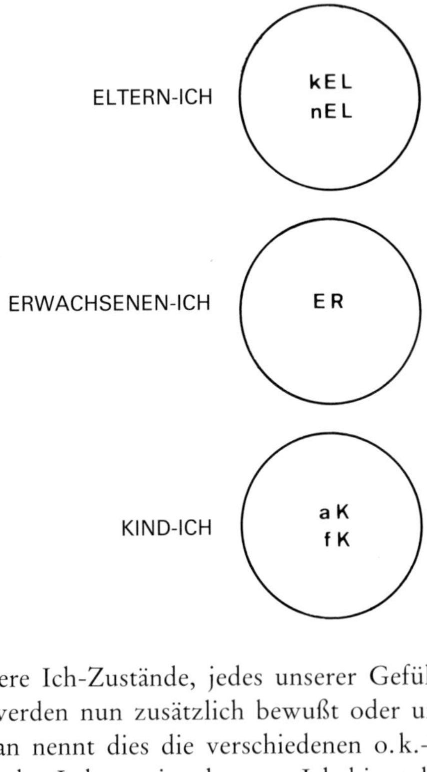

Diese unsere Ich-Zustände, jedes unserer Gefühle, jede Reaktion und Handlung, werden nun zusätzlich bewußt oder unbewußt von uns selbt beurteilt. Man nennt dies die verschiedenen o.k.-Positionen, die wir zu allen Fragen des Lebens einnehmen: »Ich bin o.k. – oder ich bin nicht o.k.« »Du bist o.k. – oder Du bist nicht o.k«. Alle Kombinationen möglich.

»Ich bin o. k. – Du bist o. k.« ist gleich Formel zum Glück, Intimität und Erfolg. Sehr einfach und schlicht gesagt – aber so schwer in allen Situationen zu verwirklichen!

Während sich also die Strukturanalyse mit der Zusammensetzung und grundsätzlichen Funktion der Psyche befaßt, untersucht die *Transaktionsanalyse im engeren Sinne* die Kommunikationsformen zwischen den Menschen. Dieser Teil gab der ganzen Richtung den kompliziert scheinenden Namen. Wir unterscheiden

a) *einfache Transaktionen*

1. parallel
2. gekreuzt

b) *doppelte Transaktionen* = verdeckte Transaktionen

1. parallel
2. gekreuzt

Diese können verbal, also in Worten, oder nonverbal, lediglich mit Gesten ausgedrückt werden: a) *einfache Transaktionen* als Titel, vgl.: b) verdeckte Transaktionen (S. 7)

1. Parallel: Der Sender (Eltern-, Erwachsenen- oder Kind-Ich) ist gleichzeitig Empfänger. Erste Kommunikationsregel: Parallele Transaktionen können unendlich fortdauern.

Beispiel:

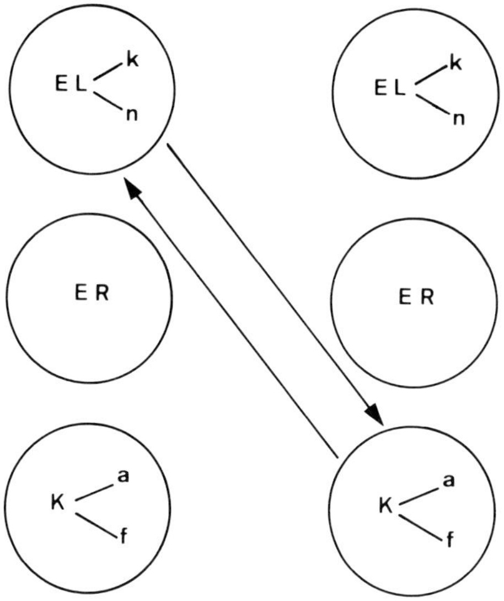

Arzt: »Warum kommen Sie schon wieder zu spät?«

Helferin: »Entschuldigen Sie, es tut mir furchtbar leid und soll nicht wieder vorkommen.«

Arzt: »Aber das sagen Sie jeden Tag.«

Helferin: »Vorgestern habe ich verschlafen, gestern hatte der Bus Verspätung . . .«

Arzt: »Welche Ausrede haben Sie sich für morgen ausgedacht?«

Helferin: »Ich verspreche, morgen will ich ganz bestimmt sehr pünktlich sein . . .«

2. Gekreuzte Transaktionen: Die Kommunikation läuft nicht zwischen den Strukturanteilen parallel hin und her. Zweite Kommunikationsregel: Sobald eine Transaktion gekreuzt wird, führt dies zu einem Überraschungseffekt und Zusammenbruch der gedachten oder gewählten Kommunikationsrichtung. Entweder ist damit der Austausch beendet, oder es wird eine neue Form gewählt, z.B. parallel fortgefahren. Die Unterbrechung der Kommunikation kann dabei sehr rasch erfolgen und nur sehr kurzzeitig sein.

Beispiel:

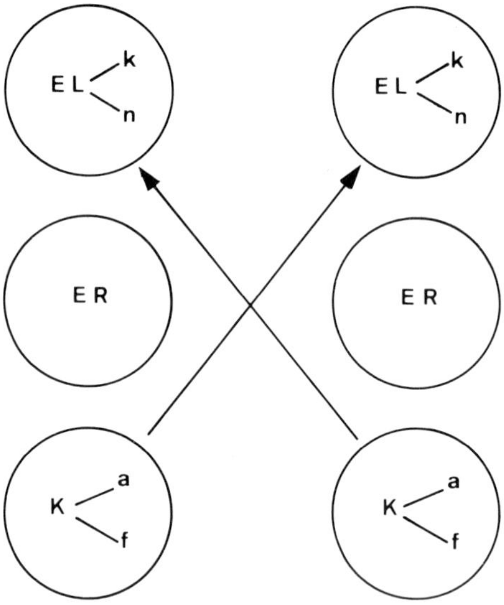

Helferin: »Ich kriege diese Schrägaufnahme einfach nicht hin, Herr Doktor.«

Arzt: »Na, um Gottes willen, was machen wir denn nun? Ich kann und weiß das doch auch nicht.«

Gekreuzte Transaktionen können auch bewußt eingesetzt werden, um eine ungünstige Richtung in eine produktivere zu verwandeln.

Beispiel:

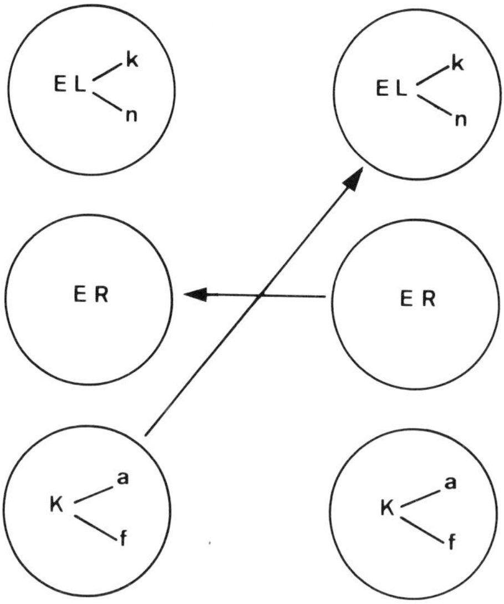

Helferin: »Ich kriege dieses Schrägbild einfach nicht hin.«
Arzt: »Wo liegen Ihre Schwierigkeiten? Lagerung des Patienten oder Einstellung des Gerätes?«

Mit dieser Kreuzung hofft der Arzt, die Helferin aus ihrem Kind-Ich auf ihr Erwachsenen-Ich, ein logisches Denken, umzuschalten. Er will sie auf sein Erwachsenen-Ich anheben, folgt nicht dem Ruf nach seinem nährenden Eltern-Ich: Sonst wäre er mit ihr ins Röntgen geeilt, hätte dort versucht ihr zu helfen, sie dadurch in ihrem bequemen angepaßten Kind-Ich belassen.

b) *verdeckte Transaktionen*

1. Parallel: Die Kommunikation verläuft auf 2 Ebenen, einer offensichtlichen, einer verdeckten. Die Verdeckung kann ein- oder zweiseitig verlaufen. Dritte Kommunikationsregel: Der verdeckte Anteil der Transaktion bestimmt den Verlauf.

Beispiel:

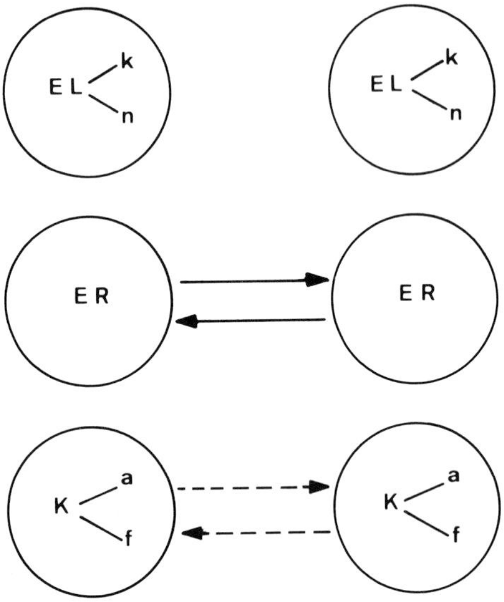

Junger Arzt (nach anstrengendem Praxis-Tag) hat seine beiden Helferinnen zum Abendessen in ein Lokal geladen, die eine war verabredet und ist bereits gegangen. Zur Zweiten: »Oh, es war ein vorzügliches Essen! Jetzt sollten wir zum Abschluß in meiner Wohnung noch eine Tasse Kaffee trinken . . .« (Verdeckt: Sie gefallen mir, ich möchte Sie näher kennenlernen . . .)

Helferin: »Danke, nein, leider vertrage ich keinen Kaffee . . .« (Verdeckt: Auf Annäherungsversuche lege ich im Moment keinen Wert)

Arzt: »Ich habe aber vorzüglichen Ceylon-Tee . . .«

Helferin: »Sehr freundlich, aber ich bin wirklich so voll und kann gar nichts mehr zu mir nehmen . . .«

Arzt: »Na gut, dann schauen Sie sich halt nur meine interessanten Gemälde an . . .«

Helferin: »Sehr nett, aber ich bin heute so müde, einfach zu nichts mehr in der Lage.«

Infolge der Verdeckung haben diese parallelen Transaktionen also die Tendenz, unendlich hin und her zu laufen. Eine Lösung wäre die Aufhebung der Verdeckung: »Ich möchte so gern mit Ihnen schlafen.«

»Kommt überhaupt nicht in Frage.«

Oder: »Wollen wir bei mir zum Abschluß noch eine Tasse Kaffee trinken? Danach bringe ich Sie aber sofort nach Hause«.

»Danke, sehr nett. Es darf aber wirklich nur ein Viertelstündchen dauern, ich werde zu Hause erwartet.«

Es gibt also leicht Komplikationen, wenn man auf einer Kommunikationsebene spricht, aber auf einer anderen denkt oder fühlt, versteckte Ziele verfolgt. Der Kollege spiegelte eine höhere Kommunikationsebene vor, trachtete zu verbergen, was er auf einer tieferen fühlte und dachte.

2. Gekreuzt: Auch hier droht ein Abbruch der Kommunikation, wobei wiederum der verdeckte Teil oft den Ausschlag gibt. Sowohl der offene als auch der verdeckte Teil können gekreuzt sein wie auch nur der offene oder nur der verdeckte.

Beispiel:

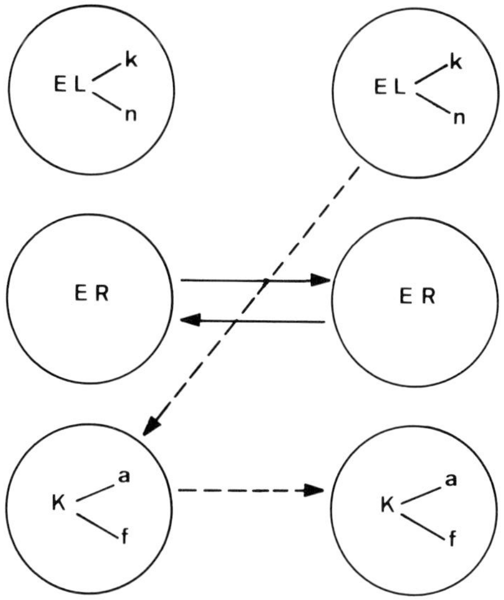

Kollege 1 sagt offen: »Wieder 70 Patienten versorgt heute, der helle Wahnsinn. Bin vollkommen fertig.« (Verdeckt: Meine Praxis geht blendend.)

Kollege 2 darauf (offen): »Ich mache es mir in letzter Zeit bequemer, arbeite z.B. Mittwoch nachmittags und freitags nicht mehr. Man lebt schließlich nur einmal.« (Verdeckt: Du bist doch selber schuld, wenn Du Dir so viel aufflädst. Man kann das steuern.)

Streicheleinheiten

Jede Kommunikation ist eine Art der Zuwendung. Dabei kann Anerkennung oder Ablehnung vermittelt werden. Wir sprechen von positiven und negativen Streicheleinheiten:

Positiv – bedingungslos	= ich mag Dich
Bedingt	= ich mag dich, wenn ...
Negativ – bedingungslos	= ich mag dich nicht
Bedingt	= ich mag dich nicht, wenn ...

Jeder Mensch hat ein unbezwingbares Bedürfnis nach Anerkennung, d.h. Streicheleinheiten. Diese Sucht ist so groß, daß der Mensch sogar nach negativen Streicheleinheiten strebt, wenn er keine positiven bekommen kann. So streiten sich z.B. viele Ehepaare nicht, um eine Lösung ihrer Probleme zu finden, sondern um wenigstens negative Streicheleinheiten auszutauschen. Die Fähigkeit, Streicheleinheiten zu ergattern, wird bereits in unserer Kindheit geprägt. Vielleicht hat also z.B. Ihre Arzthelferin, die Ihnen in letzter Zeit besonders mißfällt, lediglich diese Kommunikationsform gewählt: Sie wurde von Ihnen monate- oder jahrelang kaum beachtet und hat sich nun – unbewußt – in den Lösungsversuch geflüchtet, wenigstens negative Streicheleinheiten von Ihnen zu bekommen.

Wenn man sein Verhalten in der Gruppe Arztpraxis beobachten und analysieren will, kann man sich nach dem bisher Gesagten über folgende Punkte Klarheit verschaffen:

1. Welchen Ich-Zuständen (Eltern-, Erwachsenen-, Kindheits-Ich) entspringt das momentane Verhalten? (Struktur).
2. Welche o.k.-Position wird zu den Mitarbeitern eingenommen? (Erstrebenswert: Ich bin o.k. – Du bist o.k.).
3. Aus welchen Transaktionen besteht die Kommunikation? (offen, verdeckt/parallel/gekreuzt).
4. Welche Formen der Aufmerksamkeit und Zuwendung werden ausgeteilt und empfangen (positive/negative/bedingunslose/bedingte Streicheleinheiten)?

Schließlich beschäftigt sich die hier bevorzugt angewandte psychologische Betrachtungsweise mit der

3. Zeitanalyse

Entsprechend den in der Psychoanalyse aufzuspürenden treibenden Kräften (Sexualtrieb, Aggressionstrieb), gibt es auch in der Transaktionsanalyse derartige Kraftquellen, die man als psychischen Hunger bezeichnet. Vor allem:

a) Hunger nach Zuwendung (positive und negative Streicheleinheiten) sowie

b) Hunger nach Zeitstrukturierung: Jeder Mensch muß und will etwas mit seiner Lebenszeit anfangen. Man kann sich dabei aktiv oder passiv verhalten, strukturieren wird jeder. Daß wir in unserem Bestreben, die Zeit zu strukturieren, gleichzeitig bemüht sind, unseren Hunger nach Zuwendung zu stillen, ist nur verständlich. Sechs Möglichkeiten der Zeitstrukturierung werden unterschieden:

1. Rückzug:	Kommunikationen werden vermieden, man entzieht sich seiner Umwelt.
2. Ritual:	Rituale füllen die Zeit aus.
3. Zeitvertreib:	Die Zeit wird durch belanglose Gespräche und Beschäftigungen ausgefüllt, gleichsam »vertrieben«.
4. Aktivität:	Aktive Auseinandersetzung mit Umwelt und Mitmenschen.
5. Spiele:	Eingeübte Transaktionsformen mit verdeckten Zielen. Verdeckter und versteckter Wunsch, mehr Zuwendung zu erhalten.
6. Intimität:	Erleben von Innigkeit und Vertrautheit zu Menschen und/oder Umwelt.

Beispiele für diese Möglichkeiten der Zeitstrukturierung:

1. Rückzug: Eine Helferin neigt zum Grübeln, ist oft abwesend, mit ihren Gedanken nicht in der Praxis.
2. Ritual: Genormte Transaktion beim Hereinbitten und Begrüßen der Patienten, aber auch Erklärungen von Befunden, Erläuterungen von Verordnungen usw. Nicht gut, wenn z.B. auch der Umgang mit Patienten und Mitarbeitern zum ewig wiederholten Ritual erstarrt ist.
3. Zeitvertreib: Kommunikationen über Wetter, Mode, Autos . . . Unterhaltungsmusik und Illustrierte im Wartezimmer.
4. Aktivität: Jegliche Arbeit, aber auch Reisen, Bergsteigen . . .

5. Spiele: Eingeübte Reihe von Transaktionen mit dem Ziel vermehrter Zuwendung – dieses Ziel wird nicht offen dargelegt. Es handelt sich also um doppelte, verdeckte Transaktionen: Endlose Ehestreitigkeiten, Machtspiele, den Mitmenschen die Schuld zuschieben ... Viele neigen zur Eskalation, können dadurch gefährliche Grade erreichen. Sie erfordern ein besonderes analytisches Vorgehen, Lösungen durch Antithesen sind nicht immer einfach, oft gefährlich. Beispiel der Praxis: Spiel »überlastet«: »Keiner hilft mir, alles muß ich selber machen ...« Verdeckt: »Bin der einzige, der hier Optimales leistet, unentbehrlich, wichtig, arbeite bis zum Umfallen« (tatsächlich oft im Herzinfarkt mündend)...
6. Intimität: Gefühl der Verbundenheit mit Mensch und Umwelt. Momente der Harmonie mit der Natur, verstehender und vertrauender Blick eines geschätzten oder geliebten Mitmenschen, tief empfundenes, ehrliches Gespräch, Versinken ins Musizieren ... Intimität ist nicht gleich Sexualität; Sexualität kann Intimität enthalten, bleibt aber auch oft frei von ihr. Die meisten positiven Gefühle schenkt Zeitstrukturierung durch Intimität. Wir geben und bekommen positive Zuwendung. Jeder Versuch, eine Intimität herzustellen, birgt aber auch das Risiko, zurückgestoßen zu werden. Viele Menschen vermeiden aus dieser Angst jegliche Intimität. Es ist eine Art Verletzungsangst.

Viele Menschen bevorzugen bestimmte Arten der Zeitstrukturierung. Davon wird der Umgang mit Umwelt und Mitmenschen bestimmt. Betrachten wir am Beispiel, wie die Art der Zeitstrukturierung das Verhalten in einer bestimmten Situation leiten kann:

a) Die Arzthelferin wurde von einem Patienten gekränkt und beschimpft, sie weint still vor sich hin. Der Arzt kommt aus seinem Sprechzimmer, sieht die weinende Helferin. Seine Reaktion hängt von der bevorzugten Zeitstrukturierung ab.

b) Möglichkeiten:

1. Rückzug:	Er übersieht die Tränen, wendet sich dem nächsten Patienten zu.
2. Ritual:	»Na, na, machen Sie sich nichts draus. Sie wissen doch, wie die Leute sind.« Vielleicht klopft er ihr dabei noch beruhigend auf die Schulter. Er kennt diese Szenen, seine ungeduldigen Patienten und die sensible Helferin. Sein Trost ist zum Ritual erstarrt.

3. Zeitvertreib:	Er bittet die Helferin in den Aufenthaltsraum und trinkt eine Limonade mit ihr – oder er liest ihr den Wetterbericht aus der Tageszeitung vor.
4. Aktivität:	Er sucht die nächsten Karteikarten für die Wartenden selbst heraus, entlastet seine Helferin.
5. Spiel:	Der Arzt erklärt der weinenden Helferin, sie möge mit dem Weinen sofort aufhören, er könne Tränen nicht leiden (Verdeckt: Wer keine starken Nerven hat, ist nicht geeignet und fliegt).
Intimität:	Er streichelt der Helferin tröstend übers Haar; verspricht ihr, nach der Sprechstunde mit ihr über den Zwischenfall zu reden und nach Lösungen zu suchen, um sie zu entlasten.

Spielanalyse

Vielleicht haben Sie nun bereits Freude an der Strukturanalyse (Einteilung der Persönlichkeiten und Reaktionen in 3 Ich-Zustände), an der eigentlichen Transaktionsanalyse (Beziehungen und Kommunikationen zwischen den Menschen und ihrer Umwelt – es gibt also auch Transaktionen von Mensch zum Tier, ja selbstverständlich auch zu seiner unbelebten Umwelt), schließlich an der Hunger-Analyse (Hunger nach Zuwendung, Streicheleinheiten, Zeitstrukturierung), so dürfen wir Sie nun noch einen Schritt weiter zur Spielanalyse (Verlauf und Ausgang einer Reihe von Transaktionen) und an die Skript-Analyse heranführen (Lebensplan des einzelnen).

Es gibt drei verschiedene Transaktionsreihen (Möglichkeiten des Umgangs):

1. Wir reagieren nach Überprüfung der äußeren Gegebenheiten, nach Berücksichtigung der inneren Bedürfnisse und mitgebrachten Erfahrungen. Die Antwort ist speziell auf eine gegebene Situation abgestimmt. Beispiel: Um einem Kranken zu helfen, verordne ich nach sorgfältiger Diagnose-Findung ein bestimmtes Medikament (= authentische Transaktionsfolge).
2. Wir reagieren auf eine Situation mit einer bereits oft und erfolgreich angewandten Transaktionsreihe. Unsere Antwort paßt genau auf die

Erfordernisse der momentanen Situation ohne Anspruch auf Originalität. Beispiel: Ich beginne ein Patientengespräch mit Bemerkungen über das Wetter, leider heute zu lange oder heute besonders kurze Wartezeiten ... (= zweckmäßige Transaktionsfolge).

3. Den Transaktionsanalytiker interessiert aber besonders eine dritte Form: Die spielerische Transaktionsreihe. Beispiel: Ich suche mir auf einem Ärztetreffen Kollegen für das Spiel »Überlastet«: »Wie schrecklich voll die Praxen wieder sind, wieviel man arbeiten muß, wie anspruchsvoll die Patienten geworden sind, wie einen doch die Besuche mehr und mehr anstrengen, wie wenig wir eigentlich von unserem guten Einkommen haben ...«; heute auch oft durch das Spiel »Rückgang« ersetzt: »Wie schrecklich – die heutigen Zustände: Massenniederlassungen, Einkommensrückgänge, mehr und mehr Ärger mit der KV und den Kassen, Zunahme der Unkollegialität...«

Wir benutzen eine Situation, um eine mehrmals eingeübte Transaktionsfolge ablaufen zu lassen, welche nicht primär auf die äußere Situation reagiert, vielmehr das Ziel verfolgt, dem Auslöser der Reaktionsreihe eine positive oder negative Befriedigung zu verschaffen. Entsprechend der Situation eines Spielers, welcher herumläuft und nach Möglichkeiten späht, andere Menschen zu seinem Spiel zu motivieren oder zu verführen.

Ein solches »Spiel« besteht aus mehreren Teilen:

a) Aussenden von Signalen als Einladung zum Spiel, eventuell durch Hinwerfen des »Einsatzes«: »Ich will ja nicht klagen; aber 20% Rückgang muß ich eingestehen. Und wie steht's bei Ihnen? ...«
b) Bekannter Spielverlauf mit Variationsmöglichkeiten, allen Spielparteien bekannt (scheinbar harmlos plätschernde Transaktionsreihe).
c) Anvisierter und schließlich kassierter Spielgewinn (»Na also, da haben wir's ja wieder, meine Praxis ist doch wesentlich größer als alle anderen ...« »Na ja, den anderen geht es also auch nicht besser als mir ...«).

Von einem Spiel sprechen wir also, wenn eine bestimmte Situation herbeigeführt und ausgenutzt wird, um eine angestrebte und bekannte Transaktionsreihe in Gang zu setzen, welche auf einen Spielgewinn hinarbeitet.

Man darf zwei Arten von Spielen unterscheiden:

A. *Gesellschaftsspiele:* Hier werden harmlose und anerkannte Spielgewinne kassiert. Um den langweiligen Gesellschaftsspielen auf Veranstaltungen zu entgehen (Thema »Auto«, »Steuertricks«, »Fußball«, »Politik« .., bei den Damen »Mode«, »Kinder«, »Schule«, »Dienstmädchen« ..), die oft durch ihren Ritualcharakter furchtbar langweilen, spiele ich häufig, wenn der Kreis nicht zu groß für mein Gefühl der Intimität ist, das Spiel »Witziger Unterhalter«, »Philosoph« oder »Transaktionsanalytiker«. Mein Spielgewinn ist am Ende der Veranstaltung die Meinung zumindest einiger Gäste: »Der ist ein guter Unterhalter, wenn's auch ein bißchen Streit dabei gab . . .« Dieser mein Spielgewinn wirkt sich auf die Mitspieler nicht negativ aus, wenngleich ein Spielziel verdeckt bleibt, nicht deutlich ausgesprochen wird. Der von mir kassierte Spielgewinn bedeutet keine Abwertung anderer.

Anders verhält sich dies bei der zweiten Gruppe, den

B. *Intrigenspielen.* Auf sie ist das Interesse des Transaktionsanalytikers in erster Linie gerichtet.

Beispiel: Spiel: »Ich habe die größere Praxis, das schickere Haus.« Anvisierter Spielgewinn: Gefühl der Überlegenheit, Abwertung des Kollegen. Einladung zum Spiel: »Ich habe gehört, Du hast gebaut. Deine Praxis soll immer noch riesig sein. Erzähl' doch mal Näheres . . .« Ermunterung zum Weitererzählen durch aufmerksame Zwischenfragen, die eigentliche Transaktion wird verdeckt, verborgen. Unterbewußtsein: »Wo ist der Punkt, an dem ich einhaken kann?« Wann beginne ich, von meiner eigenen Praxis zu erzählen, unser Haus zu schildern, ihn indirekt abzuwerten, mein Bild ein wenig aufzudrängen. Ist dies unmöglich, geht es auch andersrum: »Meine kleinere Praxis schenkt mir mehr Freizeit, intensive Beschäftigung mit meinen Hobbys . . . Was hat man schließlich von solch' einem großen Haus? Kostet viel zu viel Heizöl, Putzarbeit, Instandhaltungen. . .«

Wäre die Transaktion offen verlaufen, hätte der Bekannte auf meine Fragen sicher nicht reagiert. Vielleicht besitzt er auch ein unbewußtes Bedürfnis, sich abwerten zu lassen? Oder sein Sensorium ist noch wenig entwickelt, derartig verdeckte Transaktionen aufzuspüren, zu ahnen.

Spielgewinne sind oftmals gesellschaftlich anrüchig, werden vom Spielpartner nicht ohne weiteres akzeptiert. Nicht selten ist sich der Spieler seines anvisierten Gewinns nicht voll bewußt. Manchmal zielen beide Partner unbewußt auf einen Gewinn hin. Dieser nicht akzeptable oder nicht bewußte Spielgewinn macht den verdeckten Charakter der Transaktion aus. Negative Streicheleinheiten werden verteilt oder sogar angestrebt.

Gewinne von Gesellschafts- und Intrigenspielen zielen also ebenfalls auf Befriedigung von Grundbedürfnissen, unseres »Hungers«:

1. Hunger nach Streicheln,
2. Hunger nach Zeitstrukturierung.

Im Hunger nach Streicheln steckt ein Hunger nach Bestätigung, im Hunger nach Reizen Hunger nach intensiven Gefühlen. Dies sind vor allem Grundhaltungen und Gefühle, die in der Kindheit erlebt und eingeübt wurden. Wir wollen sie im späteren Leben wieder und wieder spüren. Dies führt uns zum Begriff: »Masche«.

Gefühlsmaschen

entstehen, wenn die Grundeinstellung des freien Kind-Ich »Ich bin o.k. – Du bist o.k.«, unter dem Einfluß der Erziehung verwandelt oder verbogen wird. Diese unnatürlichen Gefühlsweisen und -einstellungen werden oftmals ungeprüft aufs spätere Leben übertragen. Aus ursprünglichen Gefühlen und Einstellungen werden anerzogene sog. »Maschen«.

Der Transaktionsanalytiker spricht von Gefühlsmaschen und Einstellungsmaschen, die auf Wiederholungen und Bestätigungen während des ganzen Lebens drängen. Das Negative dieser Maschen wird oftmals bewußt oder unbewußt verborgen und bildet den anvisierten Gewinn in Intrigenspielen.

Die interessante *Spielanalyse* stellt sich folgende Fragen:

1. Ist mein Verhalten eine Reaktion auf die Situation oder eine Benutzung einer Situation zum Erreichen meines verborgenen Ziels, z.B., das Beschaffen von ersehnten Gefühlen, das Bestätigen von Einstellungen bzw. Vorurteilen? Im Hintergrund steht bei allen Spielen der Hunger nach Zeitstrukturierung und Streicheleinheiten.
2. Setze ich verdeckte Transaktionen ein, mit welchen Einladungen versuche ich, den potentiellen Partner zum Mitspielen zu veranlassen?
3. Ist der anvisierte Spielgewinn positiv zu bewerten, strebe ich nach Gefühlen des freien Kind-Ich: Freude, Sex, Trauer, Wut, Lob, nach der Grundeinstellung »Ich bin o.k. – Du bist o.k.«?
4. Treibe ich ein Spiel, um die Verantwortung für eigene Gefühle oder Lebenseinstellungen anderen zuzuschieben? Den anderen für den Spielgewinn verantwortlich zu machen?

Beispiel: Meine Schwiegermutter erzählte meiner Frau: »Meine Schwester klagte wie üblich über ihren Schwiegersohn: Arbeitsscheuer Lehrer, in allen praktischen Dingen sehr ungeschickt, knauserig...und ihre Tochter habe ja leider auch nur einen zu einfachen Beruf als Kindergärtnerin erlernt... Die Lebensplanung der beiden sei eben vollkommen falsch gewesen. – Daraufhin habe ich erzählt, wie das bei Euch ist, meine liebe Tochter: Begeistert von Deinem Beruf und Eurer guten Ehe gesprochen... Da wurde meine Schwester plötzlich furchtbar böse und begann, Euch und Euer Leben auf primitivste Weise abzuwerten. ›Wie kannst Du mir dies nur antun!‹ – Habe ich gesagt, ›Du liebst doch meine Tochter und mochtest mich auch immer – ich verstehe das alles nicht!‹ Hast Du da noch Worte? Was sagst Du denn dazu? Wie konnte das passieren?«

Die Antwort meiner Frau: »Ganz einfach, Du solltest Dein ewiges Spiel: »Mein Kind ist besser als Deines, mein Schwiegersohn taugt mehr...« meiden. Erst lockst Du sie, machst Dein Spielangebot: ›Erzähle von Deinen Schwierigkeiten, pack' schon aus, liebe Schwester!‹ Wenn Du dann alle Schwierigkeiten aus ihrem Hause kennst, packst Du aus, lobst die Deinen und wertest sie damit ab. Hätte Deine Schwester diesen Deinen Spielgewinn geahnt, wäre sie niemals darauf eingegangen. Über die heftige und plötzliche Spielabsage dürftest Du Dich nicht wundern. Du solltest Dir Deine Spielpartner sorgfältiger aussuchen...«

Das Merkwürdige: Schwiegermutter, die so gern das Spiel »Richterin« spielt, Position: Ich bin o.k. – Ihr seid nicht o.k. – oder weniger o.k., wurde still, dachte nach und gab zu: »Ich bin richtig dankbar, daß Du mich veranlaßt hast, dies von einer ganz anderen Seite zu sehen. Weiß nächstens besser, wie ich mit ihr umgehen soll...«

Spielanalysen erfolgen also auf der Ebene unseres Erwachsenen-Ich, werden aber nur voll angenommen, wenn auch unser freudiges freies Kind-Ich und ein nährendes Eltern-Ich im Spiel sind.

Zum »Spielen« gehört oft auch

Rabattmarkensammeln

Spiele bezwecken, wie wir gesehen haben, bestimmte Gefühle oder Bestätigungen von Lebenseinstellungen. Man kann diese Gefühle nun umgehend ausdrücken, Konsequenzen daraus ziehen, Handlungen ableiten oder variieren, man kann diese Gefühle oder Einstellungen aber auch sammeln, um sie dann eines Tages gegen etwas Größeres einzutauschen.

Beispiel: Eine vielgescholtene Arzthelferin nickt und folgt, sammelt im Stillen jedoch ihre Rabattmarken, löst sie eines Tages (das Faß läuft über) gegen eine unerwartete und impulsiv erscheinende Kündigung ein. Vielleicht verstärkt dieses Rabattmarkensammeln auch ihre bereits vorhandene

Grundeinstellung »Ich bin nicht o.k.«, und sie begeht eines Tages einen Selbstmordversuch.

Rabattmarkensammeln dient demnach dazu, eines Tages etwas tun zu können, was man sonst eigentlich nicht tun würde. Leider werden häufig – von der Umgebung unbemerkt – negative Rabattmarken gesammelt. In der Arztpraxis gibt es aber auch das Sammeln positiver Rabattmarken: Der Arbeitgeber ist am Ende des Quartals infolge der Abrechnung und des andauernden Fleißes seiner Mitarbeiter derart von positiven Gefühlen überhäuft, daß er beschließt, für alle eine Woche Sonderurlaub einzuschieben. Oder er löst seine positiven Rabattmarken gegen ein verlängertes Wochenende ein.

In Ergänzung der Spielanalyse wird oft auch von

Theateranalysen

gesprochen.

Wie in einem Theaterstück, übernehmen die Menschen gelegentlich bestimmte Rollen. Es fällt leicht, diesem Stückchen einen pointierten Titel zu geben. Beispiel: »Schaut Euch diese unfähigen Kollegen an!« Rollen: Auf der einen Seite der souveräne Arzt, der keine Fehldiagnosen stellt; die bestätigend nickenden Helferinnen, Ehefrauen oder gar Patienten. Auf der anderen die Versager.

Während des Stücks können die Rollen gewechselt werden: Die Helferin schimpft plötzlich auf einen Arzt, den sie gerade konsultiert hat. Der Unfehlbare wird von einem Patienten oder Kollegen angerufen, heftig auf einen Fehler hingewiesen und wechselt selbst in die Rolle des Versagers. Man kann diese Stücke in Lustspiele, Dramen usw., einteilen. Sie sind auch zwischen den Ich-Zuständen im selben Menschen möglich.

Schließlich gelangt der Transaktionsanalytiker zur

Skriptanalyse

Sie geht davon aus, daß unsere gegenwärtigen Einstellungen und Taten von der Vergangenheit mit geprägt werden. Dies führt zu einer Wiederholungstendenz. Das Skript bestimmt unser Leben wie ein Drehbuch. Skriptanalyse untersucht die Art dieses Drehbuchs, die Rollen, die wir spielen, seine Entstehungsgeschichte in unserer Vergangenheit. Ziel: Gegenwart und Zukunft besser verstehen zu lernen.

Zum besseren Verständnis sei kurz geschildert, wie sich aus transaktionsanalytischer, schematischer Sicht die Persönlichkeitsstruktur entwickelt:

Ein Kind kommt auf die Welt und reagiert vor allem aus seinem freien Kind-Ich. Elterliche Einflüsse beginnen bereits hier zu fördern und zu bremsen. Mit der Entwicklung der Denkfähigkeit erwacht nach ungefähr einem halben Jahr der sog. »Kleine Professor«: Weisheit und Kreativität, spontanes Denken und Erproben, nicht an Logik und Sprache, eher an Bild und Symbolik gebunden.

Auf die Forderungen und Vorschriften der Eltern reagiert der kleine Mensch mit Bildung seines angepaßten Kind-Ich. Bereits nach dem ersten Lebensjahr unterscheidet der Transaktionsanalytiker ein angepaßtes Kind-Ich, einen kleinen Professor und ein freies Kind-Ich.

Durch Auseinandersetzungen mit der Umwelt erwacht ein Erwachsenen-Ich, ungefähr parallel dazu – durch Identifikation mit den Eltern – das Eltern-Ich, unterteilt in nährenden und kritischen Faktor.

Elterliche Botschaften beginnen, mehr und mehr das weitere Leben des Kindes zu prägen; wir sprechen von Einschärfungen als Grundlage des Skripts und Gegeneinschärfungen aus dem Gegenskript.

Wie ein Computer wird der kleine Mensch geprägt, programmiert, seine Entwicklung – durch diese Prägung und Reaktionen darauf – bestimmt. Grundsätzliche Informationen und Prägungen sind z. B.:

Existenz des Kindes erwünscht oder nicht?
Individuelle Art und Geschlecht akzeptiert?
Einstellungen gegenüber dem Leben und anderen Menschen?
Umgang mit Mensch und Umwelt?
Kommunikationsarten?

Diese Einschärfungen führen zum Skript, – dem groben Lebensplan, der z. B. grundsätzliche Gefühlsrichtungen festlegt. Einschärfungen führen so zur o.k.- oder nicht o.k.-Position des Kindes in seinem Leben. Positiv zu wertende Einschärfungen nennen wir *Förderer*, negative, die eine Entfaltung hemmen, *Bremser.*

Ungefähr bei Schulbeginn versuchen dann die Eltern oft, diese Einschärfungen zu korrigieren und zu mildern, wir sprechen von Gegeneinschärfungen; neue Aufforderungen zu grundsätzlichen Verhaltensweisen: Sei ehrlich, fleißig, höflich, versuche immer, es allen recht zu machen…, also auch hier positive und negative Gegeneinschärfungen, *Antreiber* und *Erlauber* genannt (gönn' Dir was, tu' Dir was Gutes…).

Ausführungsprogramme legen dann fest, wie das Kind mit Einschärfungen und Gegeneinschärfungen umzugehen hat.

Dieses Drehbuch enthält auch detaillierte Regie-Anweisungen, die in einem Leitthema zusammengefaßt werden können: Man spricht von Skriptthema, einem Leitsatz entsprechend.

Einschärfungen, Gegeneinschärfungen und Ausführungsprogramme sind nichts anderes als Hervorhebungen der uns bereits bekannten Persönlichkeitsstrukturen. Je nachdem, ob sie fördernd oder bremsend wirken, sind sie z. B. im freien Kind-Ich oder angepaßten Kind-Ich enthalten, Gegeneinschärfungen ins nährende Eltern-Ich (Erlauber) oder kritische Eltern-Ich (Antreiber) einzuordnen.

In der Skriptanalyse wird versucht, Skript und Gegenskript zu erkennen, zu analysieren, Ziele für zweckmäßige Änderungen zu erarbeiten. Das Erkennen von Einschärfungen, Gegeneinschärfungen, bevorzugten o. k.-Positionen und Skriptthema sowie Ausführungsprogrammen mit darin enthaltenen Spieltrieben und Gefühlsmaschen kann helfen, zweckmäßige Veränderungen im Lebensplan anzustreben, eine Tiefe der Transaktionsanalyse, die der Praxisführer in seiner Arbeitsgruppe und seinen Patienten gegenüber aus Zeit- und Kenntnisgründen nicht immer oder nur selten erreichen wird.

Gegenargumente

Nichts Neues, alles längst bekannt und klar! Höchstens eine neue Optik, eine andere Beleuchtung auf der Bühne der Psychologie. Beleuchtungseffekte können aber vieles verändern, wohl auch Gefühle variieren.

Das simple Vokabular der TA besticht, kann auch verführen. Ein Arzt könnte seine Mitarbeiterinnen mit diesem Verfahren manipulieren. Es ist wohl ehrlicher und befriedigender, die Mitarbeiter in die Methode einzuführen: »Ihr sollt, Ihr müßt, Ihr dürft – Sie sprechen heute aber vorwiegend aus Ihrem strengen Eltern-Ich, Herr Doktor«, darf die Arzthelferin mir ruhig entgegnen, auch nach einem dreisten Scherz entschuldigend hinzufügen: »Wollte nur Ihr freies Kind-Ich mal hervorlocken, sonst so langweilig heute...«

Nicht immer wird es so einfach sein, ein verschüttetes freies Kind-Ich zu entfalten, wie bei meinem grundhäßlichen Pfarrer. Durch multiple Fehlbildungen gezeichnet, ein Bein hinter sich herschleifend, hatte er die Nase gründlich voll von »Psycho-Menschen« und Analyse-Pritschen, Psychotherapie und Sexualberatung: »Ich weiß doch längst ganz genau, was mit mir los ist. Ich kenne mein Ejakulationsdefizit, habe aber Erektionen. Brauche endlich eine Partnerin, mit der ich üben darf, die mir nicht davonläuft – oder ich werde nervös, schwitze und laufe davon... Nun beschaffen Sie mir doch endlich diese Partnerin...«

Da liest man in den Zeitschriften über Sexualtherapie, Übungen mit Medien und Therapeutinnen – gibt es dies in Deutschland und wo?

Die Fachzeitschrift antwortete überhaupt nicht auf meine Anfrage. So versuchte ich's mit dem geschenkten Hunderter und schickte ihn nach St. Pauli, in die »Große Freiheit«, empfahl den Club, in dem wir – meine Frau und ich – vor einigen Jahren selbst einmal waren. Nur teils vulgär, teils ästhetische Vorführungen aller Positionen und Möglichkeiten...

Hat er noch etwas dazugelegt und es weiter getrieben? Geholfen hats jedenfalls, er fand den Anschluß, besitzt sie heute, die ersehnte, auch sexuell intime Partnerin.

»Das würde ich nie tun! Diese Art der Sexualtherapie, auch das mit St. Pauli nicht...«, zischt die Kollegenfrau ärgerlich. »Aber das ist wie mit den Krebskranken«, entgegne ich. »Da sagt man sich auch: ›Diesen verstümmelnden Eingriff, das würde ich nie an mir vornehmen lassen...‹ Ist man dann eines Tages wirklich so krank, ändern sich Persönlichkeit und Ansichten grundlegend. Man akzeptiert auch die unangenehmsten Lösungsversuche, versprechen sie nur die geringste Hoffnung...

Ich sage den Leuten immer: »Denkt doch mal logisch!...Kinder! Ihr müßt doch erkennen...«

Habe nicht mitbekommen, wovon der Kollege spricht, erkenne nur die Anhäufungen von Äußerungen seines strengen Eltern-Ich: Immer: denkt doch, Kinder! Ihr müßt! Und dann kommt natürlich wieder der berühmte gesunde Menschenverstand. Ist er wirklich so gesund bei einem Kollegen, der sich vorwiegend aus seinem strengen Eltern-Ich heraus äußert? Zweifellos kommt er gut an bei Patienten, die es gewohnt sind, sich tagein tagaus in ihrem angepaßten Kind-Ich aufzuhalten. Die es gelernt haben, das Gehorchen zu lieben. Auch einen Betrieb kann man so führen. Eine Klinik kann gut laufen unter solchen Chefs. Unter der neuen Inszenierung mit Transaktionsanalyse kann es Schwierigkeiten geben – aber auch viel besser laufen und verborgene Kräfte mobilisieren. Das Vokabular ist einfach, die Methode selbst zweifellos keineswegs immer, wenn man Erfolge wünscht.

»So denkt und handelt doch jeder vernünftige Mensch!«

»Wirklich?«

»Langweilig und uninteressant«, meint eine Kollegin, der Kollege neben ihr findet meine Ausführungen aber sehr anregend.

»Wie ordnen Sie mich ein?« fragt ein anderer.

»Bin schließlich kein Handleser. Jeder, der Spaß an der Methode hat, kann sich schließlich selbst finden, sich und andere analysieren, ein Erfahrener wirkt vielleicht katalysierend, einführend und vorsichtig führend mit.«

Sprechstunden-Spiele

Arzt – Patienten – Helferinnen – Arztfrau – Pharmareferenten – Lieferanten – Studenten – Standesfunktionäre ... ein Gewimmel mit zahlreichen und verzahnten Beziehungen, das man auch als Spielwiese für mannigfache Transaktionen sehen kann.

Die Aufmerksamkeit auf einzelne Aktionen dieser »Spielwiese Arztpraxis« zu konzentrieren, diese sorgsam zu beobachten, zu analysieren, gute und böse Spiele zu erkennen, kann nicht nur nützlich für den Betrieb und das Verständnis der eigenen Person und aller »Gegenspieler« sein, sondern nebenbei auch noch einige Freude bereiten.

»Zur Sicherheit ...«

ist wahrscheinlich das heute in Arztpraxen am häufigsten abrollende Spiel.

Ein Blick auf den Überweisungsschein verrät, daß der Auftrag nicht auf ausgewählte Leistungen begrenzt wird. Wird die einleitende Frage: »So, Herr Dr. S. schickt Sie also zu mir ...?« mit: »Nein, dort habe ich nur um einen Schein gebeten«, beantwortet – wie heute so häufig der Fall – dann haben Arzt und Patient absolute Transaktionsfreiheit.

»Wo tut es weh?« »Hier, die Schwellung!« »Zeigen Sie her! Aha. Schneiden wir auf, dann wird alles gut ...«, wäre eine schlichte, operative Möglichkeit, ein gleichsam ritualisiertes Verfahren: Kommunikation vom Erwachsenen zum Erwachsenen-Ich – oder Kommunikation vom Erwachsenen – zu Erwachsenen-Ich – oder Transaktion vom hilfesuchenden Kindheits-Ich des Patienten, der Schmerzen klagt und erleidet, angepaßt (verhalten) oder frei (laut klagend), zum nährenden plus belehrenden Eltern-Ich des Arztes.

Die meisten der heutigen Sprechstunden-Transaktionen gestalten sich jedoch viel aufwendiger. Wir leben schließlich nicht mehr im Postkutschen-Zeitalter. Unsere Autos protzen mit 100 wundersamen Knöpfchen, fahren nicht nur rascher, sondern können in jeder Hinsicht 100mal mehr, bieten Ablenkung, Abwechslung und Komfort ...

Da »Wo tut es weh?« für die meisten unserer Patienten zu simpel ist und nicht ausreicht, wird nach »Beschwerden« im Plural gefragt – oder, noch vorsichtiger, mit »Was führt Sie zu uns?« eine Transaktion eingeleitet, die der Hilfesuchende, keineswegs immer Kranke, klagsam mit wortreichen Schilderungen fortsetzt, z.B.: Symptom Hodenschmerz, ein Ziehen, kein richtiger Schmerz, eine Beunruhigung eher, wird in zeitliche, räumliche, familiäre, bewegungsabhängige Zusammenhänge gesetzt, vielleicht durch Zwischenfragen des Arztes gesteuert.

Vorläufige Diagnose nach diesem Beschwerdebild: Ich werde wohl nichts finden. Die Vermutung wird durch die sich anschließende Betastung des Organs bestätigt. Das Urteil »o. B.« wird dem Kranken durch Schilderung der Einzelbefunde – Größe, Konsistenz, Nebenhoden – erläutert, gleichsam schmackhaft gemacht.

»Vielen Dank! Nun bin ich aber beruhigt. Auf Wiedersehen, Doktor.« Der Patient verläßt zufrieden die Praxis. Eine simple Transaktion, offen zwischen gleichen Ich-Zuständen, findet ihr harmonisches Ende.

Vielleicht ist der Mediziner, wenn er an diesem Tage nicht viel zu tun hat, ein wenig traurig, daß er nichts gefunden hat, was seine höheren Fähigkeiten gefordert hätte. Aber diese Transaktion zwischen dem traurigen, enttäuschten Kindheits-Ich des Arztes und dem lachenden gleichen Ich-Zustand des »Kranken« bleibt unterschwellig, unausgesprochen; wird vielleicht sogar durch eine Bemerkung wie: »Ich freue mich für Sie, daß es kein Tumor ist!« (aus dem neutral-logischen Erwachsenen-Ich) zugedeckt, neutralisiert oder kaschiert.

Lediglich die Helferin am Aufnahmetisch errät aus der ärgerlich hingeschleuderten Karteikarte (Kindheits-Ich) die mühsame Angepaßtheit des Chef-Zustands. Das Wartezimmer ist nämlich mit diesem Abgang endgültig leer.

Manchmal läuft eine derartige Bagatell-Konsultation aber heute über eine weit ausschweifendere Transaktion. *»Das freut mich ja, aber . . .«* lautet der Spielanteil des Hilfesuchenden, und der Arzt geht bereitwillig mit den Worten: »Dann wollen wir mal zur Sicherheit . . .« darauf ein.

Den Spielcharakter gewinnt diese Transaktion durch ihren verdeckten Modus: Während zwei Erwachsene ruhig miteinander zu sprechen scheinen, belehrt das Eltern-Ich des Kranken den Arzt, zweifelt und nörgelt an seinem Urteil. Der Arzt wiederum geht auf dieses »Spiel« ein, läßt sich bereitwillig auf sein braves, angepaßtes Kindheits-Ich herunterdrücken – aus Angst, vielleicht wirklich etwas Wichtiges zu übersehen – oder aus Gewinngründen. Wer weigert sich schon gern, etwas mehr zu verdienen; zumal, wenn's mit ehrlicher Arbeit geschieht?

Aber gerade dadurch wird diese Transaktion zu einem zwar nur beidseitig halbbewußten, nicht minder unehrlichen Geschehen – eben zum »Spiel«. Beim erstgradigen Spiel »zur Sicherheit . . .« werden nun Laboruntersuchungen . . . und weitere Konsultationen (»Wir schauen uns das zur Sicherheit in 2–3 Wochen nochmal an . . .«) vereinbart. Spieler zweiten Grades steigern sich bis zu Röntgenuntersuchungen, Einsatz von Radioisotopen und Überweisungen an andere Fachkollegen (mit möglichen, geringen Schädigungen verbunden), und harte Spieler operieren oder veranlassen operative Eingriffe (»Man kann nie wissen . . .«), mit sicheren Schädigungen des »Kranken« verbunden, und wenn dies – bleibend – nur eine unnötige Narbe ist – im Extremfall aber z.B. der Verlust eines Hodens.

Natürlich sind alle Schritte dieser transaktionellen Eskalation medizinisch wohlbegründet: Hinter den Hodenschmerzen kann ein Bandscheiben-Schaden, ein Harnleiterstein, die Samenstrang-Varikozele oder ein kleiner, maligner Hoden-Tumor stecken. Alles Raritäten, von denen aber jeder Arzt schon gehört oder die er gar selbst erlebt hat. Ergo: Vorsicht ist die Mutter der Porzellankiste; alles schon dagewesen. Die diagnostische Spiel-Eskalation läuft mit der therapeutischen zumeist parallel: Analgetika – Antibiotika – physikalische Medizin – Operation.

Das Ende der Transaktions-Kette bestimmen die beiden Spieler gemeinsam – oder einer schert aus.

So kann es passieren, daß der Patient sich eines Tages bedankt und »geheilt« ist, sei es infolge transaktioneller Ermüdung oder im Zuge einer Verbesserung seiner Lebensumstände (Partnerin, Beruf . . .); häufig auch, um sich einen neuen, noch frischen Spielpartner (anderen Arzt oder Heilpraktiker) zu suchen.

Auch der Arzt kann sich vom Spiel zurückziehen, den Klienten z.B. einem Psychiater oder Psychosomatiker zuweisen – oder einfach auf seine Unfähigkeit in diesem Falle verweisen: »Bin am Ende – alles durchgespielt« – oder aus Angst vor der KV, seinem sozialen Gewissen folgend . . . Bei manchen Paaren ist die Spielbegeisterung allerdings grenzenlos – nach Einsatz aller bekannten diagnostischen und therapeutischen Verfahren wird einfach von vorn begonnen. Diese Endlosigkeit ist eins der Charakteristika der Spiele, die ja ihrer Natur nach parallelen, wenngleich verdeckten Transaktionen folgen.

Der Autor selbst hat als junger, psychologisch unerfahrener Klinik-Assistent eine Patientin »verfolgt«, die ihr Komplementär-Spiel »Das freut mich aber . . . Ich hatte schon wieder Koliken . . .« (Harnsäure-Steine mit Neigung zu Nierenbecken-Ausgüssen) bis auf 4 Nieren-Operationen beidseits brachte (mal fand man etwas, mal nichts) – zu Komplikationen führend – beim Verlust einer, dann der anderen Niere endend, heute erfolgreich transplantiert, strahlend – bis zum nächsten unwiderstehlichen

Drang, ihr mit Sicherheit eines Tages tödlich endendes Spiel wieder aufzunehmen.

Dieser Spieltrieb dritten Grades mag dramatisch erscheinen. Zur Tragödie wird er erst dadurch, daß diese »harten Spieler« nicht anders können, als ihrem in der Kindheit erworbenen Spieltrieb zu folgen. Hindert man sie mit einer leichtfertigen, harten Antithese (»Ich habe Ihre Akte studiert. Die meisten Operationen waren unnütz. Warum zielen Sie immer wieder darauf ab, Ihre Ärzte zu falschen Eingriffen zu verführen und zu zwingen? Sie werden sich dadurch eines Tages in Lebensgefahr bringen. – Ich glaube Ihnen jetzt nicht mehr. Habe Beweise, daß Sie auch mich mit Ihren vorgebrachten Beschwerden täuschen wollen. Die Befunde . . . sprechen es deutlich aus . . .«), so kann dies zu einer starken Frustration führen (»Er lehnt mein ›Spiel‹ und mich vollkommen ab – und ich habe ihm so vertraut und war jahrelang so glücklich«), die den letzten »Schachzug« der harten Spielerin auslöst: Anzeige wegen falscher Behandlung, Verleumdungen, Verdrehungen der Wahrheit, Beschimpfungen übelster Art – oder den Selbstmord, gar Ermordung des vorher angebeteten Arztes (authentische Beispiele bekannt).

Pflichtbewußtsein und Berufseid halten die Ärzte allerdings fast immer zurück, das Spiel »Na, dann wollen wir mal zur Sicherheit« (NADAWOWISI) bis zum dritten Grad, also einer Härte, die vorm Gericht oder in der Leichenhalle endet, voranzutreiben oder mitzugehen.

Hohe Arztdichten, mangelnde Praxis-Auslastungen – insbesondere bei Fachärzten – und ein dichter Strom psychosomatischer Fälle, für den man schlecht gerüstet ist, lassen allerdings gelegentlich recht langwierige und ausufernde Spielketten entstehen (bis zum 2. Grade: nichtindizierte Operationen), die in früheren Jahren (Zeitalter der geschmähten 5-Minuten-Medizin) undenkbar, jedenfalls sehr selten waren.

Antithese: Die deutliche Form einer Absage das Spiel NADAWOWISI mitzuspielen, besteht zweifellos darin, den Patienten nach einer kurzen Erläuterung des »o. B.« einfach zurückzulassen und in einem anderen Raum seiner Arbeit nachzugehen, sich anderen Kranken zu widmen. Eine Helferin geleitet den Spiellustigen ins Wartezimmer zurück, wo er seinen Hut nehmen kann, in vielen Fällen sicherlich grollend: »Aber ich habe noch viele Fragen – ich war doch noch gar nicht fertig . . .« Eine Frage, die dieser Patient nicht stellen konnte und die viele Patienten mit Hoden- und Leistenschmerzen erst beim Abschied – nach langem Palaver – an der Tür stellen, kurz vor oder nach dem Abschieds-Händeschütteln: »Was ich noch sagen wollte – fällt mir gerade noch ein – hängt das eigentlich damit zusammen, daß sich gar nichts mehr tut bei mir? . . . Ich meine, der kleine Mann sagt gar nichts mehr!«

»Setzen Sie sich bitte wieder hin – jetzt fängt das Problem ja erst richtig an!« oder »neuer Termin«, wären die möglichen Reaktionen, sofern man sexualmedizinisch gerüstet ist. Hinter dem oberflächlichen »Spiel« verbarg sich eine echte, verdeckte Transaktion vom Kindheits-Ich des Hilfesuchenden ans Eltern-Ich des Arztes: »Hilfe, meine Potenz ist weg! Ich will sie sofort zurück, Papa. Kauf' mir eine neue . . .«.

Abgesehen von dieser Gefahr, eine verdeckte Transaktion als Spiel zu verkennen, können es sich heute nur noch wenige Ärzte leisten, spielfreudige Bagatell-Klienten leistungsarm mit einfachen Beratungen abzuspeisen. Wirtschaftlich wäre dies, im Sinne der Solidar-Gemeinschaft, für den Patienten und die eigene Kasse aber enttäuschend. Wer den hingehaltenen Hoden nur als solchen sieht, ist heute kein »richtiger« Arzt mehr; wenigstens in den Augen vieler »Patienten« und »moderner« Ärzte. Die Problematik hinter dem beanstandeten Organ will erkannt und bearbeitet werden.

Der Arzt gerät bei diesen Fällen mit Beschwerden ohne organisches Substrat leicht in die Rolle des »Retters«, der Klagende in die des »Nörglers«. Der Retter entfaltet mannigfache Aktivitäten, an deren Sinn er nicht recht glaubt; der Nörgler dankt für jede Einzelaktion, atmet auf, spielt den Hoffenden; wohl wissend, daß er nur ein weiteres Mal enttäuscht werden wird, sein Ziehen im äußerlich normalen Hoden behält. Der unehrliche Charakter dieses Spiels wird durch eben diese Rollen-Verteilung klar: Ein »Retter«, der weiß, daß es nichts zu retten gibt; ein Nörgler, der weiß, daß er die Hilfe nur scheinbar annimmt und weiterhin unzufrieden sein wird. Seine heimliche Freude, sein Spiel ist ja dieses Nörgeln. Die Betonung liegt auf »heimlich«, eine Heimlichkeit unterschiedlichen Grades, die das Verdeckte derartiger Transaktionen ausmacht.

Berne (4) weist bei der Analyse verwandter Spiele auf den »Trend im modernen Denken, der sich von der Religion löst und zur Wissenschaft hin bewegt . . .« und findet »vom existentiellen Standpunkt aus . . . diese Akzentverlagerung fragwürdig«, da praktische, greifbare Erfolge oftmals ausbleiben. Diese neue »Therapie der übermäßigen Nachsicht«, beim Spiel »Alkoholiker« analysiert, wird heute von vielen Ärzten, von Patienten – aber auch den Krankenversicherungen und Krankenkassen – mitgetragen. Auch der Begriff »Fortschritt« hat auf diese Weise Spielcharakter angenommen.

Dieser moderne Trend des Alles-Verstehens und Alles-Akzeptierens (Elemente der ROGERS-Therapie [3], z.B.), so nützlich er für andere Bereiche sein mag, hat sicherlich dazu geführt, daß sich heute die Urheber von Vergehen und Verbrechen sehr oft als gestört oder krank einstufen dürfen, von Juristen und Ärzten dazu aufgefordert. Gefängnisse sind teilweise bereits zu gepflegten Krankenhäusern geworden; und Menschen mit Sorgen zu Kranken, die man ernst nehmen soll. Dieser Ernst kann darin bestehen, daß man die angebotene Rolle annimmt, um fleißig und endlos mitzuspielen; oder daß man seinen Blick für »Spiele« schärft, diese analysiert und eine Antithese zumindest erwägt. Psychosomatisch Leidende als Opfer der Gesellschaft, ihrer Büros und Computer anzusehen, ist eine Betrachtungsweise, die in das Spiel »Was ist das Leben doch so schrecklich« einmünden kann, ohne jemals einen Ausweg zu suchen und zu finden. Arzt und Patient treffen sich, um gemeinsam beredt zu klagen. Verstehend, aber resignierend. Bleibt die Transaktion auf dieser Stufe stehen, ist sie nicht mehr, als Zeitvertreib, Zeit-Strukturierung. Langweilig, ohne die zweifellos interessante, gegebenenfalls dramatische Dynamik der Spiele.

Zurück zu unserem Beispiel: Hodenschmerzen ohne organisches Korrelat.

Die Antithese auf Stufe 2 des Spiels NADAWOWISI kann lauten: »Wir könnten jetzt Isotope, Röntgen . . . einsetzen, aber ich weiß jetzt schon, daß nichts dabei herauskommt. Was für Sie bleibt, ist nur die Strahlen-Belastung – so gering sie vielleicht in Ihrem Fall auch sein mag . . .«

Der »Kranke« trägt damit die volle Verantwortung dafür, ob er aufhören oder das Spiel fortführen will. Dem Arzt bleibt Raum für weitere Einwände oder seine Entscheidung, dem spielhaften Sicherheits-Bedürfnis des Klagenden einen Schritt zu folgen. Es ist wie beim Auto: Die nächste Wagenklasse ist nicht nur dickwandiger, schwerer und sicherer, sondern auch schneller – und damit wird der Vorteil angeblich größerer Sicherheit wieder aufgehoben. Im gleichen Sinne wird ein Arzt mit modernen Röntgeneinrichtungen diese »zur Sicherheit« seiner Kranken häufiger einsetzen, mehr krankhafte Befunde, Wichtiges und weniger Wichtiges, entdecken, gleichzeitig aber die Strahlenbelastung der ihm Anvertrauten erhöhen.

Statt einer klaren Antithese und damit Spiel-Absage sieht das Gespräch an der Schwelle zu Stufe 2 des Spiels aber manchmal folgendermaßen aus:

Patient: »Aber ich habe doch dieses Ziehen . . .«

Arzt: »Bislang haben wir ja nichts gefunden. Man könnte aber nun noch..., wenn man ganz auf Nummer Sicher gehen wollte. Sind Sie denn schon oft geröntgt worden? – Falls Sie also wollen, daß...«

Dies ist keine Antithese, sondern ein verklausuliertes Angebot, weiterzuspielen, wobei alle Verantwortung für eventuelle Komplikationen im Spielverlauf dem Patienten zugeschoben wird. Er soll nun bekennen, was ihm das Spiel wert ist. Der Arzt tritt als »guter Kamerad«, spielbereit, ohne dies klar auszudrücken, zwei Schritte zurück.

Die härteste Antithese wäre die klare Weigerung, weitere aufwendige Untersuchungen auf diesen armen Hoden zu häufen. Verbunden mit dem Angebot, in gewissen Zeitabständen »zur Beruhigung« nachzutasten. Ein Tumor kann tatsächlich zu jeder Zeit entstehen; bei Ängstlichen vielleicht leichter als bei anderen.

Antithese auf Stufe 3 (Patient drängt auf Operation):

a) »Der Eingriff wäre vollkommen sinnlos. Wahrscheinlich hätten Sie hernach sowohl Ihr bekanntes Ziehen als auch zusätzliche Narben-Beschwerden...« (klare Antithese).

b) »Man könnte natürlich operieren. Aber es ist nicht sicher, ob Ihnen das hilft. Es ist möglich, daß Ihre Schmerzen auch nach der Operation anhalten. Jeder Eingriff kann außerdem Komplikationen bringen...« (Schein-Antithese; verschlüsseltes Einverständnis, das Spiel mitzumachen, sofern der Kranke die Verantwortung trägt).

c) »Es gibt hier nichts zu operieren! Sie sind organisch gesund. Der Fall gehört nicht in mein Fach.« (Spiel-Aufkündigung bzw. -Verbot. Harte Antithese. Wenn der Patient sein Spiel nicht aufgeben will, muß er sich einen neuen Partner suchen. In einer Transaktion vom Erwachsenen zum Erwachsenen-Ich könnte der Arzt dabei helfen).

Rollentausch: Wie bei allen echten Spielen können auch während NADAWOWISI die Rollen plötzlich vertauscht werden. Seiner Stimmung (Resignation, Ermüdung durch Monotonie des Spiels in einer Phase ruhigen Schlag-Austausches) folgend, flüchtet der Arzt unvermittelt in sein Kindheits-Ich: »Was sollen wir nur noch tun?! Nun haben wir schon alles mögliche versucht – und Sie klagen noch immer über die gleichen Schmerzen. Wir kommen einfach nicht weiter...« Der Gegenspieler im Patienten hört sofort dieses weinende, um Hilfe bittende Kind; überläßt ihm die Rolle des »Nörglers«, schlüpft in die des Retters: »Aber Herr Doktor, Sie haben mir doch vor langer Zeit mal die roten Tabletten gegeben; da war's wirklich etwas besser geworden... Sollten wir die nicht nochmal probieren? Die letzte Röntgen-Kontrolle liegt auch schon ein Jahr zurück...«

Der Arzt ergreift die Krücke; begreift die Bitte, weiterzuspielen; unbewußt, im Dunst dieser Duplex-Transaktion gefangen: »Sie haben recht. Das könnten wir versuchen und beachten...«, und schon läuft es weiter, dieses »Spiel« ohne echtes Vergnügen; freudlos, und doch zum Nutzen beider Seiten – mit immer größeren, evtl. bedenklichen Folgen – durch eine solche Spiel-Analyse lediglich ans – vielleicht heilende – Licht gebracht. Beim nächsten Zusammentreffen fährt der »Kranke« vielleicht fort, seine Retter-Rolle zu spielen (»Ich habe von einem ganz neuen Mittel gehört...« »Könnten mir vielleicht Massagen helfen?«) – oder er ist wieder in sein Kindheits-Ich geschlüpft, appelliert an das belehrende Eltern-Ich des Arztes, seiner Nörgler- oder Opfer-Rolle folgend (»Ach, es ist wieder das alte Lied. Ich bin ja so verzweifelt, Herr Doktor...«), als wäre bei der letzten Konsultation gar nichts Besonderes geschehen.

»5 Minuten vor 12«

Dieses Spiel wird von gewissen Ärzten gern gespielt. Es entspricht einer verdeckten Bitte um Streicheleinheiten. Ärzte mit schwachem Selbstbewußtsein, denen die Routine-Streicheleinheiten der täglichen Arbeit nicht genügen, spielen es – unbewußt – mit Begeisterung.

»Ihr Blinddarm stand kurz vor dem Durchbruch. Auch nur einen Tag später, und Sie wären tot gewesen...«.

Wenn der Patient abwinkt (»Na, so schlimm wird's nicht gewesen sein...«), läuft das angebotene Spiel nicht weiter. Der Arzt wendet sich gekränkt ab, tritt ans benachbarte Bett.

Nimmt der Kranke an (»O Gott! Wird denn alles gut werden? Konnten Sie's beherrschen, Herr Doktor?...«), kann die verdeckte Transaktion zwischen Kindheits-Ich (Patient) und belehrendem plus nährendem Eltern-Ich (Arzt) verdeckt weiterlaufen: »Ich hoffe schon. Aber warum sind Sie denn nicht früher gekommen? Es war ein Kampf auf Leben und Tod...« Oberflächlich eine durchaus konstruktive Aufklärung über den Operationsverlauf, darunter und unbewußt aber das Spiel: Dramatisierung – Erschrecken; Vorwurf – Entschuldigung; Trost und Verzeihung – Dankbarkeit; Ermahnungen, Verwarnungen – Anhänglichkeit; Schwarzmalerei –

Treue-Schwur. Nach einer Blinddarm-Operation fehlt dem Spiel freilich die typische Dynamik. Ein solcher Chirurg muß sich stets neue »Spiel-Kameraden« suchen. Und er findet sie. So gibt es in allen großen Kliniken Operateure, die »zufällig« nur schwierige Fälle kennen. Bei jedem Eingriff tauchen unglaubliche Schwierigkeiten auf, eingebildete und echte. Hingegen gibt es andere Kollegen, die diese Spielneigung nicht kennen, bei denen fast alles glatt läuft.

In der Praxis des Niedergelassenen kann sich die Dynamik des Spiels 5M12 viel besser entfalten. Bemerkungen wie: »Ihre Laborwerte sind schrecklich!«, »Was haben Sie nur wieder angestellt!«, »Gut, daß Sie endlich gekommen sind!«, »Schlimm, aber das schaffen wir schon gerade noch«, »Gut, daß Sie zu mir (Betonung auf mir!) gekommen sind« usw. weisen darauf hin. Der Arzt bevorzugt sein belehrendes und nährendes Eltern-Ich, fühlt sich am wohlsten, wenn der Kranke im angepaßten, braven Kindheits-Ich reagiert und verbleibt.

Die Untergrund-Transaktion lautet etwa: »Du bist chronisch krank, ich will Dir nur helfen. Damit ich es kann, mußt Du aber meinen Anordnungen strikt folgen.« »Ich tue alles, großer Meister. Ich bin für alles grenzenlos dankbar.«

Dieses Spiel kann durchaus konstruktiv sein, hat aber die Tendenz, dem Patienten zu wenig Verantwortung und eigenen Entscheidungs-Spielraum zu belassen, wodurch er leicht ins störrische, freie Kindheits-Ich abkippt und z. B. plötzlich alle Pillen ins Klo wirft oder trotz seines Zuckers einen Kuchen-Exzeß feiert, um gegen den »Vater Arzt« aufzubegehren, anschließend als reuiges weinendes Kind das »Spiel« desto mehr zu genießen.

Ärzte, die 5M12 spielen, neigen dazu, unkollegiale Seitenhiebe auszuteilen (»Wer hat denn das verordnet!« – »Ein wenig qualifizierter Rat des Kollegen X!« – »In diese Klinik ginge ich niemals!« – Kopfschütteln – »Wer sich heute so alles niederläßt...«), um ihren Spielpartner bei der Stange zu halten.

Schert der Kranke aus dem Vater-Kind-Spiel aus, ruft z. B. am Wochenende den Notarzt, zitiert dessen abweichende Meinung, bittet um eine Überweisung zum Facharzt, reagieren diese Kollegen tödlich beleidigt:

»Vertrauen Sie mir nun, nachdem wir uns doch schon Jahre kennen, oder...?« Klartext: »Halte Dich an die Regeln des Spiels, oder Du bekommst die rote Karte!« Oft schert der Kranke in diesem Moment aus, weil er das neue Spiel: Richter, Zeuge (Arzt mit 2 Rollen) und Angeklagter (Patient) nicht mitspielen will. Er sucht sich einen neuen, weicheren Spieler, während der Arzt in ein Spiel mit sich selbst flüchtet (»So sind sie eben, die heutigen Patienten: anspruchsvoll und undankbar...« – Opfer und Richter in einer Person).

Antithese: Um nüchterner, selbstkritischer und objektiver zu werden, sind z. B. psychologische Studien geeignet, transaktionsanalytische Kenntnisse, um die Dynamik solcher Spiele belustigt zu erkennen und ihnen entgegenzuwirken.

Es sei nochmals betont, daß bei allen Psycho-Spielen der erste Grad der verdeckten Transaktion akzeptabel ist und sogar für die Persönlichkeiten und die Beziehung nützlich sein kann. So ist ein Spiel 5M12 1. Grades für den undisziplinierten Diabetiker eventuell sogar lebenswichtig. Es kann gefahrlos lebenslang andauern (stetiger Spiegel von vorwurfsvollen Drohungen auf der einen und ängstlichem, schlechtem Gewissen auf der anderen Seite), wenngleich nicht außer acht gelassen werden kann, daß jede Spiel-Dynamik auf ein labiles psychisches Gleichgewicht auf beiden Seiten hinweist und immer unter der Gefahr des tumultösen Zusammenbruchs lebt. Vertrauensvolle, emotionale Intimität oder nüchterne, rechnerische Kommunikation auf der Basis beidseitiger Freiheit und Selbstverantwortung sind vorzuziehen: »Wollen wir die Dosis der blutdrucksenkenden Medikamente immer wieder steigern – oder wollen Sie vielleicht doch einmal ans Abnehmen denken? Sollten wir nochmal überlegen, wie Sie das schaffen könnten?«

Ärzte, die im Spiel 5M12 gefangen sind, zeigen wenig Neigung, eine Antithese zu suchen oder zu akzeptieren. Sie würden die Früchte ihrer Arbeit in ihren und den Augen ihrer Patienten verniedlichen. Auch abwandernde Kranke, die sich von diesen Transaktionen lossagen, wenn sie in zweitgradige Spiele münden und zu sehr ängstigen oder fesseln, können oft nichts bewirken.

Da das Spiel 5M12 3. Grades so gut wie nur bei operativen Fächern vorkommt (»Wenn wir nicht sofort einen Shunt anlegen, sind Sie verloren« – Antithese: Konsultation eines 2. Operateurs, sofern man noch dazu in der Lage ist), sind Antithesen in der Praxis selten dringlich und werden meistens vom Patienten durch Spiel-Absage und Konsultation eines anderen Arztes praktiziert.

»Außerdem... Das werden wir gleich haben.«

Dieses Spiel wird von vielen Stamm-Patienten in Allgemeinpraxen bevorzugt. Es wirkt durch seine augenscheinliche Sinnlosigkeit sehr ermüdend für den Arzt.

»Ich versichere Ihnen: Ihre Galle ist nun wieder o.k.«
»Aber außerdem tut mir jetzt der rechte Fuß weh.«
»Das werden wir gleich haben. Zeigen Sie mal her. Nein, nichts auszusetzen.«
»Danke. Nun fällt mir noch ein: Schauen Sie sich doch dieses Knötchen an meiner rechten Schulter mal an. Ich bemerke es seit 3½ Wochen.«
»Tut es weh?« »Gelegentlich schon – ein wenig.«
»Das werden wir gleich haben. Kommen Sie übermorgen, das schneiden wir dann weg.«
Zwei Wochen später: Die Narbe ist reizlos.
»Danke, Herr Doktor! Aber jetzt habe ich morgens immer so einen Schwindel, sehr unangenehm, kann ich Ihnen sagen. Was könnte man da machen?«
»Das werden wir gleich haben! Nehmen Sie davon morgens eine...«
»Sie sind wirklich wunderbar, Herr Doktor, daß Sie mir immer so schnell helfen!«
Diese Aufmunterung hat der arme Doktor aber auch wirklich nötig. Der einfach strukturierte Klagefreudige hat immerhin bemerkt, daß es an der Zeit ist, sein Spiel AUDASWEWI durch ein zweites abzustützen: »Was sind Sie doch für ein wunderbarer Mensch, Herr Doktor!« Und dieses WASIDOFÜWU mit seiner sanften Streicheleinheit motiviert den Doktor, AUDASWEWI geduldig weiterzuspielen. Bis alle Organe durchgespielt sind, und dann beginnt das Ganze von vorn.
Ab und zu eine Überweisung zum Facharzt sichert juristisch ab, oder dient als Vorwand für die dringend nötige psychische Entlastung. Eine minimale Labor-Pathologie wird vom Kranken sofort dankbar registriert und immer wieder vorgezeigt, wenn der Doktor droht, spielmüde zu werden:
»Heute scheint aber wirklich alles beim alten zu sein – alles in Ordnung zu sein...«
»Aber außerdem, Sie wissen ja, meine erhöhte Harnsäure – muß ich mir da auch wirklich keine Sorge machen?«
»Nein«. »Und das Allopurinol...?« »Nehmen Sie's zur Sicherheit halt weiter.«
»Danke. Zum Schluß muß ich Ihnen nur noch sagen, daß ich kürzlich nachts furchtbar geschwitzt habe. Und außerdem: Ich glaube, es war ein Tröpfchen Blut im Stuhl. Ganz wenig. Kann das gefährlich sein?«
»Wahrscheinlich nicht. Aber das kann ich leicht klären...«
Und schon wird ein neues Programm aufgefahren.

Bei diesem ermüdenden Spiel sind selbst gute Leistungsziffern auf den Abrechnungsscheinen oft ein schwacher Trost für den geplagten Praktiker. Seit Jahren dringen diese AUDASWEWI-Spieler auch zuhauf in Fachpraxen ein, dort oft wegen mangelhafter Auslastung dankbar begrüßt; geduldig, aber fachfremd diagnostiziert und therapiert.

Antithesen: »Sie brauchten nur einmal jährlich zur Kontrolle zu kommen, es sei denn bei dramatischen Veränderungen...« »Warum vertrauen Sie Ihrem Körper so wenig? Werden Sie nur als Leidender in Ihrer Familie anerkannt?«

Diese Transaktion wirkt plump. Da es sich aber bei diesem Spiel um Austausch zwischen Eltern-Ich (Arzt) und Kindheits-Ich (Patient) handelt, hat der Kranke jetzt zumindest die Möglichkeit, mit seinem Erwachsenen-Ich zu reagieren (Analyse, sofern der Arzt sich darauf versteht) oder mit Tumult (Tränen, Protest, Enttäuschung, Weglaufen, Spiel-Aufkündigung = freies Kindheits-Ich). Oft wird zumindest auf seiten des Arztes jede Änderung der Beziehung begrüßt; auch auf die Gefahr hin, daß der Kranke sich einen noch frischen, neuen Spielpartner sucht.

AUDASWEWI folgt im Aufbau dem Kleinkind-Spiel: »Bitte bitte, Papi, noch einmal, noch einmal, noch einmal« – zum Lachen, zur Befriedigung bringen. Die Dynamik erinnert an ein Sexual-Ersatzspiel, wobei die Treue und Anhänglichkeit des Partners Arzt überschätzt wird.

Zu einer antithetischen Aktivität von seiten des Patienten besteht wenig Tendenz. Es sei denn, er findet plötzlich doch den insgeheim ersehnten Intim-Partner (sexuell oder platonisch).

Gute Spiele

BERNE (4) weist darauf hin, daß der Psychiater unglücklicherweise fast ausschließlich mit Leuten zu tun hat, die durch ihre Spiele in Schwierigkeiten geraten sind, also negativ zu wertende Spiele treiben. Verdeckte Transaktionen, Ausbeutung oder Ausnutzung spielen eine Rolle. Bei der Suche nach »guten« Spielen muß man den positiven Beitrag im sozialen Bereich im Auge haben. Gut ist nach BERNE ein Spiel dann, wenn es sowohl zum Wohlbefinden der anderen Spieler beiträgt als auch eine Entfaltung des Spielführers bewirkt.

Ich glaube, in der Arztpraxis werden vorwiegend gute Spiele veranstaltet. Es fällt dem Arzt im allgemeinen nicht schwer, sich beim Umgang mit Patienten und Mitarbeitern von Emotionen, subjektiven und mißgünstigen

Wertungen frei zu machen, diesen oft in uns wirkenden Anteil des Kind-Ichs (»Dieser Schlimme hat schon wieder…«) in ein Erwachsenen-Ich zu bringen und dort zu beleuchten. Es ist sicherlich nicht nur nützlich, negative Spiele zu suchen und zu analysieren, es bereitet vielleicht größere Freude, beim beharrlichen Aufspüren guter Spiele fündig zu werden.

Mein früherer Chef Rothauge hat immer wieder geäußert, die Motive seiner Mitarbeiter seien ihm völlig gleichgültig, sofern die erbrachte Leistung stimme. Es war und ist ihm also gleichgültig, ob z. B. ein Assistenzarzt aus Ehrgeiz, Wissensdurst, Gewinnstreben oder Gewohnheit aus seinem strengen Eltern-Ich heraus fleißig und erfolgreich ist. Werden die Motive vom Tag und Nacht ackernden Wissenschaftler nicht offengelegt, handelt es sich zweifellos um Spiele, verdeckte Transaktionen. Diese wären aber lediglich beim Habilitationswissenschaftler, der seine Ergebnisse erfolgsbestrebt korrigiert und verfälscht, als negativ zu werten.

Abgewandelt nach BERNE gibt es auch unter Ärzten das gute Spiel

»Urlaub im zweiten Beruf«

Aus Zeitvertreib wird konstruktiver Zeitvertreib, Aktivität: Bei einem Arzt z. B, der während seines Urlaubs in einer bekannten ausländischen Klinik hospitiert. Zweifellos kann er sich dabei genauso erholen wie beim Surfen an der Côte d' Azur. Zu einem Spiel wird »Urlaub im zweiten Beruf«, wenn ein verdecktes Motiv hinzukommt: Der Arzt z. B. Ferien-Sprachkurse am Genfer See belegt mit dem Hintergedanken,
1. sich dort eine Zweitfrau anzulachen,
2. mit der Kursbescheinigung ein steuerliches Abschreiben der gesamten Familienreise zu bewirken oder
3. sich zu Hause als besonders intelligenten und aktiven Mann feiern zu lassen – alle drei Spielmöglichkeiten sind mir aus Kollegen-Kreisen bekannt.

Trotzdem wird, sofern der Kollege mit französischen Sprachkenntnissen zufrieden zurückkommt, wohl ein gutes Spiel gespielt, der soziale Nutzen überwiegt – vom Steuertrick einmal abgesehen. Selbst wenn der Kollege damit seinen neurotischen Leistungszwang zu kaschieren sucht, sind die Kriterien für eine Einstufung als negatives Spiel nicht gegeben. Seine zweifellos fehlende Fähigkeit zur Intimität, sein Ausweichen vor intensiven Kontakten selbst mit der eigenen Familie ist noch kein Grund, der Einordnung unter »nützliche Spiele« zu widersprechen.

Wer weiß schon wirklich, welchen Motiven Albert Schweitzer folgte?

»Kavalier« – auch dieses von BERNE beschriebene gute Spiel ist in Arztpraxen verbreitet: Der Doktor, der nicht nur nett, sondern geradezu und immer reizend ist – trotz seiner vielen Arbeit. Vielleicht verdeckt er damit nur mühsam seine Aggressionen? Geht auf Patientenfang? Hat wirtschaftlichen Gewinn im Auge? Gleichgültig, welche Motive ihn zu dem Kavalier-Spiel führen, der nützliche Charakter bleibt erhalten. Mit dieser, wenngleich gespielten Wesensart, wird er sein breites Publikum, seinen großen Patientenkreis aufbauen und bewahren.

Welche Antithese bliebe den Patienten und Helferinnen gegenüber diesem zuckersüßen Spieler? Das Komplementär-Spiel vielleicht: »Sie sind wirklich wundervoll, Herr Doktor.« Die brutale Antithese, wie ich sie erlebt habe, dürfte sehr selten sein: »Ihr Wiener Charme geht mir auf die Nerven, lassen's doch den Schmarren!«

Das weibliche Gegenstück zum Kavalier spielenden Doktor sind die alternden Schmeichelkätzchen: »Ach, wie wunderbar! Sie sehen Peter Alexander so ähnlich! Wußten Sie das? Darf ich Sie Peterle nennen?«

Nur oberflächlich verdeckter Spielgewinn: Gegenseitige Bewunderung, einfühlsame Komplimente, Selbstbestätigung, Hunger nach Streicheleinheiten... Summarischer Spielgewinn: Mehr Freude bei der Arbeit. Trotz des verdeckten Charakters der Transaktionen wohl immer noch ehrlicher als dicke, unnötige Anzeigen für drei Tage Praxis-Pause oder Fettdruck im Telefonbuch.

»Hilfreiche Hand« scheint mir ein Spiel zu sein, das geradezu auf die Arztpraxis zugeschnitten ist. Wie oft haben weder Arzt noch Helferinnen noch Lust, nach acht Stunden Arbeit noch immer hilfreich zu sein? Was treibt sie, das gute Spiel fortzuführen? Berufseid, Mitgefühl, Gehorsam oder Gewinnstreben? Motive sollten hier nicht zu einer Wertung führen, nicht mal bei dem Versicherungs-Vertreter, der scheinbar Freunde gewinnt, um sie später auszunutzen. Schließlich gibt es Schlimmere, die ihre Klienten betrunken machen und dann zur Zeichnung anstiften. Große Feste werden oft aus Prestige-Gründen veranstaltet. Na und? Mag man das Motiv auch kritisieren, wenn's den Gästen Freude macht, bleibt's ein gutes Spiel.

Manche Kollegen veranstalten rauschende Feste, um ihr Ansehen und das der Praxis anzuheben. Dieser Kollege könnte vielleicht den gleichen Effekt erreichen, wenn er das Ansehen anderer herabsetzen würde, üble Machenschaften im Auge hätte. Die verdeckte Transaktion seines rauschenden Festes bleibt ein gutes Spiel.

Ein Arzt meiner Bekanntschaft betätigt sich als Kunstmäzen. Selbst wenn er Provisionen kassieren würde, bliebe sein Spiel ein gutes: Bei wohlhabenden Kollegen wird ein wenig abgeschöpft, um junge Künstler zu ernähren. Versteckte Werbung für seine Praxis? Sein Wettstreit mit anderen Mäzenen bleibt trotzdem sozial nützlich.

Hilfreiche Hände haben viele Freunde und Feinde. Letztere attackieren unermüdlich die Motive, die Freunde aber bleiben ihm dankbar.

Auch das Spiel, das unter benachbarten Kollegen oder in Gemeinschaftspraxen eifrig unterhalten wird, ist nützlich: Der Kampf um die Zuneigung des Patienten. Zum bösen Spiel wird's erst, wenn versteckt signalisiert wird: Der ist schlechter als ich, fauler als ich...

Manche Kollegen bauen sich einen Nimbus als

Weiser Mann

auf: Sie sind nicht nur vorbildliche und umsichtige Väter und Großväter, stets in Familie und Praxis für Rat und Tat bereit, besuchen ihre Patienten auch in der Klinik, beraten jedermann auch außerhalb der Praxis, vergessen nicht einmal zu kondolieren, bauen in ihrer Freizeit, basteln, treiben Sport. Persönlich anspruchslos, immer für andere bereit, wird aus diesem Spiel »weiser Mann« allzuleicht ein Opfer – gut bleibt das Spiel allemal.

Ich denke an einen Kollegen, der von früh bis spät in seiner Klinik schaffte, große Sprechstunden abhielt, operierte, mehrere Kannen Kaffee pro Tag trank, 80 Zigaretten rauchte, abends zu scharfen Drinks und Wodka griff, nicht selten in Hochstimmung nach Mitternacht bis zwei Uhr fantastisch auf dem Piano spielte, danach in seinem Schwimmbad tobte... Sich schließlich bei einer Safari den Vorfuß brach, den Urlaub weiter genoß, eine Sepsis bekam, sich selbst antibiotisch therapierte, seinen Schuh aufschnitt, sich weiter durch die Klinikflure schleppte – beim Gang in seinen Keller nach einer Flasche Bier einem Herzinfarkt erlag – im reifen Alter von 51.

Was mögen seine Motive gewesen sein? Unbegrenzter Dienst am Kranken zweifellos eines. Unermüdliche Suche nach Intimität, etwas Besserem, das er nie fand? War etwas verdeckt, war's also ein Spiel? Jedenfalls ein gutes, für uns alle nützliches!

Übertragung transaktionsanalytischen Wissensgutes auf Familie und Bekanntenkreis

Beispiele

1. »Königin Mutter«

»Darf ich Omi anrufen, Papa? Ich will ihr nur kurz etwas durchsagen. Mein Fahrrad hat 'nen Platten. Opa soll einen neuen Schlauch mitbringen.«

»Gut. Aber wirklich nur kurz. Du weißt, unsere Telefonrechnung ist hoch, zu hoch; und Oma und Opa kommen morgen zu uns«, antwortete ich dem zehnjährigen Sohn.

Aber Oma ist in Fahrt. In Vorfreude des Ausflugs ist ihr Redeschwall nicht zu bremsen. Ich sitze daneben und werfe nach einigen Minuten ein: »Du hast mir versprochen: nur eine kurze Durchsage...« »Omi, gut, dann bis morgen; danke Omi«, gehorcht das Kind.

Eine halbe Stunde später folgt ein telefonisches Donnerwetter, das meine Frau empfängt: »Unerhörte Frechheit, Kaltherzigkeit... Was ich alles für Euch getan habe,... und nicht einmal zwei Minuten telefonieren sind drin...«

»Die ist vielleicht sauer«, erläutert meine Frau die Telefondurchsage ohne Möglichkeit einer Entgegnung. »Sie wollen zwar kommen, aber sie wird nichts essen... Wie konntest Du sie auch nur so erzürnen! Ich hab' das nun auszubaden...«

»Mein liebes Kind (deutlicher Ausdruck des nährenden plus belehrenden Eltern-Ich), ich bin nicht bereit, Deiner Mutter Lieblingsspiel mitzuspielen. Sie hat immer recht. Bestimmt für die ganze Familie, was gut und böse ist, was sich schickt und was nicht.

Ich lasse es mir nicht nehmen, unsere Kinder zur Sparsamkeit und Einhaltung eines Abkommens zu erziehen. Und 230,– DM fürs Telefon pro Monat sind mir auch wirklich zu viel...«

Irene, statt mir die Klärung der Transaktion zu überlassen, bei der ich als Angeheirateter sowieso nie ein sicherer Partner im Spiel KÖNIGIN war, zog es vor, mir diese Mühe abzunehmen. Aus Sorge, ich könnte ihre geliebte und verehrte Mutter (ganz meinerseits) zu hart und unvorsichtig anfassen.

Bei diesem Versuch, das Telefon-Problem auf der Ebene Erwachsenen-Erwachsenen-Ich zu klären, geriet sie jedoch unvermutet unter starken Beschuß aus dem belehrenden Eltern-Ich ihrer Mutter und nahm die Gelegenheit wahr, ihren Part am Lebensspiel ihrer Mutter zu kündigen.

In Stichworten ausgedrückt, lief dies ungefähr so: »Mach' doch nicht so ein Theater! Du bist immer so übersensibel, immer im Recht. Keiner darf Dir zu nahe treten. Wenn Du die Leute aber kränkst und herausforderst, müssen sie schlucken. Es wimmelt nur so von offenen und versteckten Vorwürfen in Deinen Reden...« Beispiele. Reaktion: Tiefe Entrüstung und Enttäuschung. »Du, meine einzige Tochter, mein alles, verrätst mich. Verachtest und beschimpfst mich...« (Von Beschimpfungen war keine Rede, noch lief äußerlich alles ruhig.) »Du hast mein Vertrauen mißbraucht, meine Seele zutiefst gekränkt...« Tränen. Herzbeschwerden. Übelkeit. »Und alles habe ich für Euch getan, die vielen Jahre...« »Wie bist Du eigentlich früher mit Deinen Kolleginnen ausgekommen? Weshalb hat sich wohl mein Bruder Chr. so zurückgezogen...?« Der Tumult ist vollkommen. Tränen auf beiden Seiten.

Großmutter geht – am Ende ihrer Kräfte, heiser vom Schreien – mit ihrem Enkel spazieren.

Das Kind kommt 15 Minuten später allein zurück, atemlos, sprachlos, geschockt, wirft sich auf den Tisch, kann nicht sprechen. »Was ist passiert, wo ist Oma?«

...»Ein Taxi.« Theatralischer Abschied, wie sich später zeigt, beim Anblick eines Taxis, Küsse unter Tränen, Fahrt zum Bahnhof...

Schwiegervater telefoniert mit der Zentrale. Die weiß Bescheid; Oma hat dem Fahrer ihr Herz ausgeschüttet, damit deutliche Spuren hinterlassen. Eine Verfolgungsjagd ahnend – wie sie heute lachend zugibt.

Schwiegervater zieht die Widerstrebende, das Kind an seiner Seite, in letzter Minute aus dem startbereiten Zug.

Der Zehnjährige fleht um Versöhnung (»Entschuldige Dich doch, Mama; Du hast Oma beleidigt«), bekommt nachts Angst-Träume und flieht in Omas Bett im Gästezimmer (»Ein Balsam für mich, dieses treue Kind...«).

Am Morgen begrüße und tröste ich eine kranke Schwiegermutter, die sich verzweifelt die Haare rauft. Ich werde sofort vorsichtig aus dem Spiel »KÖNIGIN«, man könnte es auch »SCHARFRICHTER« nennen, ausgeklammert: »Es geht nicht um das Telefonieren. Selbstverständlich mußt Du die Kinder erziehen. Der Junge selbst hat mir das erklärt. Er ist ja so vernünftig. Aber meine Tochter! Wie konnte sie mir das antun! Sie hat alles in mir zerbrochen – für immer...«

Besänftigende Worte. Ein Kuß auf die Stirn. Meine Frau kauft ihrer Mutter Blumen. Weint in der Erkenntnis, daß sie das Spiel ihrer Mutter durchschaut, gleichzeitig wieder einmal darin bestätigt, wie abhängig sie andererseits von ihr ist. Im Dunstkreis des Spiels gefangen.

Die Gefahr ist gebannt. Alle Spieler sind auf ihre Plätze zurückgekehrt. Entschuldigungen werden gemurmelt und durch Taten signalisiert. Tumult vorbei. Sie ist wieder die reizende Dame von ehedem.

Analyse: Oberflächliche Transaktion: »Ich tue alles für Euch, ich gebe meine Kraft und mein Leben für die Familie. Backe, koche, wasche, passe auf die Kinder auf, so oft Ihr auch wollt.« »Wir sind Dir immer dankbar dafür.« Transaktion vom nährenden Eltern- zum angepaßten Kindheits-Ich.

Verdeckt: »Dafür darf ich auch die Menschen richten, Euch alle rückhaltlos bewerten, auch ab und zu impulsiv und ungerecht sein.« Nutzen: Generalisierte Vergebung, unantastbare Autorität (Verwandtschaft zum SCHLEMIHL-Spiel [Berne]).

Antithese: Du bist auch nicht vollkommen. Aufzeigen von Fehlern und Ungerechtigkeiten.

Gefahren der Antithese: Zerbrechen der Beziehung, da der harte Spieler vom Spiel nicht ablassen will (Transaktion vom extrem, auch negativ belehrenden und wertenden Eltern-Ich zum angepaßten Kindheits-Ich. Position: Ich bin absolut o.k., viele sind nicht o.k., Ihr seid o.k., wenn...).

In der Familie: Bei harten Spielern die Gefahr, bis zum Letzten zu kämpfen. Wahnartige Vorstellung, verlassen und verraten zu sein. Gefühl, seine Familie und sein Leben verfehlt zu haben. Bestrafungs-Tendenzen (»Die werden mal sehen...«) bis zum impulsiven Demonstrations-Selbstmord (Rage-Aktion).

»Über ihre soziale Funktion hinaus: Zeit zufriedenstellend zu strukturieren, sind einige Spiele dringend erforderlich zur Aufrechterhaltung der Gesundheit in bestimmten Individuen. Die psychische Stabilität dieser Menschen ist so prekär und ihre Position so unsicher, daß sie einer abgrundtiefen Verzweiflung oder sogar einer Psychose anheimfallen können, wenn man sie ihrer Spiele beraubt. Leute dieser Art wehren sich gewöhnlich mit aller Kraft gegen jede antithetische Aktion. Das läßt sich häufig bei Ehepaaren beobachten, wenn nämlich die durch psychiatrische Behandlung bei einem Ehepartner erzielte Besserung (z.B. das Aufgeben von destruktiven Spielen) zu einer rapiden Verschlechterung beim anderen Partner führt, für den die Spiele von erheblicher Bedeutung für die Aufrechterhaltung des Equilibriums waren. Man muß also bei der Analyse von Spielen mit beträchtlicher Umsicht zu Werke gehen«, sagt BERNE (4).

Tiefere Analyse des obigen Beispiels: Meine Schwiegermutter hat ihrem Mann nie verziehen, daß er sie vor Jahrzehnten einmal (mehrfach?) betrogen hat. Das eheliche Zusammenleben konnte bei der extrem sensiblen Frau nie wieder zur früheren sanften und Sicherheit atmenden Intimität zurückfinden. Sie braucht ihr Rollenspiel Königin–Richterin. Versucht jemand, wer auch immer, es ihr streitig zu machen, gerät sie sekundenschnell in eine paranoide Ausnahme-Situation. Familienmitglieder sind durchaus geliebt, aber auf Lebenszeit zur Zeugenrolle verdammt. Ihre Zeugen, jederzeit auch bereit, Meineide zu schwören.

Ein Spiel als Ersatz für Sex und Glück, um sich die Wartezeit auf Besseres zu verkürzen, das aber wohl nie folgen wird.

Spiele, die somit auch Kräfte freisetzen, um mit Freude für das Glück der großen Familie, der Enkel und Kinder... zu wirken. Destruktiv, sofern sie gefährdet und gestört werden, zu harten Spielen entarten, sind sie in der Ruhe des Alltags durchaus gelegentlich konstruktiv (klarer Blick für die Schwächen der anderen...), meistens ruhend, unschuldig, gleichgültig. In Krisenzeiten, wo sich ihr Nutzeffekt in Schädlichkeit wandelt, bieten sich Analyse und Antithese an, haben für den Betroffenen aber nur begrenzten Wert, sind für unkundige Psycho-Laien gefährlich, im Beispiel sogar lebensgefährlich, zumindest wertlos.

Die Analyse läuft dann Gefahr, selbst zum Spiel zu werden: Titel Psychiatrie.

Tiefere Analyse

1. Das überstarke, strenge, richtende Eltern-Ich von Königin Mutter führt beim Spiel zweiten Grades zur Eintrübung ihres Erwachsenen-Ich. Das heißt, ihr Denken wird von Vorurteilen bestimmt.
2. Man kann dieses Spiel auch als symbiotische Beziehungsstruktur sehen: Eltern- und Erwachsenen-Ich der Mutter sind hochgradig aktiviert, mit Ladungen besetzt, umklammern das Kind-Ich der Tochter, deren Eltern- und Erwachsenen-Ich geschwächt bzw. ausgeschaltet werden soll. Kind-Ich der Mutter wird mit normaler Ladung aktiviert, sofern das Spiel Freude bereitet oder emotionalen Nutzen bringt.

Diese Symbiose der Transaktion erinnert an die Spiele guter Vertreter und Kaufleute, die mit ihren vorgespielten Urteilen Vorurteile »verkaufen«. Verdeckte Transaktion: »Ich denke für Dich, habe das sorgfältig geprüft, Du kannst es nehmen (übernehmen)«.
(Auch manche Arzthelferin lebt in einer symbiotischen Beziehungsstruktur zu ihrem Chef.)

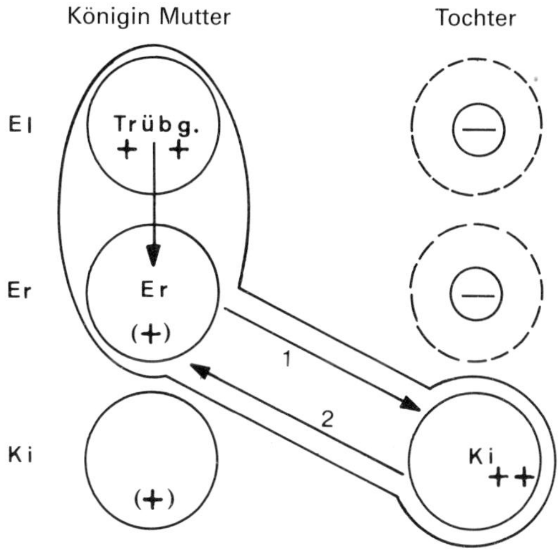

3. Schließlich muß das Lebensskript (Lebensbuch) von Königin Mutter beachtet werden: Sie verlor in der frühen Pubertät beide Elternteile, kümmerte sich um fünf Geschwister: arbeitete für diese, trug Verantwortung, beaufsichtigte. So wurde sie, noch Kind, tatsächlich zur kleinen Königin ihrer Familie, war den Geschwistern Elternersatz. Ihr strenges plus nährendes Eltern-Ich mußte in dieser wichtigen Entwicklungsphase mit starken Ladungen besetzt werden.
   Daher rührt z. B. auch ihr, noch heute weithin bewundertes Geschick, mit Behörden zu verhandeln: Ihr starkes Eltern-Ich erkennt diese Bürokraten lediglich als Staatsdiener, die auch ihrer Autorität gehorchen müssen.
4. Da wir erkannt haben, daß eine Auflösung des Spieltriebs in diesem Falle sehr schwierig und gefährlich ist, bringt unsere Transaktionsanalyse lediglich den Vorteil des Erkennens: So wie die Diagnose eines Magengeschwürs oft lediglich dazu dient, Ursachen der Beschwerden zu wissen und bestimmte Dinge (Alkohol, Ärger, Zigaretten...) zu meiden, so

wissen wir nun, wie man mit unserer Königin Mutter umgehen sollte: Eskalationen des Spiels möglichst meiden; das königliche Eltern-Ich ist fest geprägt, schwer angreifbar. Die guten Möglichkeiten dieser Persönlichkeitsstruktur nutzen: Nicht ihr *strenges* Eltern-Ich hervorlocken; ihr nährendes, mütterlich beschützendes und für die Familie tätiges Eltern-Ich zum Vibrieren bringen! Spielerin und Mitspieler werden sich dann gleichermaßen wohler fühlen.

2. »SCHLEMIHL«

Dieses von Berne (4) beschriebene »Gesellschaftsspiel« begegnete mir kürzlich wieder in einer anfangs lustigen Tisch-Gesellschaft.

»Hallo, Du doofe Kuh...«, begrüßte die extrovertierte, junge Kollegenfrau ihre »Freundin«. Schmunzeln der Eingeweihten, pikiertes Erstaunen der Spielfremden in der Runde.

Wir kannten Elke, und wir liebten ihr Spiel: ihren burschikosen Ton, ihre linken Ansichten, ihr aggressives Eintreten für eine selbstbewußtere Fraulichkeit...

Vor ihrer Rolle als Mutter, Arzt- und Hausfrau, Verwalterin einer geräumigen, luxuriösen Villa, lagen bewegte Studentenjahre mit aufgeschlossenen Freunden, Haschisch und gesellschaftskritischen Diskussionsrunden.

Sie nahm kein Blatt vor den Mund, ersetzte Hasch durch trockene Weine, ließ sich von ihren übermütigen Stimmungen gern treiben und bezeichnete ihren Ehemann und seine Geschlechtsgenossen in der Hitze des Wortgefechts – nicht nur eimal – als »Scheißkerle«.

Sie würde sich jedenfalls nie von einem Kerl unterdrücken lassen – und führte dies auch gern vor: Während er die Kleinkinder versorgte, französisch kochte und den Gästen Wein nachschenkte, unterhielt sie ihre Freunde blendend. Mit verführerischem Lächeln aus makellosem Gesicht ohne Make-up bis zu kleinen Tobsuchtsanfällen – die keiner so recht ernst nahm, die aber ihre Wirkung nie verfehlten – langweiliges Fachsimpeln regelmäßig abwürgend.

Wir genossen diese Abende, hundertmal interessanter und bewegter als die Einladungen in anderen Häusern, die nur abgedroschene Spiele, wie »Daimler-Benz«, »Immer dieser Ärger mit dem Personal«, »Tennis-Club«, »Wein-Seminar«, »Einnahmen/Steuern«, »Politik« usw., zuließen. Oft gewann dieses Geschwätz dann nicht einmal echten Spiel-Charakter, blieb ohne Dynamik, geschweige denn Dramatik, dem Ritual oder Zeitvertreib verhaftet.

Die Frauen spielten mit vorgetäuschter Begeisterung »Meine Kinder – Deine Kinder«, »Meins ist besser als Deins« oder »Scheidung – wie schrecklich...«, die Männer in einer anderen Ecke »Tolles Auto«, »Rasantes Weib« oder »Steuer-Tricks«.

Im Elkes Einflußkreis gab es dies alles nicht. Sie schien ihre Gäste zu provozieren, um sie zu zwingen, sich entweder schweigend von ihr zurückzuziehen oder sich mit ihr auseinanderzusetzen, dabei tiefere Schichten der Persönlichkeit enthüllend.

Als die charmante Gastgeberin an einem denkwürdigen Abend unvermutet in Richtung Elke zurückschoß, wurde mir der Spielcharakter erstmalig klar.

Elke verbat sich etwas, verdeutlichte: »Das meine ich jetzt ganz ernst, meine liebe Jutta!«

Die liebe Jutta aber wollte heute nicht das brave Kind spielen. Sie hatte – körperlich und geistig gekräftigt durch einen Urlaub (zum ersten Mal 14 Tage ohne ihren Mann! »Mit ganz-ganz reizenden Leutchen!«) und ihr bestandenes Staatsexamen – richtige Lust, Elkes bekanntes SCHLEMIHL-Spiel (»Ich provoziere Dich – aber Du verzeihst mir – oder Du schluckst – oder stimmst mir zu«), zu unterbrechen.

»Verstehe nicht, daß Du so empfindlich reagierst...«

»Na hör' mal! Es ist mir kürzlich schon aufgefallen, als Du den ganzen Abend genörgelt hast, man dürfe bei uns nicht rauchen! Du weißt doch, daß Peter und ich...«

»Das ist doch nichts gegen Dein aggressives Benehmen... Der arme Kleine... konnte sich doch gar nicht wehren und hätte auch gern geraucht...«

»Du hättest ihn doch mit auf den Balkon nehmen können, dann wären Deine Verführungskünste doch viel besser angekommen...«

»Nur kein Neid! Deine Aggressivität...«

Der Schlagabtausch wurde von den Anwesenden stumm verfolgt, bis ich eine Analyse versuchte:

»Ihr praktiziert eine gekreuzte Transaktion? Jeder spricht von seinem strengen, befehlenden und bewertenden Eltern-Ich auf das Kinheits-Ich des anderen herab. Aber die »Gegnerin« nimmt die Rolle nicht an...«

Wenn ich ehrlich gewesen wäre, hätte ich sagen müssen: Jutta war es müde geworden, das Elkesche SCHLEMIHL-Spiel des ewigen Provozierens und Verzeihens (oder Duldens) mitzuspielen – oder wollte sie selbst mal in die Rolle des aktiven Partners in diesem Spiel wechseln?

Meine analytischen Bemerkungen wurden weder belächelt noch verstanden. Das Feuer der Auseinandersetzungen blendete zu hell und knisterte zu laut.

»Jeder von Euch bewertet den andern – und zwar hart und einseitig. Man sollte die Menschen aber lassen, wie sie sind, nicht immer ändern wollen, sich freuen, daß sie so verschieden sind...«

Peters Zustimmung bestärkte mich in der Absicht, noch einen Schritt weiter zu geh'n:

Jeder von Euch verharrt in erstarrter Position: »Ich bin o.k., Du bist nicht o.k.!« Was soll dabei herauskommen? Am Ende des langen Streits (er flackerte an diesem Abend noch mehrmals auf – dem Spiel-Schema »Und außerdem hast Du«...»Aber hör' mal! Und ich sage Dir...« folgend) brach Elke, geschwächt von einer Erkältung, ihrer Hausarbeit..., tief enttäuscht von der abtrünnigen Mitspielerin, unvermittelt zusammen und in stumme Tränen aus.

Ton und Gesten der Gastgeberin änderten sich schlagartig:

»Möchtest Du diesen Wein mal probieren? Ist bestimmt nach Deinem Geschmack. – Ich wollte Dir bestimmt nicht weh tun... Möchtest Du...?«

Voller Mitleid und Reue blickte sie auf die weinende Ex-Freundin, die ins freie Kindheits-Ich gekippt war und ihr die Möglichkeit gab, mit ihrem nährenden, fürsorglichen Eltern-Ich zu reagieren.

»Das kannst Du nie wieder gutmachen, gib Dir keine Mühe...!«

»Gut, wenn Du diesen Ton vorziehst, kannst Du haben...!«

Und schon hatten sie erneut ihre Rollen bzw. Ich-Zustände getauscht: Elke reagierte aus ihrem trotzigen Kind-Ich, was wiederum das strenge, wertende Eltern-Ich von Jutta hervorlockte. Eine weitere Szene war eingeleitet.

Peinlich? Für uns nicht. Wohl eine Frage der Definition. Meine transaktionsanalytischen Überlegungen waren mir mehr als Zeitvertreib und drosselten meinen Weinkonsum. Lieber dramatische Spiele, gekreuzte Transaktionen und Tumult, als fades Ritual oder bloßer Zeitvertreib. Aber das ist vielleicht Temperamentssache – und oft sogar ein gefährliches Spiel – aus Transaktionen wird allmählich für den »gebildeten« das »Psychospiel-Spiel«, und von seinem kritischen Eltern-Ich herab beobachtet der Hobby-Psychiater seine törichten Kinder...

»Ihr kapselt Euch auch viel zu sehr ab«, meinte Jutta, »ich weiß natürlich, daß Dein Mann auch mal mit meinem allein reisen möchte, aber der darf ja nicht! – Dem meinen gönne ich das von Herzen...«

»Aber ich will ja gar nicht...« protestiert Ehemann Peter.

»Abkapseln klingt wieder so abwertend«, werfe ich ein; denn Elke, verschnupfter Gast mit roten Augen, tut mir mehr und mehr leid. Sicherlich hat sie sich – wie wir – schon lange auf diesen Abend gefreut, den auch alle trotz des Streits der Frauen genossen – bis auf Elke und den stumm gewordenen Mann der Gastgeberin.

»Vielleicht könnte man für »Abkapseln« »Sich in seine Intimität zurückziehen« sagen?« schlage ich vor.

»Ach was, ich sehe da keinen Unterschied!« meint Jutta, aber Peter und Klaus stimmen mir zu.

»Siehst Du!« braust Elke auf, und ihre schönen Augen blicken wieder kampflustig: »Alle sehen das so – aber Du natürlich nicht!«

»Aber, aber!« versuche ich zu besänftigen und abzubiegen: »Das Spiel ›Gerichtssaal‹ wollen wir hier auch nicht spielen...«

Kurz nach diesem labilen Patt verabschieden sich die streitenden Damen mit flüchtigem Küßchen, sicherlich innerlich zerrissen und unentschieden, ob man das harte Spiel morgen am Telefon fortführen oder die Beziehung lieber abbrechen sollte.

Elke ist sehr blaß. Ich glaube, daß sie diese Verräterin aus ihrem Spielkreis ausschließen wird.

Wie sie's kürzlich auch mit Christine getan hat, unserer gemeinsamen, liebenswerten Freundin.

Elke war wieder mal toll in Form gewesen, hatte ihr SCHLEMIHL-Spiel einer Tafelrunde von 20 Leuten angeboten und wie stets einige dankbare Gegenspieler gefunden.

Ihre Herausforderung gipfelte darin, daß sie ein Geschirrtuch, scheinbar einer übermütigen Laune folgend, in den Kamin warf. Eindrucksvolle Rauchschwaden und Gestank drückten die Stimmung der rührend um ihre Gäste bemühten Hausherrin. Elke fühlte die Verstimmung, entschuldigte sich. Christine aber wollte »SCHLEMIHL« nicht mitspielen, praktizierte die klare Antithese:

»Nein, meine Liebe! Das verzeihe ich Dir nicht. Ich möchte, daß Du mir das Tuch ersetzt.«

»Aber ich wollte das wirklich nicht.«

»Glaube ich nicht. Es war Absicht, und ich möchte es zurück.«

Die letzten Zecher schlichen nun eilig nach Hause.

Am nächsten Tag kam ein Päckchen mit dem verlangten Ersatz-Tuch, das die Beziehung zwischen einem befreundeten Paar beendete.

Antithesen fordern oft Opfer; ihr Effekt ist nie vollkommen kalkulierbar. Nur eines ist sicher: Eine Änderung der Transaktions-Ebene. Meist wird aus der verdeckten eine offene Transaktion. Aus dem dynamischen Spiel über einen Tumult im günstigsten Falle eine nüchterne, offenere Beziehung.

Indem ich den müden Gästen diese Zusammenhänge klarzumachen versuche, bin ich schon ganz schön ins Spiel »Psychologie« verstrickt – vielleicht eine ebenfalls verdeckte Botschaft vermittelnd: Oberflächlich betrachtet habe ich heute abend der attackierten SCHLEMIHL-Spielerin Elke beigestanden. Aber Ihr seht: Ich stütze ihr Spiel nicht rückhaltlos. Analysiere sie kritisch und kundig – Euch und mich einbeziehend. Seht Ihr, was ich für ein toller Kerl bin?

Die Müdigkeit der Gastgeber droht, in Erschöpfung überzugehen. Trotz der Kälte begleitet uns der Hausherr bis zum Parkplatz.

Es stimmt, die Transaktionsanalyse ist ein praktikables Verfahren, sich selbst und sein Zusammenleben mit anderen klarer zu sehen und auch zu ändern, sofern man will. Ganz einfach ist das aber nicht.

Jedenfalls begeistert mich diese Methode mehr als die Psychiatrie alter Prägung, die ich an der Uni kennenlernte – mit ihrem Irrgarten von nebulösen Fachausdrücken, der gesuchten Analogie und Oralogie, der vernichtenden Etikettierung zum Neurotiker, Psychopathen, Manischen, Depressiven, Paranoiker... Diagnosen, die allesamt zu Schimpfworten wurden, bis schließlich der Gang zum Fachmann ein ebenso schwerer Insult wurde, wie die Störung selbst: »Geh' mal zum Psychiater!« »Der gehört in die Psychiatrie!« Der Gang zum Psychologen läßt noch eher eine Hintertür zu Freiheit und Gesundheit offen, und eine Beziehung zur Transaktionsanalyse ist noch völlig wertfrei, spielerisch-verständlich. Simpel, heiter – und trotzdem wirksam.

Sicher scheinen für eine konventionelle Psychiatrie nur Zeitaufwand und Kosten zu sein. Und immer werden die Rollen säuberlich getrennt: Hier Experte – dort Medium. Hier Wissen, Macht, Führung – dort Glaube, Bitte, Hoffnung – und manchmal Verführung. Bei der Transaktionsanalyse hingegen muß der »Patient« mitmachen wie der Zuckerkranke, der es gezeigt bekommt und sich dann lebenslang selbst spritzt. Nur bei Entgleisungen sucht er seinen Helfer erneut auf, die Routine-Kontrollen macht er mit Teststreifen vorwiegend selbst; wird so unabhängiger; lernt besser, mit seiner »Krankheit« zu leben; ja, diese zu beherrschen und zu akzeptieren.

Der »Seelendoktor« alter Prägung benimmt sich dagegen nach HARRIS (2) »wie der Blinde, der in einer Dunkelkammer nach einer schwarzen Katze sucht, die überhaupt nicht da ist«; »sitzt hinter der Couch und lauscht den sexuellen Geständnissen seiner zahlungskräftigen Klienten.«

Streicheleinheiten statt Personal-Politik

Es ist kaum zu glauben: Aber man kann sich ein neues Wesen anlesen. Der lange geglaubte Spruch: »In diesem Alter ändert man keinen Menschen mehr«, stimmt einfach nicht.

Nachdem ich die wichtigsten Werke der Transaktionsanalytiker gelesen hatte (1, 2...), war ich begierig, die Erkenntnisse in die Praxis einzufügen. Bereits nach kurzer Zeit stellte ich fest, daß ich mich trotz meiner ungünstigen Vergangenheit ändern konnte. Ich wurde Schritt für Schritt ein anderer, der mir besser gefiel, den ich leichter ertragen konnte, der eines Tages vielleicht nach ROGERS sagen wird: »Ich mag mich!«

Habe ich mich grundlegend geändert oder endlich die passende Hülle gefunden, in die ich eigentlich gehöre? Es scheint verlockend und unglaublich, daß man sich als Transaktionsanalytiker ein Wesen aussuchen kann, das einem gefällt – wie einen neuen Mantel, den man vorm Spiegel probiert, mitnimmt, anschließend die Wirkung auf andere erprobend. Umtausch kein Problem.

Meine Mutter war streng – und selten zu Hause. Sie arbeitete und lebte. Vater im Krieg gefallen. Oft versorgte eine Nachbarin uns Kinder. Lieb waren wir, wenn wir gut in der Schule waren, sauber blieben, gehorchten. Bedingte Streicheleinheiten also. Oft war ich nicht brav. Es gab Schläge, Arrest auf dem Speicher, im Keller... Die Versöhnung, das Verzeihen unter Schluchzen war dann herrlich. Meine Mutter lebte danach: Aggressionen – Tumult – Versöhnung unter Umarmungen. Wie oft mag sie in ihrem Leben ihre Koffer gepackt haben, in ohnmächtiger Wut verreist sein, um dann die Verfolgung, Heimkunft und schluchzende Verzeihung auf beiden Seiten zu genießen!

Ich lebte, unbewußt nach diesem Spiele süchtig, bis zum Tage X: Ehe, Familie und Praxis waren psychologisch am Ende. Ein Fest – Alkohol – Eifersucht – Szene – Flucht – Vorwürfe – Versöhnung. Aber meine Frau »spielte« nur halbherzig mit. Sie gab zu, den Sinn dieser aufregenden Spiele nur schlecht zu verstehen und gar nicht zu genießen. Fand »das Theater nur schrecklich aufregend«.

Um so bessere Partner fand ich in der Praxis. Wie könnten sich Arzthelferinnen auch den Psycho-Spielen ihrer Chefs entziehen? Zumal beide Seiten die psychologischen Zusammenhänge nicht einmal ahnen.

Wenn mir heute ein Kollege sein Leid klagt, seine ewigen Schwierigkeiten mit seinen Helferinnen schildert, bin ich in der Lage, ihm wirksam zu helfen. Ihm den Weg zu zeigen, wie er sich in kürzester Zeit ändern kann, wenn er nur will. Weg von dem Spiel »Diese schrecklichen heutigen Arzthelferinnen«, »Auf keinen ist wirklich Verlaß; »Ich kann auch ein Lied davon singen«. Abkehr vom unnützen Blabla, zwischen Selbstmitleid (»Manchmal steht es mir bis hier!«) und Stolz (»Ich habe gar sieben von der Sorte. Was da los ist, können Sie sich denken...« »Manchmal wünsche ich mir, wieder eine ganz kleine Praxis zu haben, die ich allein mit meiner Frau schaffe...«) hin und her pendelnd. Parallele Transaktion mit der Tendenz, beliebig lange fortzulaufen, ohne Schwung zwar, aber immer wieder mit neuer Nahrung aus gleichem Topf (»Haben Sie gehört: Der L. hat auch seine MTA entlassen... Arbeitslose gibt es, aber immer noch keine guten...«), die der Analytiker gern durchkreuzt.

Nach halbstündigem Zuhören und einigen Fragen ist der Kollege verblüfft, statt meiner Beteiligung am Jammer-Protz-Konzert zu hören:

»Das muß aber nicht so laufen bei Ihnen. Sie könnten vieles ändern in Ihrer Praxis. Ich hatte vor Jahren die gleichen Schwierigkeiten.

Versuchen Sie's mal mit Lob! Bedingungslos loben, von früh bis spät. Und da drauf dann noch die Spitzen: Auszeichnungen und Sonderlob.«

»Aber das ist doch unmöglich! Dann läuft doch gar nichts mehr!«

»Glauben Sie denn, durch Ihr ewiges Jammern und Gemecker werden die Damen motiviert?«

»Sie spuren...« »Und sammeln ›Rabattmarken‹. Rache-Gutscheine. Eines Tages schwärzen sie Sie an oder kündigen.«

»Das mache ich selbst. Kürzlich haben meine Frau und ich eine überführt: Zuviel pathologische Werte, das fiel auf. Abends sind wir in die Praxis geschlichen und haben nachgeprüft. Laborbuch – nur Namen. Im Papierkorb fanden wir dann die gesuchten Extinktionen. Hat einfach nicht weitergemacht, die Schlampe. Dann Phantasie-Werte in die Karten geschrieben.«

»Was haben Sie gemacht?«

»Fristlos gekündigt, natürlich. Exempel statuiert. Aber fragen Sie nicht, was der Arbeitsrichter mit mir gemacht hat: Ich mußte noch drei Gehälter nachzahlen. So läuft das heute in unserem Sozialstaat. Derartige Schlamperei sei noch nicht Grund genug für eine fristlose Kündigung, hat der Gnom entschieden...«

»Ungeheuerlich! Wären Sie doch in die Berufung gegangen«, schaltet sich ein Kollege ein, versuchend, die Richtung des Gesprächs wieder zum Spiel »Wie schrecklich heutzutage« zu bringen. Aber ich lasse mich nicht wieder ins seichte Wasser führen:

»Arrangieren ist besser als Prozessieren. Vielleicht war das Mädchen überlastet – oder sie hatte den Eindruck, daß Sie sowieso nicht oft auf die Labordaten schauen, obwohl sie in Massen erbracht werden...«

»Ich hab' sie zur Rede gestellt und sie gefragt, wie sie sich das denkt... Auch mit dem schlechten Labor kann man töten...«

»Was hat sie gesagt?«

»Nichts. Bekam feuchte Augen. Was hätten Sie denn gemacht?«

»Zum Beispiel gesagt, und nicht vor den anderen: Sie sind doch fähig, sympathisch, fleißig – ich mag Sie wirklich. Sonst hätte ich Sie nie eingestellt. Warum arbeiten Sie plötzlich nicht mehr 100%ig? Sicher habe ich etwas falsch gemacht. Aber was? Können Sie mir helfen?«

Der Kollege schüttelt sich vor Lachen.

»Und was hätten Sie damit erreicht?«

»Die Wahrheit erfahren, wahrscheinlich. Das Mädchen verstanden. Man kann alles verstehen. Sie war schließlich nicht immer so: nachlässig, unehrlich, heimlich. Sonst wäre sie nie Arzthelferin geworden. Vielleicht haben Sie, zumindest der Betrieb in Ihrer Praxis, doch einen kleinen Anteil am Absinken der Berufsmoral?«

»Sie können froh sein, daß mich Alkohol immer so friedlich stimmt! Sie hätten also diese Gefahr für die Praxis nicht beseitigt?«

»Schon. Aber mit der Verursacherin zusammen. Vielleicht wäre herausgekommen, daß Ihre Helferin Laborarbeiten schon immer gehaßt hat. Oder daß sie sich von Ihnen mißachtet, übersehen fühlte, ungeliebt und ungelobt. Lieber negative als gar keine Streicheleinheiten. Und die hat sie ja nun bekommen. Sie beide werden sich lebenslang nicht vergessen. Aber fühlen Sie sich – beide – wohl dabei? – Vielleicht hätte sie, von Ihnen trotz ihrer Missetaten anerkannt und gestützt, vieles über Ihre Praxis und deren kleine Fehler erzählen können und so eine nützliche Umstrukturierung einleiten helfen.«

»Sie meinen, ich müßte vieles ändern?«

»Ja.«

»Zum Beispiel?«

»Nicht so oft von Ihrem Eltern-Ich auf die Mitarbeiter herunterreden: Ihr müßt das und das machen. Kinder, paßt doch endlich auf!... Ich habe Euch doch schon x-mal gesagt, Ihr sollt... Ich will nicht, daß... Das darf einfach nicht vorkommen! Nun macht doch endlich...« Alles Bemerkungen, wie Sie zugeben müssen, die Sie vorhin in Ihren Praxis-Schilderungen benutzt haben. Ihr Nachbar nickte zustimmend, kam aber kaum zu Wort. Ich nicke innerlich auch, aber in einem anderen Sinn! Ich erkenne mich wieder. Zum Teufel! So war ich früher auch, genau so! Und ich kann's heute noch kaum fassen, daß ich mich wirklich geändert habe. Daß ich meine Mitarbeiterinnen heute ehrlich mag, schätze, gern um mich habe und sie sogar gern gut und übertariflich bezahle. Diese »Großzügigkeit« zahlt sich sogar für mich aus. Sehen Sie, diese Äußerungen aus Ihrem Eltern-Ich locken das trotzige Kind-Ich in Ihren Damen hervor. Die fletschen innerlich die Zähne und sinnen auf Rache, äußerlich senken sie vielleicht den Blick (angepaßtes Kind-Ich) oder blicken Sie trotzig an; werfen vielleicht gelegentlich beim Abgang die Türen oder heulen (freies Kind-Ich); melden sich dann bestimmt gern einmal grippekrank oder verscheuchen einige Patienten, die gegen Ende der Sprechstunde noch herein wollen – auch wenn's nur um ein Rezept geht...«

»Stimmt. Aber wie soll man das anstellen, damit sie im Sinne der Praxis denken – in meinem und der Patienten Sinne?«

Jetzt ist er wirklich neugierig geworden, ein potentieller Anhänger der TA, aufgeschlossener für moderne, psychologische und kluge Praxis-Führung.

»Motivierung – das ist natürlich nur so ein Schlagwort. Zuerst müssen Sie einmal dafür sorgen, daß die Leute sich in Ihrer Nähe wohl fühlen. Eine konstante Temperatur von 22° C reicht dazu nicht aus. Damit die Leute Sie mögen, müssen Sie erst mal klären, ob Sie sich selbst mögen und wirklich respektieren. Selbst-Analyse also. Das ist gar nicht so schwer. Kann man sogar nachlesen. – Was gibt es an Ihnen, das andere schätzen sollten und könnten? Ist es genug, was Sie diesbezüglich zeigen und geben?

Versetzen Sie sich in Ihre Damen: Was erleben und sehen diese täglich, was erhält die notwendige Achtung und Zuneigung, was könnte sie ausbauen?

Wir Ärzte verwenden viel Anstrengung darauf, gut, wissend, höflich, nett und helfend, lindernd mit unseren Kranken umzugehen. Wie sehen das die Mitarbeiter? Was bleibt für sie?

Haben diese doch wichtigen Geister in der Praxis überhaupt Grund, ihre Arbeit und ihren Chef zu schätzen und zu lieben? Werden sie als Arbeitsbienen oder Schatten behandelt?

Wir messen unsere Erfolge an Lob und Anerkennung, Patientenzahlen und Bank-Konten, Haus und Urlaub vielleicht – woran soll sich die Helferin des Helfers der Menschheit messen?

Zuerst also die warme Atmosphäre der Anerkennung und Beachtung schaffen, dann Einzel-Probleme bearbeiten...«

»Interessant. Nehmen wir gleich mal ein Problem: Ich komme in die Praxis und erlebe, wie die – wirklich gute – Helferin in der Aufnahme drei Studenten wegschickt: ›Wegen einer Erkältung brauchen Sie nicht herzukommen. Die Medikamente müssen Sie sich sowieso in der Apotheke selbst kaufen ...‹ Dabei brauche ich sie so dringend, diese Scheine mit nur einer Beratung drauf: Zur Senkung meines Durchschnitts ...«

»Eine gute Möglichkeit: beteiligen! Die Mitarbeiter motivieren über eine Beteiligung am Erfolg. Das muß nicht einmal Geld kosten, obgleich auch das gut ist und wir es machen.

Setzen Sie z. B. gewisse Normen, die 10% höher liegen als die heutigen Durchschnitte; wenn diese Zahlen überschritten werden, gibt es eine Freizeit-Prämie. Unsere Praxis macht z. B. eine Woche Sonder-Urlaub, wenn 1000 Behandlungsscheine im Quartal erreicht oder überschritten werden.«

»Wir haben bis zu 2400 Scheine.«

»Wahnsinn. Dann gibt es keinen 8-Stunden-Tag.«

»Richtig. Die Praxis ist 11 Stunden pro Tag geöffnet. Allerdings komme ich erst gegen 10 Uhr; die Mädchen machen Schichtdienst ...«

»Das könnte die Leistungsgemeinschaft stören. Ohne Sie läuft noch nicht viel, und jeder hält sich an seinem Posten, seinen Aufgaben fest. Man hilft sich nicht. Man hat ja seine festen Dienstzeiten. Das Wohl der gesamten Praxis, der Ablauf auf anderen Arbeitsplätzen interessiert kaum.«

»Genauso ist es. Es wird gefaulenzt und geschlampt. Nur die da vorn setzt sich ein und rackert sich ab. Der Feldwebel der Praxis. Ihre Stimme wird immer lauter; ich höre sie nun schon durch zwei geschlossene Türen. Das paßt mir natürlich auch wieder nicht.«

»Sie spielt Ihre, die Chefrolle, gegenüber den anderen: Strenges Eltern-Ich, angepaßtes Kind-Ich erzwingend. Ein labiles Gleichgewicht, Hektik, Widerstände, Überforderung bei der Führung (›Ich muß mich um alles kümmern‹) und Aufbegehren der Basis (trotziges Kind-Ich) sind die Folgen.«

»Ich gebe zu, daß mich die ewigen Querelen Kraft und Zeit kosten, daß ich dringend so etwas wie Ihre Psychologie brauche.

Noch ein Punkt: Ich möchte während der ruhigen Morgenstunden mit den Leuten über ihre Laborwerte sprechen, auch wenn diese normal sind. Das kann die Nachmittagsberatung unter Zeitdruck ergänzen, dem Kranken Sicherheit geben, mir ein Überdenken ermöglichen. Diese Frau aber stellt einfach nicht durch. Wenn die Laborwerte normal sind, hält sie das nicht für nötig. Oder sie löscht sogar die Beratung wieder, die ich in den

Computer eingegeben habe. Sie hat vielleicht einen verdrehten Gerechtigkeitssinn: Denkt mehr für die AOK als an unsere Praxis. Was kann ich tun? Ich brauche diese Frau; sie ist wirklich gut.«

»Sie ist Ihr verlängerter Arm, Ihr fortgesetztes Eltern-Ich, aber anders motiviert als Sie. In diesem Punkt geht es um Ihre Einnahmen. Die Mitarbeiterin können Sie daher am einfachsten motivieren, indem Sie Ihr z. B. 10,– DM für jede zehnte Beratung anbieten. Man muß sich vorher genau ausrechnen, was das ungefähr pro Monat kosten würde. Sie können diese Helferin aber auch motivieren, indem Sie ihr den Sinn dieser Beratungen, die Nützlichkeit für die Patienten erklären, wie Sie mir das eben erklärt haben. Das haben Sie bisher vermieden, weil das finanzielle Ziel mit hineinspielt, und dafür schämt man sich immer ein bißchen. Das wiederum hat sie gefühlt und gedacht: Der verdient genug. Er muß sich außerdem fügen und braucht mich.

So tröstet sie sich für manche Ungerechtigkeit, die sie unter Ihnen einstecken muß. Kann über diesen Machtbereich ihr Eltern-Ich stützen.

Erklären Sie ihr offen, daß diese Beratungen für die Kranken gut sind, aber auch im Einnahme-Sektor der Praxis gebraucht werden. Und loben Sie sie in Zunkunft kräftig, wenn sie Beratungen einträgt. Vergißt sie's, wird auch Kritik in Lob verpackt: »Hier haben Sie mal eine Eins vergessen. Kann vorkommen. Sie machen das in letzter Zeit aber schon viel besser als früher. Überhaupt: Ich bin sehr froh, daß Sie bei uns arbeiten...«

»Hm. Ich habe bislang auch versucht, meine Leute zu motivieren: ›Die Einnahmen gehen zurück. Wir müssen den Personalbestand verkleinern‹, habe ich gesagt. Seither haben sie Angst, und es läuft etwas besser.«

»Eine verdeckte Transaktion. Sie sagen: ›Achtung! Einer wird entlassen werden. Es geht leider nicht anders.‹ Scheinbar eine nüchterne Botschaft vom Erwachsenen zu Erwachsenen-Ich.

Sie meinen aber: ›Gebt Euch Mühe! Gehorcht mir, arbeitet fleißig. Wer nicht brav ist, fliegt; denn ich will und muß sparen.‹ Botschaft des strengen Eltern-Ich ans angepaßte Kind-Ich der Mitarbeiter.

Verdeckte Transaktionen dieser Art haben etwas Unehrliches an sich, besitzen damit Spiel-Dynamik. Die Mitarbeiter haben also die Möglichkeit, auf das Spiel-Angebot »Finanz-Misere« einzugehen und mitzujammern, mit Ihnen auf die böse Regierung, die bösen Kassen, die unfähige Krankenversicherung zu schimpfen – oder das Spiel-Angebot auszuschlagen: stumm zu bleiben, störrisch zu reagieren oder von sich aus zu kündigen.

Eine echte Motivation ist jedenfalls so nicht zu erreichen. Wer das Spiel »Finanz-Misere« mitmacht, beide Seiten überbieten sich in Äußerungen ihres richtenden Eltern-Ich (»Die Narren in der Regierung und der Krankenversicherung haben wieder mal etwas ausgeheckt...«), wird eine Praxis kaum effektiver und wirtschaftlicher gestalten. Auch Spiele kosten Kraft. Sie haben ihre eigene Dynamik, die aber nebenher läuft und dem Betrieb nicht zugute kommt.

Mitarbeiter, die auf dieses Spiel-Angebot mit ihrem trotzigen Kind-Ich reagieren, werden die Entscheidungen des Chefs noch mehr blockieren oder ausscheiden.

Wenn schon Spiele, dann nützliche Spiele, die ihre Dynamik zugunsten der Praxis entfalten.

Auch Motivaton durch Loben kann einen Spiel-Charakter annehmen:

»Was seid Ihr doch für ein wunderbares Team«, genug oft und glaubwürdig wiederholt und begründet, lockt beim Gegenüber das angesprochene nährende und beschützende Eltern-Ich heraus: »Ja, wir sind wirklich ein tolles Team. Aber Sie sind auch nicht schlecht, Doktor. Sie sind sogar ein As...« Gegenseitiges Lachen kann so durchaus nützlichen Spiel-Charakter gewinnen, die fördernden Eltern-Ich streicheln sich gegenseitig. Die Positionen »Ich bin o. k. – Du bis o. k.« werden gefestigt – eine Motivation zugunsten der Praxis-Belange resultiert.«

»Konkret! Was sollte ich alles ändern?«

»Erwarten Sie keine Patent-Rezepte! Die grobe psychologische Linie muß stimmen, die Grundstimmung einer gegenseitigen Anerkennung und Wertschätzung. Nicht Position: Ich bin o. k., Du bist nicht o. k.; sondern stets: Ich bin o. k., Du bist o. k. Vielleicht gelegentlich Spiel-Intervalle: Was arbeiten wir doch so gut zusammen!

Immer wieder Streicheleinheiten – aus dem nüchternen Erwachsenen-Ich: Sie leisten gute Arbeit. Ich verlasse mich auf Sie. Ihre Ansichten und Ergebnisse stimmen. Oder aus dem nährenden Eltern-Ich: Ich mag Sie. Ich arbeite gern mit Ihnen. Ich helfe Ihnen gern. Ich stehe zu Ihnen. Auch aus dem freien Kindheits-Ich: Ich finde Sie prima, hübsch, nett, lustig. Wann gehen wir alle zusammen wieder mal essen? Was haben Sie im Urlaub angestellt? Sogar das strenge Eltern-Ich muß nicht fehlen: Wir müssen uns an die Regel halten, daß Alte und Schwerkranke bevorzugt werden. Die Helferin muß immer höflich und zurückhaltend bleiben, auch wenn der Patient unverschämt und unfreundlich wirkt. »Wie man in den Wald ruft, so schallt es zurück«, gilt nur bedingt. Wenn der Kranke von seinem Eltern-Ich auf Ihr Kind-Ich herabschimpft (»Zum Teufel mit Ihren

Terminen! Nun warte ich schon über eine Stunde. Das ist eine bodenlose...«), dann müssen Sie seine Transaktionsabsichten durchkreuzen, dürfen nicht von Ihrem Eltern-Ich auf sein angepaßtes Kind-Ich zurückschimpfen (»Wenn Sie mir so kommen... Schließlich sind Sie nicht der einzige hier. Wenn's Ihnen bei uns nicht paßt, dann suchen Sie sich doch eine andere Adresse...«), sondern sollten versuchen, über Ihr Erwachsenen-Ich das seine zu erreichen: »Es tut mir schrecklich leid. Ich sehe und verstehe Ihren Ärger. Aber der Doktor hatte einen sehr schwierigen, ernsten Fall. Die Termine sind alle durcheinander. Wollen Sie nochmal weggehen oder warten? Ich schätze, in 20 bis 30 Minuten sind Sie dran.« Er wird verblüfft sein. Es verblüfft immer, wenn ein anderer als der angesprochene Ich-Zustand antwortet. Und er wird kaum umhin können, Ihnen zuzustimmen; wird sich beruhigen.

Der Ton macht auch hier die Musik. In jeder Praxis muß es eherne Regeln geben wie im Straßenverkehr. Hier haben die Belange der Patienten Vorfahrt, dort gilt Rechts vor Links.

Das strenge Eltern-Ich kann sich schreiend äußern (»Wie oft habe ich Ihnen schon gesagt, Sie Schlampe...«) oder einfühlsam, fördernd: »Jeder macht Fehler. Unserem Ruf und der Gesundheit der Kranken könnten wir aber schaden, wenn wir weiter so unsauber arbeiten. Ich muß Sie daher bitten... Und will Ihnen gern dabei helfen. Sehen Sie das ein?«

Alle Ich-Zustände wirken also stets zusammen. Die Stärke des Transaktionsanalytikers resultiert lediglich daraus, daß er immer weiß, aus welchem Ich-Zustand heraus er fühlt, denkt, spricht und handelt. Daß er weiß, welche Ich-Zustände er bei seinem Gegenüber (Patient, Helferin, Kollege, Ehefrau, Kind...) erreichen möchte und schließlich anspricht. Es ist ein beglückendes Gefühl, sich selbst und die andern damit ändern, führen und kalkulieren zu lernen.

In der Schweiz lernen nicht nur Polizisten und Manager die TA, sondern inzwischen auch Ärzte und Arzthelferinnen. Wir sind wohl etwas zurück geblieben.

»Aber werden wir bitte wieder ganz konkret!« unterbricht der sympathische Kollege meinen begeisterten Redefluß; das um uns brodelnde Party-Geschwätz scheint ihn nicht mehr zu interessieren. »Wie kann ich z. B. eine Helferin ändern, die sich rote Strähnen in die gesteiften Haare machen läßt und wie ein Punker aussieht? Das ist doch unmöglich! Einige Patienten lächeln, andere sind schockiert.«

»Es gibt immer wieder verschiedene Möglichkeiten. Gut jedenfalls, daß Sie nicht nur die eine sehen: Runterputzen und verbieten.« »Wollte ich machen.«

»Gut. Ist sicher auch ein Weg. Wenn die Helferin diesen Ton aus ihrer Kindheit kennt und akzeptiert, wird sie vielleicht auch auf das strenge Eltern-Ich des Chefs mit ihrem angepaßten Kind-Ich reagieren, gehorchen – und das Problem ist gelöst. – Der zweite Weg wäre: Diesen Tick einfach ignorieren. Der auffällige Kopfputz wird dem Ansehen der Praxis wahrscheinlich wenig schaden. Vielleicht werden sogar andere Punker angelockt, ermutigt, die Praxis aufzusuchen. Wir müssen ja für alle Menschen dasein. Wahrscheinlich würde die Helferin von selbst eines Tages ihre Frisur wechseln, wenn man ihr keine große Beachtung schenkt. Kinder-Spiele und Ticks wechseln rasch, wenn das Motiv fehlt.

Wenn Sie die Spinner-Frisur aber wirklich aufregt und Gefahr besteht, daß Sie Rabattmarken einer sich summierenden Aggression gegen diese Helferin sammeln, Sie wollen die Konfrontation von Eltern-Ich zu Eltern-Ich oder trotzigem Kind-Ich aber nicht riskieren, so können Sie auch trickreich versuchen, vom Kind zu Kind-Ich zu kommunizieren: »Mensch, eine tolle Frisur! Verraten Sie mir den Friseur? Ich komme morgen auch so.« »Eine lustige Frisur! Warum sollten wir den Kranken auch nicht ganzjährig ein bißchen Fasching bieten?« Sie haben Toleranz und gleichzeitig Ihre Meinung gezeigt, vielleicht sogar ein wenig zu abwertend.

Erfolg durchaus unsicher. Nichts vollkommen kalkulierbar an einem Menschen, aber alles analysierbar.

Die Rotsträhnige kann daraus ein Spiel machen und ihre Haartracht noch lustiger finden und beibehalten oder ausbauen. Sie merken das vielleicht daran, daß zusätzlich ein paar grüne Strähnen auftauchen. Sie können dann den strengen Eltern-Ich-Anteil Ihrer Kritik verschärfen und das Spiel damit unterbinden. Sie können aber auch eine sachliche Diskussion führen – vom Erwachsenen zu Erwachsenen-Ich – und der Helferin wertfrei Ihre Meinung darlegen: »Ich habe in Ihrem Alter auch jede Mode-Torheit mitgemacht, und ich finde Ihre neue Frisur auch recht interessant. Ich sorge mich nur ein bißchen darum, wie unsere konservativen Kranken darauf reagieren mögen. Was meinen Sie? Freuen die sich über Ihre roten Strähnen? Wer hat überhaupt eine Reaktion gezeigt oder etwas geäußert...?«

Eine Strenge wie bei Rechts vor Links im Straßenverkehr ist in diesem doch wohl eher nebensächlichen Punkt kaum angebracht. Oder?

Eine meiner Helferinnen kam kürzlich im Minirock, und den Kittel ließ sie plötzlich gern offen.

Ich schluckte einige Tage, der Regel folgend: Lob stets sofort und großzügig, Kritik wohl überlegt, in Anerkennung verpackt, schonend, zurückhaltend, nachdem man mindestens eine Nacht darüber geschlafen hat.

Dann versuchte ich es mit Bemerkungen wie: »Ich fühle mich wie in St. Tropez. Die Heizung habe ich um 2 Grad runtergestellt.« »Wir brauchen jetzt weniger Schmerzmittel. Den Patienten geht es sofort besser, wenn sie Frau M.'s hübsche Beine sehen« (In Wahrheit fand ich sie gar nicht so hübsch – bedingungsloses Lob also). »Wenn die Patienten sich dran stoßen sollten – machen Sie sich nichts draus, Frau M.! Schließen Sie den Kittel einfach – und knöpfen Sie ihn immer nur auf, wenn Sie ins Sprechzimmer kommen!«

Das geht natürlich schon weit, könnte zynisch wirken. Und Zynismus heißt für den Transaktionsanalytiker: verdeckte Transaktion. Arzt sagt: »...Öffnen Sie den Kittel nur im Sprechzimmer!« Ton: nüchternes Erwachsenen-Ich. Emotion: Kind-zu-Kind-Ich. Spiel-Angebot, zumindest Spiel-Charakter. Versteckte Botschaft: »Lassen Sie den Unsinn. Ich finde das gar nicht so lustig, wie es scheint.« Arzt denkt: »Normale Frisur – oder Du fliegst!« Dieses strenge, unbeugsame Eltern-Ich soll verdeckt werden.

Lohnt sich der Aufwand? Ich meine: Ja! Im obigen Beispiel hat es gewirkt. Die Helferin kleidete sich wieder normal und lächelte schelmisch zurück, als ich bemerkte: »Die schönen Tage von St. Tropez sind vorüber...« Ein Hauch von Zynismus ist durchaus erlaubt und als Salz in der Suppe des täglichen Eintopfs bekömmlich.

Alle diese oben geschilderten Ich-Zustände während der Transaktion nimmt nicht nur der psychologisch geschulte Arzt wahr, sondern auch die angesprochene Helferin. Unbewußt. Fühlend. Es kann aber nützlich sein, wenn auch die Helferinnen in TA geschult sind und dann rascher erkennen, ob eine bestimmte Ich-Position oder Transaktion für einen selbst oder die Praxis positive oder negative Auswirkung hat. Die Frage nach dem Nutzen des eigenen Verhaltens also.

Meine oben geschilderte Helferin trug wieder längere Röcke oder Hosen, knöpfte ihren Kittel sorgsam – und wurde alsbald schwanger. Ich kam mir vor wie ein Mann, der sich schrecklich aufregt über jeden lächerlichen Kratzer an seinem Auto, putzt und konserviert, um dann plötzlich zu verkaufen. Der Schätzer aber widmet dem gepflegten Lack kaum einen Blick.

Eine gewisse Großzügigkeit, ein gewisser Weitblick können auch im Praxisbetrieb nicht schaden.

»Wie finden Sie meinen Schichtdienst?«

»Job-Rotation wäre evtl. besser. Erhaltung breiterer Fähigkeiten. Mehr Abwechslung.

Schichtdienst führt leicht zum Beamten-Denken: Keine Motivation, anderen zu helfen, wenn diese überlastet sind, während man selbst gerade wenig zu tun hat. Man schaut statt dessen auf die Uhr. Ziel: Dienstschluß – statt bestmögliche Leistung zum Nutzen der Kranken und der Praxis. Wenn jeder weiß: Erst wenn die Arbeiten aller Arbeitsplätze erledigt, alles ordentlich und sauber ist, dürfen alle nach Hause. Dienstschluß also nur für alle gleichzeitig. Dann ist auch der »Feldwebel« in der Aufnahme (dessen Notwendigkeit ich anzweifle) motiviert, im Labor zu helfen, aufzuräumen, eine Toilette zu putzen, Gläser zu spülen; dem Lehrling, der sich tapfer abstrampelt, zu helfen.«

»Die Helferinnen putzen die Toiletten?«

»Ja. Die Putzfrau kommt nur dreimal wöchentlich. Keiner findet das schlimm. Zumal, wenn der Chef gelegentlich auch herumgeht, putzt und Blumen gießt.«

»Bei uns sieht es morgens immer aus im Labor! Weil abends keiner Lust und Zeit hat, zu putzen und aufzuräumen.«

»Hier sollten Sie nun wirklich mit Ihrem strengen Eltern-Ich eingreifen: ›Ordnung und Sauberkeit sind für jede Praxis unverzichtbar. Wir schulden dies unserer Aufgabe und den Leuten, die sich uns anvertrauen. Dies sind Gebote wie Rotlichter der Verkehrsampeln. Verstöße werden geahndet. Sie werden dies sicher einsehen, und ich bitte Sie alle herzlich, ab heute dafür Sorge zu tragen, daß das Labor abends fertig, sauber und ordentlich ist. Ich schätze Sie alle sehr und hoffe, daß das zu schaffen ist...‹

Bitte nicht drohen: ›Wer in diesem Punkt nicht spurt, kann gehen! Wer abends nicht seinen Arbeitsplatz putzt, hat hier nichts verloren!‹ Das wären zweifellos zu strenge und harte Eltern-Ich-Botschaften, die den Mitarbeiterinnen ihre Ruhe und Sicherheit nehmen. Das Gebot wäre durchbrochen: Bedingungslose Anerkennung, bedingungsloses Lob schenken? Ein Angestellter hat wie ein Kind seinen Eltern gegenüber ein Recht auf bedingungslose Zuwendung und Anerkennung. Nicht: Wenn Du brav bist, dann darfst Du bleiben! Sondern: Bleiben darfst Du auf jeden Fall, denn Du bist gut, Du bist fähig: Aber bitte ändere Dich in diesem Punkt. Das käme dem Betrieb und damit auch Dir selbst zugute. Siehst Du das ein?

Die Botschaft aus dem strengen Eltern-Ich: »Wenn Du nicht..., dann sieh', wo Du bleibst!« lockt entweder das trotzige Kind-Ich (»Unmöglich! Geht nicht. Mach' ich nicht«), aktiviert das angepaßte Kind-Ich »Gut, Chef. Wird gemacht« – Wirkt passiv und ist nicht viel wert oder das Eltern-Ich des Gegenüber: »Was denken Sie sich eigentlich! Wir arbeiten so schon viel zu viel (Verdeckte Botschaft: »Und werden mies bezahlt. Damit Du den Porsche fahren kannst.«).« Vielleicht werden auch heimlich Rabattmarken gesammelt (»Gut, gut! Der wird schon sehen, wo er damit landet. Nicht aufregen, nur wundern. Wir sitzen schließlich doch am längeren Hebel...«).

Nur in einer sonst ungestörten und guten psychologischen Praxis-Atmosphäre wird die Helferin auf die Drohung aus dem strengen Eltern-Ich des Chefs (»Entweder Sie machen ab sofort... Oder Sie können Ihren Hut nehmen!«) aus ihrem logischen Erwachsenen-Ich reagieren, die Transaktion damit in verblüffender Weise durchkreuzen und z. B. erwidern:

»Sehe ich vollkommen ein. Um dieses Ziel zu erreichen, müßten wir folgendes ändern... Wir werden uns die Möglichkeiten in Ruhe überlegen und morgen konkrete Vorschläge machen. Sind Sie damit einverstanden?«

Der Arzt würde dann wahrscheinlich ebenfalls auf Erwachsenen-Ich zurückschalten: »Gut. Vielleicht müssen wir den Schichtdienst aufgeben. Trotzdem soll keiner mehr als höchstens 40 Stunden pro Woche arbeiten, möglichst weniger. Überlegen Sie auch das einmal, arbeiten Sie am besten mehrere Möglichkeiten einer neuen Dienstregelung aus...«

Das nährende Eltern-Ich darf ruhig noch stärker durchschimmern: »Toll, wie Ihr mein cholerisches Wesen wieder mal durchkreuzt habt. Im Grunde bin ich natürlich auch nicht böse und weiß durchaus, was ich an Euch habe. Will auch wirklich nur Euer Bestes...« Das kann in seiner Kumpelhaftigkeit etwas fad und manipulierend wirken. Vater, der mit seinen Kindern spielt. Das »Du« verrät deutlich die angebotene Ich-Stellung, wen man sich sonst im Praxis-Alltag doch siezt.

Dann vielleicht doch lieber gleich erneute Durchkreuzung vom Kind zum Kind-Ich? Z. B. so: »Mir ist wohl eine Laus über die Leber gelaufen, die meinen Worten Bitterkeit gab. Könnten wir die Sache nicht heute nachmittag im Café Kranzler durchkauen? Wir machen hier einfach eine Stunde früher Schluß, machen dicht und geben der Konkurrenz eine Chance. Können wir uns nach den letzten heißen Tagen doch leisten...« »O, fein!«

Es gibt also stets für jedes Temperament eine Möglichkeit, und alle können Erfolg haben. Wenn nur gewisse Grundregeln eingehalten werden: Gegenseitige Achtung zum Beispiel; Atmosphäre des Akzeptierens und Verzeihens. Jede Mutter weiß das, und es gilt auch in der Praxis. Wenn man neue Leute sorgfältig ausgesucht hat, dürfte das auch nicht schwerfallen. Die Mutter kann ihr Kind nicht aussuchen. Sie muß nehmen, was da kommt. Ihr ständiger Trost: »Es ist ein Stück von mir, ein Stück von ihm. Ich akzeptiere und verstehe daher alles.«

Wenn wir unsere Helferinnen sorgsam aussuchen, ist dies auch wie eine Geburt. Sollte dann auch wie ein Stück von uns sein: Nach unserem Willen aus dem Heer der Bewerber ausgesucht. So ist es doch heute. Wenn die anderen Helferinnen an der Wahl beteiligt wurden: um so besser. Dann sollten auch sie mehr an der Neuen tolerieren – und schätzen können.

Mein Gegenüber ist wieder skeptisch geworden: »Der Konkurrenz eine Chance geben! Ist das Ihr Ernst? Ein Freund hat sich niedergelassen, genau mir gegenüber. Zur Begrüßung des lieben Ulli habe ich sofort weitere Nachmittags-Sprechstunden eingerichtet. Daher haben wir jetzt 11 Stunden täglich geöffnet...«

»Phänomen des ›Zwei Seelen wohnen, ach, in meiner Brust!‹ Er will Ihr Freund sein – und tut Ihnen das an. Vielleicht lebt er aber in der Vorstellung, er würde Ihnen helfen? Stöhnen Sie nicht oft ob Ihrer 2000 Scheine? Und ängstigen sich dann wieder, wenn es einmal sehr ruhig gewesen ist? Wenn nur 4 Patienten am Nachmittag gekommen sind? Mir geht es genauso!

Vielleicht mit dem Unterschied, daß ich mich mit dieser unvermeidlichen Neurose des Selbständigen auseinandergesetzt habe und lerne, mit dem Rückgang friedlich zu leben, ihn sogar zu nutzen und zu genießen. Koexistenz wie mit dem Prozeß des Alterns. Ventil z. B.: Beschäftigung mit der Psychologie.

Wie wollen Sie Ihre Helferinnen für diese Mehrarbeit motivieren? Die Schichtarbeit reißt, wie gezeigt, das Team und den Teamgeist zu sehr auseinander.«

»Stimmt. Wenn ich eine greifen und stauchen will, ist sie immer gerade in Freizeit.«

»Und dann schimpfen Sie die Falsche aus, die vielleicht gefährliche Rabattmarken gegen Sie und die Praxis sammelt oder trotzt oder zurückschreit. Die eigentlich Betroffene gewinnt noch den Eindruck, daß immer über einen gesprochen wird, Schlechtes gesprochen wird, wenn er nicht da ist. Alle haben schlechte Gefühle dabei, die sich auf die Atmosphäre und damit auf die Leistung der Praxis negativ auswirken...

Haben Sie eben eigentlich gemerkt, daß Sie unserer Runde ein Spiel-Angebot gemacht haben? Der ›Freund‹ in Anführungsstrichen. Ihr erwartungsvoller Blick in die Runde! Diese Falschheit heute überall, diese schrecklichen jungen Kollegen, die eine Praxis aufmachen, ohne einen zu fragen, ohne sich vorzustellen. Mit ungenügenden Kenntnissen, frisch und grün von der Uni, natürlich gleich mit Ultraschall und allem Pi-Pa-Po...«

Aber man ließ Sie einfach stehen mit Ihrem Angebot. Die härteste Antithese wäre gewesen, wenn ich gesagt hätte: »Sprechen wir besser nicht schlecht über ihn, wenn er nicht dabei ist und sich nicht wehren kann!« Nicht auf das Spiel-Angebot reagieren ist aber rücksichtsvoller und durchkreuzt nicht zu hart, läßt andere Möglichkeiten offen. Erlaubt mir z.B., abwechselnd vom Eltern- und Erwachsenen-Ich auf Ihr Erwachsenen-Ich einzureden und Sie von der Nützlichkeit der TA für Ihre große Praxis zu überzeugen. Ein bißchen versuche ich auch, durch die Art meiner Schilderungen und meine Begeisterung Ihr Kind-Ich mit meinem zu locken, Sie so mit meiner Begeisterung zu infizieren. Damit gewinnt unsere Transaktion Dynamik und Spiel-Charakter: Psychologie-Spiel oder Psychospiel-Spiel. Das Verdeckte dieser Transaktion: Der Nutzen für mich. Oberflächlich betrachtet, möchte ich Ihnen helfen, aus Ihren Schwierigkeiten herauszukommen, indem Sie sich von Ihren veralteten Führungsmanieren befreien, durch nichtdirektive Führung nach ROGERS z.B. mehr Freiheit, Freizeit und trotzdem größere Erfolge und Zufriedenheit erreichen. Auf einer tieferen Schicht aber hungert mein Kind-Ich nach Anerkennung. Ich möchte, daß Sie meine Ratschläge wirklich probieren, daß es dann auch funktioniert und Sie mich loben. Ich bitte also verdeckt um Streicheleinheiten. Dieser verborgene Wunsch beflügelt mich, verleiht meinen Ausführungen Feuer...

Apropos Streicheleinheiten: Die Helferin mit dem schreiend-roten Kunsthaar strebt vielleicht auch danach. Haben Sie sie bislang wenig beachtet? Vielleicht hat sie Jahre vergeblich auf positive Streicheleinheiten (Lob und Anerkennung) gehofft, danach gestrebt und ist nun darauf verfallen, es einmal mit verstecktem Protest (als Punker) zu versuchen. Lieber negative Streicheleinheiten (Schelte, Kritik, Schläge...) als keine. Wenigstens nehmen Sie die Dame nun wieder wahr und kommunizieren mit ihr. Wenn sie dieses Spiel treibt (Verdeckt: »Na siehst Du, nun bin ich wieder in!«), müssen Sie die entsprechende Antithese suchen und einsetzen: Ignorieren – oder: »Schade. Ihr Naturhaar fand ich hübscher. Darf ich mir wünschen, daß es eines Tages wieder auftaucht?« Das müssen Sie dann aber auch bemerken und loben, und von nun an der ganzen Person mehr Aufmerksamkeit und Beachtung schenken!

Erkundigen Sie sich eigentlich regelmäßig nach dem gesundheitlichen Befinden und den persönlichen Problemen Ihrer Mitarbeiterinnen? Nicht nur nach Art Routine-Wartung beim Auto, damit die Maschine geschmiert wird und läuft. Aus echtem Interesse, Anteil nehmend. Kostenlose Beratung aus Spaß an der Freude. Ich weiß, es ist viel verlangt nach all Ihrer Arbeit mit über 2000 Scheinen. Wird Ihnen aber hundertfach vergütet, mit Zuneigung, Anerkennung und Streicheleinheiten z. B. Davon kann man nie genug bekommen, um sich weiter zu entfalten. Wiegt mehr als die »1« von der AOK.

Vielleicht beginnt man am Anfang wirklich manipulierend. Tastend und unsicher. Psychologie, TA als Betriebsöl – und alles läuft lockerer. Wenn man dann merkt, daß es läuft, gewinnt man Zutrauen zur Methode, zu sich selbst, zu seinen Mitarbeitern – und ändert sich wirklich, wird ein neuer, vielleicht tatsächlich besserer Mensch. Sogar klüger?

»Die Masche mit dem Rothaar-Spiel ist gesucht.«

»Stammt nicht von mir – diese Denkweise. Von HARRIS und BERNE z. B. Mehr philosophisch fühle ich mich von ROGERS (3) inspiriert.«

»Erzählen Sie mir zum Schluß noch etwas über die Motivation. Ich fühle mich von meinen Mädchen nicht verstanden. Bin täglich gereizt. Habe das Gefühl, gegen Wände zu reden. Muß alles selbst machen, wenn es klappen soll. Verschleiße mich in kleinkarierten Auseinandersetzungen, auch mit den Patienten, wenn ich z. B. meine Weigerung begründen will, einen Faulpelz krank zu schreiben.

Ich sehe ein, daß ich so etwas wie TA brauche. Dringend brauche. Vielleicht will ich's sogar versuchen. Ich muß es versuchen. Auch mein Familienglück geht sonst in die Binsen. Sehr bald sogar. Ich sehe, daß ich etwas falsch mache; aber ich weiß noch nicht recht, wie ich da rauskommen kann.«

Motivieren. Delegieren. Streicheln. Akzeptieren.

Diese Grundeinstellungen schlummern in jedem Menschen. Man muß sie nur entdecken und entwickeln. Sie sind oftmals verschüttet durch ungünstige Entwicklungen in unserer Kindheit. Das strenge Eltern-Ich hat Millionen von angepaßten Kindern zurechtgebogen und vielleicht sogar die Weltkriege ermöglicht. Falsche, heute für uns nicht mehr wichtige oder sogar schädliche Eltern-Ich-Normen wirken in uns nach, oft verheerend, unser Leben zerstörend. Auch diese Analyse Ihrer Kindheit können Sie selbst machen, wenn Sie an der TA Freude finden.

Sie werden z. B. entdecken, daß Sie folgende Eltern-Ich-Normen, die in Ihrer Kindheit für viele Situationen nützlich gewesen sein mögen, heute zum Schaden eines psychologisch gesunden Praxis-Klimas noch immer an ungeeigneten Objekten und Subjekten einsetzen:

»Gehorche – und frage nicht immer, warum!«

»Sei still!«

»Sei bescheiden!« »Sprich nur, wenn Du gefragt wirst!«

»Nimm an, was ältere Leute sagen!«

»Gib Tante... Oma... ein Küßchen!«

»Schlaf jetzt! Hab' keine Angst! Papa wird alles machen...«

Und so weiter und so fort. Hunderte solcher Normen, kleine und große, oft heute für uns leere Sprüche, übertragen wir – oft unbewußt – auf unsere heutigen Beziehungen, hier Transaktionen genannt: Auf unsere Kinder, Mitarbeiter, Patienten und Kollegen. Ungeprüft! Und das kann schlimm sein. Einige Normen mögen nützlich und nötig wie Verkehrsregeln sein. Andere sind störend, schädlich, überflüssig – oder gar tödlich.

Daher sollten wir unser Verhalten auf Schritt und Tritt analysieren, während wir versuchen, uns zur Erreichung eines bestimmten Ziels zu ändern. Das Ziel heißt: Erfolgreichere Führung von Praxis und Leben über erfolgreichere und sicherere Führung der eigenen Person.

Die Schritte dorthin heißen: Motivieren, Delegieren, Streicheln, usw. Während des Wegs immer wieder klären, analysieren: Ich-Zustand? O. K.-Position? In ein Spiel geraten? Ist es konstruktiv oder destruktiv? Fühle ich mich gut oder schlecht dabei?

Oh wei, jetzt bin ich aber stark ins belehrende Eltern-Ich geraten. Aber Sie wollten es nicht anders. Sie haben mit Ihren Fragen aus dem neugierigen Kind-Ich (»kleiner Professor«, der alles probieren will) mein nährendes Eltern-Ich gelockt.«

»Schäm' Dich nicht, mein Kind! Trink, und erzähl' weiter! Prost! – Sie sehen, wie schnell ich lerne und den Ich-Zustand wechseln kann. Springe vom nährenden Eltern- zum freien Kind-Ich, Emotionen unter Alkohol folgend.

Aber das Wichtigste dabei ist mir doch: Der nüchterne Austausch von Informationen. Will lernen, was ich machen kann, um aus meinen Praxis-Tumulten herauszukommen. Mein Kind-Ich – hier lediglich Würze – um die schwere Kost der TA besser anzudauen...«

»Gut, also nochmals zum *Motivieren...*«

Ich bin o.k. – Du bist o.k. – und überall Spiele!

HARRIS (2) hat ein Buch zu diesem Thema geschrieben. Als ich es las, gewann ich den Eindruck, daß seine Erkenntnisse auch meiner Praxis gut tun würden. Seither praktiziere ich seine Psychologie tagtäglich. Im Kontakt zu den Kranken, den Mitarbeitern, der eigenen Familie...

Beispiel »Reizblase«. Die übergewichtige Dame klagt über Brennen beim Wasserlassen, häufiges Urinieren, Druckgefühl im Unterbauch, Brennen in der Scheide... Die Nächte sind ungestört. Die Reichhaltigkeit dieser Tag-Symptomatik läßt mich aufhorchen. Auf Zusatzfragen wird das Bild immer bunter: Müdigkeit, Arbeitsunlust, Ziehen im Kreuz, Schweißausbrüche... kommen hinzu. Je mehr Fragen, desto mehr Klagen.

Der Urin ist in Ordnung. Die Blasenspiegelung ergibt nichts. Damit ist der heutige, durchschnittlich ausgebildete Urologe am Ende. Schwafelt noch etwas über nervöse Fehlsteuerung der Harnblase, verordnet ein mildes Mittel (oft sogar überflüssigerweise ein teures Antibiotikum), lächelt aufmunternd, gratuliert der eher unangenehm Überraschten zu den Normalbefunden, zur bewiesenen Gutartigkeit, erläutert eben noch das Rezept und verabschiedet sich; bei kleiner Praxis auf die Möglichkeit oder Notwendigkeit weiterer Konsultationen und Untersuchungen hinweisend.

Früher war ich dann schon stolz, wenn ich der Patientin wenigstens anbot, ihr Herz auszuschütten; gemeinsam über die Ursachen der nervösen Blasenreizung nachzudenken.

»Ach ja, man hat schon seinen Kummer. Meine beiden Töchter habe ich verloren. Die eine als 35jährige durch ein bösartiges Muttermal am Rücken, die zweite jetzt an einen Libanesen...«

»Wie das?«

»Die Familie hat jahrelang in Südafrika gelebt. Ein Haus, zwei Kinder. Es war alles so harmonisch. Dann kamen finanzielle Schwierigkeiten. Sie wollten nach Deutschland zurück. Stritten viel. Meine Tochter lernte hier den Libanesen kennen. Sie wollten sich scheiden lassen. Versöhnten sich dann wieder. Schließlich doch die Scheidung.

Zuerst mochte ich den Libanesen. Inzwischen weiß ich, daß er keine Ausbildung hat und meistens arbeitslos ist. Meine Tochter ernährt ihn. Die Kinder mögen ihn. Aber ich kann ihn als Schwiegersohn nicht anerkennen. Ihren ersten Mann ziehe ich vor, mag ich noch immer sehr.

Die Wohnung war ihnen zu teuer. Sie sind kürzlich umgezogen, ohne mir auch nur zu sagen, wohin. Sie wollen mein Erspartes. Er will sich selbständig machen. Mit meinem Geld. Aber das will ich nicht geben. Muß auch an mich und mein Alter denken.

Ich kann ihn einfach nicht anerkennen, den Nichtsnutz. Sie will ihn sogar heiraten. Die armen Kinder. Ich liebe meine zwei Enkel, und sehe sie nun nicht mehr...«

»Wie schrecklich!« wäre früher wahrscheinlich meine einzige Reaktion gewesen. »So ist das Leben. Aber was will man machen – nicht zu ändern...« hätten wir uns resignierend verabschiedet.

Oberflächliches Geschwafel, das der Patientin zwar eine momentane Erleichterung schenkt, aber keinen dauerhaften Nutzen bringt.

Die meisten Praxis-Gespräche bleiben derartig läppisch, dringen kaum in die Tiefe.

Bringe ich es aber fertig, mein TA-Wissen zu aktivieren, dann leuchten rote Lampen auf:

a) Haltung der Patientin gegenüber dem neuen Schwiegersohn: »Ich bin o.k. – Du bist nicht o.k. Du bist ein fauler, dummer Ausländer, der sich von meiner Tochter ernähren läßt. Du raubst mir den Kontakt zu meinen Enkeln, mit denen ich blutsverwandt bin, nicht Du. Du willst nur mein Geld...«

Es werden verdeckte Transaktionen ausgetauscht. Damit gewinnt die Beziehung einen Spiel-Charakter. Sie verfolgt den neuen Schwiegersohn: »Fauler, kleiner Ausländer!« Er rächt sich: »Du lehnst mich ab und gibst kein Geld. Ich nehme dafür Deine Tochter samt Kindern. Du wirst schon sehen...«

Verwandte, Freunde, Ärzte... werden als Retter angerufen. Aber sie geben nur läppische Ratschläge. Das Dreieck, Opfer – Verfolger (und umgekehrt) – Retter, endet in sich steigerndem Haß oder dem Resignations-Spiel: »Wie schrecklich – aber nichts zu machen...«

b) Die Verführung, TA-Wissen aus dem Eltern-Ich heraus zu äußern, ist groß: »Sie müssen sich überwinden. Den Mann anerkennen. Sagen Sie klar, was Sie meinen und fühlen: Von meinem Geld will und kann ich nichts geben. Aber ich leide unter der Trennung von Euch. Ich möchte Euch wieder besuchen. Verstehe nicht ganz, warum er nicht fleißiger arbeitet. Aber ich mag ihn als Menschen: Ich finde ihn o.k. Erklärt mir Eure Probleme genauer, vertraut Euch mir an, damit ich Euch wieder näher komme...und vielleicht ein wenig helfen kann...«

Patent-Rezepte verkaufen – das ist psychologisch immer riskant. Vielleicht ist der andere dankbar, überrascht, nicht einverstanden. Aber sein eigenes Denken wird blockiert. Er akzeptiert, aber wird kaum danach handeln. Falls doch, dann aus dem angepaßten Kindheits-Ich heraus: brav, aber kaum kreativ.

c) Es ist daher besser, unsere oben geschilderte Patientin sehr behutsam dazu zu bewegen, ihre Probleme mit ihrem Erwachsenen-Ich zu betrachten, zu analysieren und schließlich selbst Wege zu finden, aus ihren Spielen herauszufinden, das Dramen-Dreieck: Verfolger – Opfer – Retter, zu verlassen; ihre verhängnisvolle »Du bist nicht o.k.«-Position zu verlassen. Spiele haben nun einmal die Tendenz zur unendlichen Fortführung, und einen scheinbaren Nutzen für den Spieler: »Wie schrecklich; ich arme Frau; dieser miese Kerl; die armen Kleinen; meine arme Tocher…« in unserem Falle. Das kann sie sich täglich aufs neue beweisen; und ihre Mitspieler bestätigen diese Ansichten. Bringen diese Spiele aber eine Lösung des Problems? – Sie hinterlassen nur ungute Gefühle.

Man fühlt sich im Recht – und doch schlechter und schlechter.

»Könnten Sie sich vorstellen, Ihre Tochter mit einem Besuch und Blumenstrauß zu überraschen? Die Enkel mit ein paar Spielsachen? Vielleicht ergibt sich eine nützliche Aussprache. Oder sie überfallen das junge Paar am Hochzeitstag?«

»Glaube nicht, daß ich das könnte. Er will doch nur mein Geld für eine Geschäftsgründung…«

»Haben Sie ihm denn schon gesagt, daß Sie ihm keinesfalls geschäftlich helfen können – ihn aber trotzdem sympathisch finden und anerkennen?«

»Eigentlich nicht, aber…«

Hier ergibt sich die Gefahr, daß ein neues Spiel zwischen Arzt und Patientin beginnt: »Ja, aber – geht nicht, weil – habe ich alles schon versucht« – in Anlehnung an andere Sprechstunden-Spiele (s.o.).

Der Arzt hüte sich also, immer neue Lösungsvorschläge anzubieten, die die Patientin einen nach dem anderen ablehnt, um schließlich ihren Spiel-Gewinn zu kassieren: »Sie sehen, ich habe wirklich schon alles versucht. Es hilft nichts. Es ist eben schrecklich…«

Lösungen zwischenmenschlicher Konflikte und überhaupt aller Probleme werden nur gefunden und angenommen, wenn sie von allen Ich-Ebenen getragen werden. Wenn es also gelingt, das Erwachsenen-Ich (Logik und Einsicht; Nüchternheit…), das Eltern-Ich (»So muß es gemacht werden; das hilft mir. Ich werde das durchsetzen. Es ist wichtig und geht nicht anders…«) und das Kind-Ich für die Idee und Änderung des Verhaltens hervorzulocken (»Ich freue mich darauf; ich könnte heulen – ich will…«).

In unserem Falle z. B. so:

»Wollen Sie denn wirklich immer so weiter leben?« (Appell an das Erwachsenen-Ich).

»Sie sollten einen Weg zur Versöhnung finden, bevor Sie noch kränker werden. Wie soll es sonst weiter gehen? Könnten Sie nicht den ersten Schritt tun?... Ich möchte Ihnen gern helfen, habe aber natürlich keine sicheren Medikamente für Ihren Konflikt...« (Angebot aus dem nährenden Eltern-Ich.)

»Stellen Sie sich vor, wie schön es wäre, wieder regelmäßig bei Ihrer Tochter und den niedlichen Enkeln zu sein. Die Kinder freuen sich auf ihre Oma und deren Geschenke, und der neue Schwiegersohn respektiert sie wie früher – sie mögen ihn ja sogar...« (Hervorlocken des freien Kind-Ich.)

Angestrebte und mögliche Reaktion der Patientin mit psychogener Reizblase:

»Ach, wäre das schön!« Sie weint (Kind-Ich; freigesetzte Emotionen).

»Ich könnte es probieren. Vielleicht tue ich so etwas Ähnliches...« (nüchternes Erwachsenen-Ich).

»Sie haben recht. Ich muß mich überwinden und einfach mal hingehn. So kann es jedenfalls nicht weitergehn...« (strenges plus nährendes Eltern-Ich).

Erfolg durchaus unsicher. Es kann sein, die beleibte Dame mit der Reizblase bleibt bei ihrem Verfolger-Opfer-Spiel; verharrt im Dramen-Dreieck, auf ihrer o.k.-Position – oder stürzt sich voller Begeisterung auf das neue Spiel: »Alles schon versucht – aber mit denen ist nicht zu reden. Es ist ja so traurig...«

Dann vielleicht ein nächster Termin zur gleichen Thematik – oder lieber zum urodynamischen Meßplatz? Das hat man schließlich gelernt. Die Kurven beeindrucken immer. Dann hat man wenigstens etwas in der Hand. Wie man die vielsagenden Kurven interpretiert? Nebensache! Eine Droge, die sich darauf stützt, hat allemal einen enormen Placebo-Effekt. Nur – über die hinter allem stehende Psycho-Dynamik der Leidenden verraten diese Techniken leider nichts...

Ich-Positionen. Arzt – Helferinnen

Die Arbeit jeder Praxis ist durch die Stellung des Arztes belastet. Diese resultiert aus seinem Studium, seinen, in der kleinen Gruppe Arztpraxis herausragenden, Leistungen.

Er, der Arzt, hat das meiste gelernt, am längsten studiert, die Praxis gegründet, empfängt die Patienten, bestimmt die Zeit der Konsultation, den Umfang der Untersuchungen, den Rhythmus des Tages für sich, die Helferinnen, seine Familie... Wählt das Behandlungsverfahren, trägt die Hauptlast der Verantwortung, entscheidet über Erfolge und Mißerfolge seiner Arbeit... Die Position »Ich bin o.k.« drängt sich ihm förmlich auf. Die Patienten bieten sich mit ihren Leiden dar: »Ich bin nicht o.k. Was fehlt mir? Hilf mir!« Das Eltern-Ich des Arztes wird von früh bis abends gelockt.

Ist es ein Wunder, daß er dazu neigt, die Position zur Dauer-Haltung zu machen? »Ich bin o.k. – Du bist nicht o.k.« »Du bittest, ich bringe Hilfe.« »Du weißt etwas nicht, verstehst etwas nicht – ich weiß es, werde Dir helfen.« Dutzende Kranke jeden Tag, die ihr Kind-Ich ausbreiten, Linderung und Trost suchen, Erklärungen erbitten, hoffen wollen... Die Gefahr für den Arzt, daß er in seiner Eltern-Position erstarrt, ist groß: bebrillt, im steifen Weißkittel, hinter dem Schreibtisch, mit gewichtigen Instrumenten. Ernste Erklärungen, Drohungen (strenges Eltern-Ich); Trost und Schulterklopfen (nährendes Eltern-Ich) lösen sich ab. Vom logischen, nüchternen, abwägenden Computer (Erwachsenen-Ich) gesteuert, zum Erfolg geführt.

Ohne ihn, – den Arzt, den Chef, läuft nichts. Wenn er krank und zu Hause ist, stehen alle Räder still.

Von früh bis spät bekommt er Streicheleinheiten – von dankbaren Patienten, höflichen Vertretern, ihn achtenden Bürgern – und verlangt dazu von Frau und Kind, schließlich auch von seinen Helferinnen, daß man ihn ob seiner Geduld und Spannkraft bewundert.

Ist es einem solchen Übermenschen überhaupt zuzumuten, seiner Umgebung nun auch noch mit psychologischen Kenntnissen und Feingefühl zu begegnen? Ist er nicht durch seine Arbeit am Patienten bereits ausgelastet – ja gar überlastet?

Viele Kollegen kennen und betreiben dieses Spiel: »Völlig überlastet!« Patienten, Angestellte, Familie: Alle müssen Rücksicht auf ihn nehmen, sich möglichst kurz fassen.

Aber die Zeiten ändern sich. Die Wartezimmer sind nicht mehr so voll. Viele Ärzte – in Großstädten – gehen bereits mittwochs einkaufen und Freitag nachmittags Tennis spielen. Die 35-Stunden-Woche ist in vielen Praxen bereits heimliche Realität (wenigstens für die Angestellten). In einigen Jahren werden wir aber mit 50% der heutigen Patientenzahlen (und Einnahmen) auskommen müssen. Wer dann nicht nur ein guter Arzt und Facharzt, sondern gleichzeitig Psychologe ist, wird das Rennen machen.

TA ist eine gute, einfache Möglichkeit, sich die wichtigsten Kenntnisse zur psychologischen Steuerung der Arztpraxis zu erarbeiten.

Nach HARRIS (2) gibt es sechs Erlebnis-Kategorien, die alle zwischenmenschlichen Beziehungen (Transaktionen) umfassen:

1. Rückzug. Beispiel: Der Arzt hört das langatmige Klagelied einer Stamm-Patientin, schaut dabei aus dem Fenster und denkt an den gestrigen Abend...

Das eindrucksvollste Rückzug-Beispiel, das ich je erlebte: Der Professor, spezialisiert auf Geschlechts-Umwandlungen, schoß seine Standard-Frage in Richtung des Transvestiten: »Was sind Sie – was wollen Sie werden?«, schlug dann die Zeitung auf und las, während der Hilfesuchende seine Lebensbeichte ausbreitete.

Rückzug bedeutet also, körperlich da und geistig woanders zu sein. Gerade Fachärzte neigen dazu, sich zu ihren Standard-Untersuchungen Standard-Phrasen zuzulegen (»Rituale«), die es ihnen dann erlauben, während der Routine-Arbeit an anderes zu denken. Einige Patienten werden das merken und verstimmt sein. Außerdem bergen »Rückzüge« die Gefahr, weder bei der Arbeit noch durch die Abseits-Träume Optimales zu leisten, d.h., Fehler zu begehen, betriebsblind zu werden, den interessanten Fall in der Reihe der Routine nicht zu erkennen. So sind wahrscheinlich die Fehldiagnosen »Riesen-Myom« bei Zwillings-Schwangerschaft, Nierenentfernungen bei Einnierigen usw., zu erklären.

Wer seine Mitarbeiter unablässig vom Gewohnheits-Eltern-Ich herab behandelt, ein angepaßtes Kind-Ich erwartend oder erzwingend, zu wenig streichelt, zu oft tadelt und schimpft, ständig sein »Ich bin o.k. – Du bist nicht o.k.« demonstrierend (»Um alles muß ich mich selbst kümmern. Nichts läuft ohne mich...«), der darf sich nicht wundern, wenn seine Helferinnen allmählich den »Rückzug« antreten, »abschalten«, abwesend sind, ihren eigenen Gedanken nachhängen, während eigentlich Wichtiges am Patienten geschehen sollte. Fehlleistungen sind vorgezeichnet.

Dabei ist eine aufmunternde Streicheleinheit so einfach und billig: »Ich habe ein bißchen Angst, daß wir hier etwas falsch machen, wenn wir nicht aufpassen. Aber Sie werden das schon schaffen. Ich weiß ja, daß ich mich auf Sie verlassen kann und Sie vorsichtig und umsichtig sind...« Und schon wird die Helferin ihren Rückzug aufgeben und wieder bei der Sache sein.

»Um Gottes willen! Nun passen Sie doch auf, Sie wollen den Mann wohl umbringen!« aus dem strengen Eltern-Ich ist auch eine Möglichkeit (negative Streichel-Einheit) und sicher noch besser als eigener Rückzug (Ignoranz der Assistentin. Demonstration von Tadel und Verachtung durch tonlose Gesten, ruppige Bewegungen und Äußerungen: »Geben Sie schon her, Sie...«).

Rückzug schafft also menschliche Distanz, ist einem guten Arbeitsklima schädlich, sollte erkannt, abgebaut und vermieden werden.

Beim Kontakt mit dem Patienten wird Rückzug zur zwischenmenschlischen und medizinischen Gefahr. Zwischenfragen stellen, die das Gespräch wieder auf Bahnen führen, die für beide Seiten wichtig und interessant sind. Neugier tötet absolut sicher Langeweile und Rückzug. Und Neugier ist nicht nur Wesens-, sondern auch Willenssache (Spiel zwischen Erwachsenen- und freiem Kind-Ich).

2. *Ritual.* In der Arztpraxis wimmelt es von Ritualen: Begrüßung, Anamnese, Untersuchungsgang, Einsatz bestimmter Instrumente, Standard-Aufklärung, Standard-Behandlung – alles Rituale, zu Ritualen erstarrte Begegnungen. Rituale halten uns – wie der Rückzug – allzu intime Kontakte vom Leibe, bleiben trotz aller Zuwendung kühl, distanziert, oberflächlich, kaum befriedigend. Sie gehören zweifellos dazu, sind im gesellschaftlichen Leben und in der Arztpraxis unentbehrlich, verleihen Sicherheit, ermöglichen den beruhigenden Fluß der Routine. Aber Rituale stumpfen auch ab, ermüden, verführen zum Rückzug.

Sie müssen daher durch Streicheleinheiten, Spontaneität, individuelle Zuwendung und Vermittlung von Intimität unterbrochen und gelockert werden: »Ich bewundere Ihre Haltung – bei Ihrem Leiden.« »Das haben Sie großartig gemacht.« »Es gibt gottlob Hilfe für Sie.« »Es tut mir leid, daß ich Ihnen wehtun mußte.« »Sie waren – sind – sehr tapfer.«

Im gleichen Sinne gilt es, die Rituale im Umgang mit den Helferinnen aufzulockern. Immer die gleichen Anordnungen. Die gleichen Vollzugsmeldungen. Die gleichen Griffe. Die gleichen Sprüche. Das ermüdet. Verführt zum »Abschalten«, zum Rückzug.

Da kann es der Helferin gut tun, regelmäßige Streicheleinheiten zu kassieren: »Bewundernswert, wie nett Sie immer zu den Leuten sind!« »Wie geduldig Sie sind!« »Wie umsichtig von Ihnen!« »Sie behalten aber auch immer die Ruhe.« »Ich fühle mich sicher, wenn Sie mir helfen . . .« Das kostet so wenig – und fällt vielen Ärzten doch so schwer. Es ist zweifellos auch schwer, wenn es erzwungen wird, wenn man sich diese Sprüche abringt und sie selbst zu Ritualen werden; wenn sie nicht einem echten Bedürfnis nach mehr Intimität entspringen. Wie bei jeder medizinischen Behandlung kommt es auch hier auf die Dosis an. Zuviel davon kann lächerlich oder schädlich wirken.

Eine Patientin beschwerte sich bei mir über ihren Frauenarzt, den ich für die TA gewann: »Zu dem gehe ich aber nicht wieder! Hat der doch zu mir gesagt: ›Was Sie für tolle Brüste haben! Einfach vollendet!‹ und dabei mit der Zunge geschnalzt« (nährendes Eltern-Ich – plus freies Kind-Ich); »ich glaube zudem, er sagt das zu jedem jungen Weib, der Casanova . . .«

Ist hier etwas zum plumpen Annäherungs-Ritual erstarrt? Ich bin natürlich erschrocken. Wahrscheinlich liefen verdeckte Transaktionen nach Spiel-Muster ab. Oberflächlich: TA-Praxis mit großzügiger Vergabe von Streicheleinheiten; Auflockerung der Rituale. Verdeckt: Suche nach sexueller Intimität. Denn bald darauf hat er eine seiner Helferinnen, die er wohl gleichartig motivieren konnte, geheiratet. Dabei hatte ich ihm lediglich empfohlen, seine »Mädchen« nicht mehr nur herumzujagen und zu schuriegeln, sondern menschlicher und herzlicher zu behandeln; ruhig auch mal ein hübsches, neues Kleid zu bewundern – die andern dann aber nicht vergessen und mit ins Streicheln einbeziehen!

Man kann Psychologie eben falsch einsetzen wie Pharmaka und von unangenehmen Nebeneffekten genauso überrascht werden.

3. *Aktivität* ist die verbreitetste Möglichkeit, Zeit zu strukturieren. Unsere berufliche Arbeit gehört dazu. Aber auch Autowaschen, Einkaufen, Briefe oder dieses Buch zu schreiben sind Aktivitäten.

Ärzte, die panische Angst bekommen, wenn das Wartezimmer einmal leer ist, sind aktivitätssüchtig. Sie fühlen sich ohne berufliche oder außerberufliche Aktivitäten verloren und leer. Dabei können Aktivitäten durchaus nützlich sein, wenn man dadurch positive – oder auch negative – Streicheleinheiten kassiert, die jedes Wesen zum Leben braucht.

Es steht aber auch fest, daß menschliche Nähe – Intimität – vermieden wird, solange die Aktivität andauert. Daher ist es so wichtig, gesund und nützlich, die Ketten der Rituale und Aktivitäten durch vergebene und empfangene Streicheleinheiten und dadurch vermittelte Gefühle von Anerkennung und Intimität aufzulockern.

Dies ist im Alltag der Arztpraxis durchaus möglich, bei einer Arbeit am Computer oder Fließband schon schwieriger und beim Schreiben eines Buches z.B. unmöglich. Da sitzt man und schreibt und denkt und schreibt in der vagen Hoffnung, daß eines Tages dafür Streicheleinheiten zurückkommen und einen entschädigen – daß das Geschriebene erst einen Verleger und dann Anerkennung und Verbreitung findet.

Ein Narr, wer sich diese Aktivität zur Arztpraxis hinzulädt, letztere doch wirklich genug Streicheleinheiten abwirft. Man sitzt in seiner ruhigen Ecke, schreibt und klebt gleichsam positive Rabattmarken in der vagen

Hoffnung, daß sie eines Tages ausgezahlt werden. Eine Aktivität, dieses Schreiben, die keinerlei menschlichen Kontakt gleichzeitig zuläßt, dem Rückzug daher sehr verwandt. Wehe, wenn der Ruf eines Kindes stört! Die Aktivität ist verpfuscht, die Inspiration der Minute dahin! Das Schreiben des Buches wird über die Intimität der Familienkontakte gestellt.

Wenn man aber, wie ich, beim Schreiben in diesem Bewußtsein lebt, ein schlechtes Gewissen ob dieses Rückzugs empfindet, sich daher strenge Fristen setzt – einige Wochenenden nur, die geopfert werden, eine Reihe von langen Abenden und Nächten – dann mag es noch angeh'n. Wenn man sich, wie ich, nach der verschenkten Intimität mit Frau und Kindern sehnt, die nur befristet unterbrochen sein soll – gleichsam einem befristeten Zwang folgend wie ein Quartals-Säufer.

Warum arbeiten die meisten Ärzte so viel und verbissen, noch stolz darauf, von ihren Aktivitäten aufgefressen zu werden? Viele schreiben dann auch noch, wie ich, so daß es bereits Verbände von Schriftsteller-Ärzten gibt.

Ohne ihre Aktivität und Praxis sind sie oft depressiv, streitsüchtig, unsicher und nervös. Nicht fähig zur Strukturierung von Zeit durch Intimität. Dem Zwang zur Aktivität verhaftet: Zwangs-Neurotiker? Psychopathen?

Die TA kennt diese Diagnosen, die zu Schimpfworten geworden sind, (noch) nicht. Und das ist gut so, wird hoffentlich noch lange so bleiben. Die ganze klassische Psychiatrie ist zu einem Schimpfwort-Katalog geworden, und man kann einen Menschen wohl kaum mehr verletzen, als wenn man ihm empfiehlt, zum Psychiater zu gehen – oder ihn als Psychopathen, Neurotiker oder Schizophrenen bezeichnet oder beschimpft. Nur der Depressive genießt unser Mitleid – wenn auch flüchtig und distanziert – der Manische wird als Unterhalter gefeiert – oder in die Anstalt geworfen.

So werde ich den Russen nie vergessen, der kopfschüttelnd meinen Schreibtisch betrachtete: »Diese peinliche Ordnung, Doktor.« »Ich weiß«, entgegnete ich, »bin äußerst pedantisch, war 10 Jahre Beamter . . .« »Nein, das ist viel schlimmer!« erklärte er mit ernstem, bedeutsamen Blick: »Das ist keine Pedanterie. Das ist Neurasthenie! Wissen Sie, was das bedeutet? . . .« Ich nickte, aber ich weiß es bis heute nicht genau. Die Herabstufung zum Neurastheniker hat mich aber so hart getroffen, so gekränkt und geängstigt, daß ich erleichtert war, einige Wochen später die Todesanzeige des 84jährigen in der Zeitung zu entdecken: »Siehst Du, Du alter . . .«, und genauer kann ich meine Gefühle auch heute, 5 Jahre danach, nicht beschreiben. Die TA würde diesen meinen Ordnungszwang vielleicht in mein starkes Nicht-o.k.-Kindheits-Ich einordnen, das jeder von uns als Nutzen plus Bürde mit sich herumträgt. Meine Mutter lebte nach dem Tode meines Vaters (ich war 4) mit uns beiden Kindern und ihrer Mutter in einer winzigen Wohnung. Mein Reich war ein kleines Schrankfach. Das Kinderzimmer mußten wir mit Großmutter teilen. Es war mit Betten und Schränken zugestellt. Peinliche Ordnung war lebenswichtig, und meine hart arbeitende Mutter hatte nicht viel Zeit und Lust für Diskussionen und Psychologie . . .

»Du mußt peinlich Ordnung halten!« habe ich vom strengen Eltern-Ich ungeprüft in mein heutiges Erwachsenen-Ich übernommen – und leide oft selbst darunter. Die »Trübung«, wie die TA das nennt, besteht noch gelegentlich. Aber die Analyse dieser Situation ist der erste Schritt zur Besserung.

Aktivitäten können also durchaus befriedigend und nützlich sein, wenn sie produktiv und kreativ – wie Schreiben – sind. Viele Ärzte benutzen vielleicht – leider – ihre Über-Aktivität, um menschliche Nähe zu vermeiden. Sie »verdienen eine Million, statt Freunde zu gewinnen«, wie Harris sagt. Freunde soll hier aber heißen: Menschen, zu denen man ruhige, herzliche, intime Beziehungen pflegt – keine Bekannten zwecks Gesellschaftsspiel.

4. *Zeitvertreib* bedeutet: Aufrichtige Transaktionen. Aufrichtig in ihrer Oberflächlichkeit. Gesellschaftliche Kontakte beschränken sich oft auf Zeitvertreib. Man spricht über Wetter, Autos, Preise, Feste, Geld, Steuern, Frauen und Zinsen. Frauen wiederum kommen vom Wetter auf die Kinder, die Mode – und den Ärger mit dem Personal. An diesem Punkt kann der Zeitvertreib auch in ein Spiel münden, eine verdeckte Transaktion: Oberflächlich – Klagen über das törichte und faule Hausmädchen, tiefer – die Demonstration des großen Hauses mit seinen Personal-Problemen. Spiel-Titel: Meins ist besser, meins ist größer als Deins. Der Partner wird provoziert, seinerseits auszupacken, aufzutrumpfen.

Platten Zeitvertreib kennt die Spiel-Dynamik nicht. Jeder Zeitvertreib ist aber ein Durchgangs-Stadium, verdeckt eine Hoffnung. Man geht zu Parties, zum Karneval . . . in der Erwartung, alte Bekannte zu treffen, die Beziehungen aufzufrischen, zu vertiefen – und in der stillen Hoffnung, neue Menschen kennenzulernen, interessante Typen; vielleicht Freundesbande zu knüpfen.

»Liebe läßt die Zeit vergehen – Zeit läßt die Liebe vergehen«, sagen die Italiener. Wer die Liebe so sieht, sieht sie als angenehmen Zeitvertreib. Eine Möglichkeit, die Zeit auf angenehme Weise zu strukturieren, zu vertreiben

– immer mit der Hoffnung im Hinterkopf, daß sich etwas Wertvolles ergibt: Intimität. Eine Freundschaft fürs Leben. Ein Sexual-Partner. Eine Karriere-Möglichkeit. Ein Geschäft.

Zeitvertreib also als Zwischenstufe, als Wartezimmer zu Aktivitäten, Spielen und Intimität.

Zusammenkünfte, die konsequent beim Zeitvertreib bleiben, werden langweilig, laufen sich tot, fallen eines Tages auseinander.

Der Tennisspieler zwecks Zeitvertreib verliebt sich in seine Partnerin – und sie verschwinden beide aus dem Club. Finden sie in ihrer Zweisamkeit lediglich eine neue Form von Zeitvertreib, werden sie auch das bald langweilig finden und auf den Tennisplatz zurückkehren.

Die Arztpraxis läßt selten Zeit zum Zeitvertreib. Wenn es ruhig ist in der Aufnahme, unterhalten sich die Helferinnen vielleicht über einen lustigen Patienten, das Wetter, ihre Autos, Männer oder Mode. Manchmal fällt es ihnen dann schwer, in die berufliche Aktivität zurückzuschalten, wenn ein Patient die Praxis betritt.

In diesen Fällen darf und muß der Arzt sein strenges Eltern-Ich zeigen: »Wenn ein Patient die Praxis betritt, muß sich eine Helferin sofort dem Neuankömmling zuwenden. Sonst könnte er sich zurückgewiesen fühlen. Vielleicht hat er sich unter Schmerzen bis hierher geschleppt – und nun schwatzen die Helferinnen weiter über ihre neuen Dauerwellen. Wie würden Sie sich an seiner Stelle fühlen?« (Appell ans nährende Eltern-Ich in der Helferin.)

Geschicktere Wendung, bei der sich der Arzt in seine Weisung mit einbezieht: »Wenn ein Patient . . ., müssen wir alle uns ihm sofort zuwenden. Damit er sich angenommen und geborgen fühlt . . .«

Da eine Entscheidung von einem Menschen nur voll angenommen und zu seinem eigenen Willen gemacht wird, wenn alle drei Ich-Zustände angesprochen, hervorgelockt und aktiviert werden, muß sich auch der Arzt immer bemühen, bei all seinen Transaktionen (mit Patienten, Personal, Familie . . .) eine Aufnahme seiner Entscheidungen und Wertvorstellungen in allen Ich-Zuständen der Angesprochenen zu erreichen.

»Ihr müßt die Leute sofort begrüßen!« (strenges Eltern-Ich an angepaßtes Kind-Ich) reicht also keineswegs aus, um Mitarbeiter in Richtung erstrebtes Verhalten zu motivieren. Sowie der Arzt den Rücken zukehrt, fallen sie trotzig (freies Kind-Ich) in ihren Zeitvertreib zurück. Der Arzt merkt das bald, läuft Gefahr, in ein dynamisches Spiel zu geraten: »Auf keinen ist Verlaß – alles muß ich selber machen – diese jungen Leute heutzutage . . .«; ein Spiel, bei dem die Helferin die Position einnimmt:

»Ich kann mich auch nicht zerteilen; immer diese Hektik; immer auf die Kleinen; das hat man nun davon; der wird schon noch sehen . . .« Beide spielen »überlastet« und »wie ungerecht und schrecklich«, kleben fleißig »Rabattmarken«, die sie eines Tages »schuldfrei« einlösen werden: Das Faß läuft nach einem letzten Tropfen über: Im »Tumult« mit Brüllen und Türenschlagen, Tränen oder Kündigung. Subtiler: Fehlen, Krankheiten . . . Zwecks Motivation muß also auch die zweite Ich-Ebene noch angesprochen werden: Das Erwachsenen-Ich, der sachlich arbeitende Computer im Menschen: »Meinen Sie nicht, es wäre für den Kranken, uns und die Praxis nützlich, wenn wir uns stets bemühten, den Patienten sofort freundlich zu begrüßen und möglichst rasch ins Wartezimmer zu leiten, über den weiteren Ablauf der Dinge (Wartezeit. . .) kurz informierend? . . .« Hier stellt sich die Frage, ob man hinzufügen sollte: »Schließlich leben wir alle von unseren Patienten. Die Zeiten sind schlecht: Krankenversicherungs-Kürzungen, Neuniederlassungen. . . Wir wissen nicht, ob wir unseren Personalstand überhaupt halten können . . .«

Nichts motivert mehr als Existenzangst. Millionen Arbeitnehmer schuften heute fleißig unter dieser Bedrohung, lassen sich sogar ihn ihrem Jahresurlaub operieren, wenn sich das machen läßt. Sicherlich, man kann einen Betrieb damit dirigieren. Das funktioniert, so wie viele Ärzte ihre Praxen erfolgreich mit lauter Wesen im unveränderlichen angepaßten, braven Kind-Ich führen. Auch die Ehefrau hat diesen Ich-Zustand angenommen. Oder aber: Zuhause werden die Rollen gewechselt, die entgegengesetzten Ich-Zustande mit Ladungen besetzt: Er spielt das Kind, sie ist der strenge Vater. . .

Motivation mit Existenzangst – das geht durchaus. Aber diese Transaktion muß unablässig wiederholt werden. Das kostet Kraft, ermüdet. Schafft außerdem Aggressionen auf der Gegenseite; es werden »Rabattmarken« geklebt . . . Frustration, versteckte Vorbehalte, übertriebene, aber unechte Freundlichkeit sind die Folgen.

Der Mitarbeiter unter der Peitsche: »Streng' Dich mehr an; leiste Besseres, sonst . . .«, wird tatsächlich mehr tun, aber unter unguten Gefühlen, ohne Freude. Er arbeitet wirklich mehr und besser, aber ohne »Moral«, nur seinem strengen Eltern- und Erwachsenen-Ich folgend; das Kind-Ich ist unbesetzt. Aus diesem aber kommen Emotionen, Kreativität, Spontaneität, Freude – die Anstöße zum Weiter- und Mitdenken. Auf die Dauer wird der Mitarbeiter unter der Leistungspeitsche daher erlahmen. Die Qualität und Quantität seiner Produktivität sinkt (Beispiel: DDR) –

trotz einiger Zuckerbrote (Leistungsprämien, übertarifliche Gehälter, Geschenke . . .)

Um die Helferin zur herzlichen Patienten-Begrüßung zu motivieren, muß also auch ihr Kind-Ich angesprochen und hervorgelockt werden, z.B. so: »Ich weiß, daß Sie wunderbar mit Kranken umgehen können, bewundere das täglich an Ihnen (Botschaft: Du bist o.k.!). Ich bin auch manchmal gedankenlos und beachte Patienten nicht, in andere Gedanken oder Gespräche vertieft (Signal: Ich bin o.k., aber nicht mehr als Du!). Wir müssen uns nur alle immer wieder fragen, was wir – trotz des Erfolgs der Praxis – noch tun können . . . (Erwachsenen- zu Erwachsenen-Ich: Bilanzierung).«

- Ich beobachte . . . (Problemstellung und -analyse; Erwachsenen-Ich)
- wir sollten, müssen (Definition eines Gebots; strenges Eltern-Ich)
- und wir wollen, möchten . . ., weil es so allen mehr Freude macht, alle Seiten sich dann besser fühlen (freies und angepaßtes Kind-Ich), wirken also zusammen, um eine stabile Motivierung zu erreichen.

Voraussetzung: Die drei Ich-Zonen der Helferin sind normal ausgebildet und aktivierbar. Eine Mitarbeiterin z.B., die keine Eltern hatte (Findelkind, Frühwaise), deren Vater Trinker war, deren Mutter stahl . . ., wird kein normales Eltern-Ich mit üblichen Normen und Werten haben. Gebot mit »Du mußt, Du sollst, Du darfst nicht . . .« kommen dann kaum an. Andererseits wird ein überstreng aufgezogenes, viel geschlagenes Kind sehr gut über Eltern-Ich-Impulse steuerbar sein, aber ein schwaches Kind-Ich besitzen: Wenig Lachen, Spontaneität und Kreativität. Die Botschaft »Du bist o.k.« wird dann evtl. nur mit Verlegenheit und Unsicherheit angenommen oder zurückgewiesen, mißdeutet: »Was will der bloß von mir? Das sind doch Selbstverständlichkeiten. Dafür braucht er doch nicht zu danken. Ich tue ja nur meine Pflicht . . .« Sie kann das motivierende, anerkennende Signal einfach nicht unverkrampft annehmen.

Kennen Sie die Kindheiten und Lebensläufe Ihrer Helferinnen? Nein? Und dann glauben Sie, mit Erfolg führen zu können? Sicher, es kann auch so laufen. Ohne Transaktionen kein Leben. Eine bewußte Steuerung kann aber den Erfolg der Praxisführung noch verbessern – und macht außerdem Spaß.

Diese Freude sollte beiderseitig sein. Keine Manipulation also im Sinne größerer Praxis-Effizienz (der Transaktions-Analytiker steuert seine Schäfchen und zieht daraus psychologischen und materiellen Gewinn), sondern Gewinnen der Mitarbeiter für die Idee, sich an der TA zu beteiligen.

In freien Minuten, die in heutigen City-Praxen häufiger werden, können Arzt und Helferinnen einem Zeitvertreib nachgehen (er liest z. B. einen Krimi, sie schwatzen über Diskos und aufdringliche Verehrer), sie können sich aber auch etwas erzählen und anvertrauen (soziale »Strokes«); der Arzt berichtet z. B. von einem Ärzte-Essen auf Einladung eines Pharma-Unternehmens, die Helferin erzählt aus ihrem Elternhaus; der Arzt von seinen Kindern, dem letzten Urlaub... Aus diesem Zeitvertreib kann zwanglos ein TA-Seminar werden; eine Aktivität, die Freude macht; ja sogar ein Spiel mit verdeckten Transaktionen und Dynamik: »Doktorchen, ich merke sehr wohl, daß Du nun zum Kinderspiel ›Meins ist besser als Deins‹ überleitest; aber ich durchkreuze Deine Absicht: Wo viele Tauben sind, da fliegen noch welche hin!« Und schon könnte ein neues Spiel aus dieser Ablehnung resultieren: »Den Ärzten geht es zu gut«; ein Spiel, das Helferinnen aber nur selten wagen – und das eigentlich auch längst überholt ist; denn allen Ärzten geht es längst nicht mehr gut – und jedes Jahr allen eine Spur schlechter. Psychologie als Ersatzbefriedigung für Geldverdienen? Gar keine schlechte Idee. Bei uns jedenfalls ist Zeitvertreib während des gelegentlichen Wartens auf den nächsten Patienten in TA-Aktivitäten eingemündet – zur Freude aller und zum Nutzen der Kranken.

Zeitvertreib kann ein bewegtes Warten auf irgendetwas Besseres, Unbestimmtes sein; auf Menschlichkeit und Intimität; aber auch eine beredte Form des Rückzugs (»Wir haben gequatscht und geseicht, und ich habe nur darauf gewartet, mich unauffällig heimschleichen zu können...«), ein Warten auf neue Aktivitäten, ein Ersatz für absolutes Nichtstun und Langeweile; immer ist Zeitvertreib aber eine Art »Brücke«, ein »Versuchsballon« (Harris), eine Hoffnung auf Besseres. Ich las meine Krimis von Simenon schließlich im französischen Original-Text, um aus Zeitvertreib Aktivität zu machen. Seit wir aus dem Geschwätz zum Zeitvertreib aber Gespräche über TA und TA-Anwendungen gemacht haben, komme ich seltener zum Lesen. Denn Transaktionsanalysen sind ein Schritt zu mehr Intimität, mehr Verständnis für Menschen und ihr Tun; ungleich interessanter als jeder Zeitvertreib, und wende er sich auch noch so charmant an unser freies Kind-Ich, aus dem spielenden Kind-Ich kommend:

»Nehmen Sie immer noch Kondome – oder nimmt Irene inzwischen wieder die Pille?« fragte mich kürzlich eine Dame schmunzelnd auf einer Party. »Sie nimmt beides – und ist trotzdem zum dritten Mal schwanger«, entgegnete ich, und wir unterhielten uns anschließend lange über Sterilisationen. Sie leitete zum Spiel: »Die Männer sind ja so schrecklich egoistisch« über, aber ich bestand auf dem Spiel »Psychiatrie«, das sie nicht mochte, und so gingen wir bald beide frustriert auseinander. Die Party war stinklangweilig, aber wir waren selbst mitschuldig; von Zeitvertreib und Spielen übersättigt, unfähig zu ein wenig Intimität.

5. *Spiele.* Die Arztpraxis ist ein idealer Spielplatz. Sie kann auch zur Spielhölle werden.

Spiele bringen oft Ärger. Sie strukturieren unsere Zeit, entfernen uns von anderen Menschen, verdecken wirkliche Motive und Gefühle, verschaffen nur Ersatzbefriedigungen – und trotzdem werden wir auf Schritt und Tritt in zeittötende, nur scheinbar befriedigende Spiele verwickelt.

Spiele ersten Grades sind nach BERNE (4) gesellschaftlich akzeptabel, teilweise nützlich; Ersatz für Intimität und eine Möglichkeit der Zeit-Strukturierung.

In Arztpraxen werden aber häufig Spiele zweiten Grades (gefährlich, gesundheitsschädlich) oder dritten Grades (endgültig: in Operation, Gerichtsverfahren oder Tod mündend) gespielt.

Nehmen wir als Beispiel das *Spiel »Ich bin so gründlich«*, das heute, in einer Zeit der rückläufigen Fallzahlen, von manchen Ärzten gespielt wird.

Oberflächliche Argumentation (Erwachsenen-Ich Arzt-Patient-Arzt-Kollegen): »Ich bin sehr gründlich, und daher übersehe ich nichts.« Zahlreiche Einzelfälle »zufälliger« Tumor-Entdeckungen werden zum Beweis angeführt.

Verdeckt: Meine Gründlichkeit beschert mir zeitstrukturierende Aktivitäten und volle Kasse (Kind-Ich: Ich habe mehr als Du). Die Dynamik ist faszinierend: Denn die Kranken empfehlen den gründlichen Arzt.

Dadurch steigende Patientenzahlen werden den harten Spieler aber nun nicht etwa bewegen, seinen Leistungsumfang einzuschränken (Aktivitäten sinnvoll begrenzen – mehr Zeit für Intimität gewinnen – natürlich kennt man auch solche Ärzte, vielleicht sogar die Mehrheit, jedenfalls unter den älteren); nein, er wird weitere Hilfen einstellen, Geräte anschaffen, einen Kompagnon nehmen.

Die Gefährlichkeit offenbart sich in den hohen Kosten für die Kassen, unnötigen invasiven Untersuchungen und Behandlungen auch bei Fällen, die mit einem psychologisch gesteuerten Gespräch besser versorgt gewesen wären.

Die Dynamik wird auch dadurch unterhalten, daß nervöse Magenbeschwerden durch Röntgen und Endoskopie nur kurzfristig (plus Placebo-Effekt der Medikamente) gebessert werden und diese Untersuchungen Wiederholungen und psychogene Fixierungen nach sich ziehen.

Für Arzt und Kranken ist es dabei nur scheinbar und momentan beruhigend, immer wieder die gleichen Klagenden »von oben bis unten« zu untersuchen. Auf beiden Seiten resultieren schlechte Gefühle, weil sich in Wahrheit eben nichts bewegt in der Beziehung. Der Arzt hat ein schlechtes Gewissen, daß ihm für sein Geld nichts Neues mehr einfällt; der Kranke, weil er immer mit denselben Klagen kommt (kommen muß). Vielleicht beginnt er auch ein Nebenspiel, das dem Arzt sein Tun erleichtern will, die schlechten Gefühle aber noch vermehrt: »Sie sind der Größte, Doktor! Nur Ihnen vertraue ich. Sie haben mir doch immer geholfen. Und deshalb komme ich immer wieder, und nur zu Ihnen!«

Damit ergattert er sich bestimmte Privilegien: Beachtung, kürzere Wartezeit, mehr Sprechzeit, vertrauliche Begegnung. Ein treuer Kerl! Er kommt nun schon seit... Jahren.

Wenn die Gründlichkeit schließlich in Probe-Operationen mündet, sind wir beim drittgradigen Spiel. Nutzen des Spiels: »Ich bin sehr gründlich« für beide Seiten: klare Erwartungen, klare Regeln, sichere Ergebnisse. Gefahren: Ermüdung in festen Denkrillen, keine Lösung der (verdeckten) psychologischen Problematik, ungute Gefühle; keine echte Freude beim Wiedersehen, mangelnde Spontaneität, fragwürdige Effektivität. Schlechtes Gewissen, »schon wieder zu stören« (Patient), »schon wieder zu quälen« (Arzt).

Viele Angehörige von Patienten spielen *»So gesund bin ich auch nicht«*, und es bleibt uns oft nichts übrig, als bereitwillig darauf einzugehen. Nicht immer sind dabei Spielcharakter und Lösung so einfach wie im Falle meiner 95jährigen; bzw. ihrer 76jährigen ledigen Tochter:

Die alte Mutter hatte Nierenkoliken und eine bedrohliche Hämaturie. Diagnostik, Pflege und Behandlung gestalteten sich bei der geistig rüstigen, körperlich aber immerhin schon etwas klapprigen Greisin nicht ganz einfach. Als wir den Stein mit Uralyt U gelöst hatten und es aufwärts ging, atmete die Tochter auf; äußerte aber gleichzeitig: »Jetzt habe ich auch Koliken. Gestern hat es mich glatt umgeworfen. Übrigens auch links. Ganz schrecklich...« »Na, wollen Sie mit mir ein Spielchen beginnen?« fragte ich, »nun soll sich die Mama wohl revanchieren und sich um die Tochter kümmern?« Sie lachten beide, »zur Sicherheit« (Spiel von meiner Seite?) röntgte ich auch die Nieren der Tochter, fand aber nichts. Ein Spiel war im status nascendi unterbrochen worden.

»Wann sollen wir wiederkommen?« »Jedenfalls sofort, falls Ihre Mama eine Kinderkrankheit bekommt...« (die alte Dame war angeblich noch nie krank).

Dem Spiel »So gesund bin ich auch nicht« folgend, zieht oft die Behandlung eines Familienmitglieds die ganze Sippe nach. Oberflächlich: »Ich hörte von Ihren Künsten – und habe diese Beschwerden...« In der Tiefe: »Warum soll nur er diese Vorteile einer ärztlichen Zuwendung genießen? Ich fühle mich doch auch nicht wohl...« Dem Kinderspiel folgend: »Ich will auch so ein rotes Stück Kuchen, Mama!«

Viele Arztfrauen spielen *»Wenn Du nicht wärst...«* – dann hätte ich studiert, promoviert, habilitiert – wäre heute das und das und frei und unabhängig. So bin ich ja nichts – nur euer dummes Hausmädchen, die schlecht bezahlte Kinderfrau, die unbezahlte Springerin in der Praxis...

Nutzeffekt: Trost-Geschenke vom Ehemann (Pelze, Auto, Schmuck...), der ein schlechtes Gewissen bekommt.

Verdeckt: Nur keine Zufriedenheit zeigen! Er könnte mich beneiden, daß ich einkaufen gehe, mit Freundinnen Kaffee trinke, Tennis spiele, Mozartplatten höre, lese, in Boutiquen gut bekannt bin...während er 10 Stunden täglich in seiner Praxis sitzt.

Negative Dynamik: Von Jahr zu Jahr weniger Intimität. Aktivität auf der einen, viel Zeitvertreib und negative Spiele auf der anderen Seite. »Ich bin o.k. – Du bist nicht o.k.« – Signale, oft von beiden Seiten – um das eigene »Ich bin nicht o.k.« aus dem Kind-Ich zu kompensieren.

Antithese: Die Frau zur Wiederaufnahme ihres Studiums zwingen – zumindest alle Tore öffnen. Oft treten dann verborgene Phobien zutage; Ängste – das Spiel ist aus, aber neue Probleme könnten auftauchen. Jedenfalls ist aber der Weg für eine positive Dynamik der Beziehung frei.

In einigen Praxen wird das *Spiel »Kontrolle«* verehrt und betrieben. Irgendeine Minimal-Pathologie (Laborprofil, z.B. erhöhter Cholesterinwert, grenzwertiges Kreatinin...) dient (als Vorwand?) für endlose Wiederbestellungen. Auch eine harmlose Nierenzyste, eine geringfügige, unerklärliche Mikro-Hämaturie eignen sich dafür.

Dieses Spiel findet leicht Partner. Es wird vom Patienten gern angenommen, unterhalten oder auch erzwungen: »Sie wissen doch, meine Zyste. Ich muß jeden Tag daran denken. Besteht wirklich keine Gefahr?...«

Spiele haben nun einmal die Tendenz, unendlich fortzudauern; kaum eines ist so monoton wie »Kontrollen«. Die Dynamik endet bei Urografie, CT und Vasografie; dann schaltet man gewöhnlich auf Sonografie zurück. Vielleicht noch Punktion mit Zytologie...

Wirkt hier überhaupt die Antithese? »Diese Zyste wollen wir jetzt aber beide ganz schnell vergessen!« könnte sie heißen. Vielleicht sucht sich der Zystenträger nun einen anderen »Kontrolleur«; aber das Spiel ist man jedenfalls los. »Spiele sind im Grunde unehrlich«, sagt BERNE (4), und haben versteckte Motive. Nun gut. Das mag für den Arzt gelten, der seinen Patienten immer wieder einschärft: »Die Zyste ist gutartig. Aber die Dinger können bösartig werden« (was, wenn auch selten, so doch stimmt), »daher müssen Sie unbedingt alle 8 Wochen kommen – wir müssen ständig auf der Lauer liegen...« Damit unterhält er eine – überflüssige – unehrliche – Spiel-Dynamik, und die Angst des Patienten wird diesen zum Mitspielen ermuntern. Der Regelfall einer Bagatellisierung der Zyste mit Verschweigen der sehr seltenen Entartung und Anbieten der jährlichen Kontrolle, sofern der Kranke darauf besteht, unterhält hingegen nur ein sehr lahmes, nicht mehr dynamisch zu nennendes »Spiel«. Von diesen »lahmen Spielen« sind heutige Ärzte reichlich umgeben. Das kann man ändern, indem man transaktionsanalytisch denkt und arbeitet.

In meinen Augen, das sei an dieser Stelle eingeschoben, ist TA allerdings lediglich die Psychologie des kleinen Mannes. Jeder begreift's, jeder kann's nachmachen. So wie der Ultraschall das CT des kleinen Mannes ist. Moderne Praktiker haben das Sonografiegerät neben dem Schreibtisch im Sprechzimmer. Diese aufgeschlossenen Kollegen sollten sich auch der TA annehmen. Schwierigere psychische Störungen, resistentes Fehlverhalten ...gehören weiterhin zum Psychologen; zur Psychoanalyse und Psychotherapie. BERNES TA ist so gesehen wohl nur »der kleine FREUD«.

Das *Spiel »Überlastet«* schließlich ist wahrscheinlich das beliebteste in Arztpraxen. Der Chef, die Helferinnen, die Arztfrau, die Kranken – alle fühlen sich überlastet. Niemand will in Wahrheit Entlastung, und hier eröffnet sich der Weg zur pathologischen Dynamik des Spiels.

Ärzte kürzen ihre Sprechzeiten, um bei nachlassendem Krankenstrom das Phänomen der »Überlastung« weiterhin zu demonstrieren. Sie engagieren sich berufspolitisch, statt die freie Zeit der Intimität mit ihrer Familie und Freunden zu widmen. Sie fliehen in Neben-Aktivitäten (Artikel schreiben...), Zeitvertreib und Gesellschafts-Spiele; aber sie bleiben auf jeden Fall überlastet.

Kritisch wird es, wenn der Überlastete seinen Kaffee-Konsum auf 4 Kannen täglich steigert, viel raucht und trinkt, Schlafmittel braucht. Motiv: »Ich tue alles für Euch – meine Familie, meine Kranken...« Braucht die Familie aber einen meist unsichtbaren »Überlasteten« mit schließlich z. B. einem Loch im Magen, einer kranken Leber...? Sie hätte lieber einen liebevollen Faulpelz, der nachmittags spazieren geht oder sich auch mal mit den Kindern beschäftigt.

»Überlastung« bringt Streicheleinheiten. »Wie der das bloß alles schafft! Die riesige Praxis – und dann noch aktiver Berufspolitiker... Bauunternehmer... Sportler...« Streicheleinheiten motivieren zu noch mehr Aktivitäten, noch mehr herbeigesehnten Überlastungen. Mitspieler = Bewunderer gibt es immer.

Antithese: Nicht mehr bewundern! Überlastung abwerten. »Ich wünsche mir mehr Ruhe in Ihrem Sprechzimmer«, könnten spielüberdrüssige Patienten sagen. Aber bessere Möglichkeiten haben Frau und Kinder: »Schenk' uns Gemeinsamkeit statt Status-Symbole...« »Den Triebwagen hast Du mir schon voriges Jahr geschenkt, Papa, denselben! Geh' lieber mal mit uns ins Kino an meinem Geburtstag, wie das andere Väter mit ihren Kindern machen«, sagte kürzlich mein 9jähriger zu mir.

Leider gibt man Spiele auch dann nicht gern auf, wenn man ihre schädliche und unehrliche Dynamik erkannt hat. Das *Spiel »Ist es nicht schrecklich«* wird bereits von BERNE (4) beschrieben und kommt auch in der Arztpraxis vor.

Der Schrecken, das Leiden einer Krankheit wird durch Mitgefühl sehr gelindert. Es ist daher nur natürlich, daß sich jeder Kranke in der Anteilnahme seiner Umgebung wohlig zurücklehnt. Unser neunjähriger Christoph gibt offen zu: »Es ist ab und zu schön, krank zu sein, Papa!« »Wieso denn?« »Na, Ihr kümmert Euch alle so lieb um mich. Ich brauche nichts zu tun, kann im Bett liegen, Tee schlürfen, träumen und Platten hören. Keiner ist böse mit mir...«

Zum Spiel wird »Ist es nicht schrecklich« erst, wenn Gewinne kassiert werden: Behindertenausweise, die nicht sein müßten, Renten, die verfrüht sind; Vorteile, die man aus dem Leiden herauspreßt, die dann erhalten werden wollen, zu Demonstrationen und Verschlimmerungen des Leidens geradezu aufrufen. Das Leiden wird schließlich seiner Vorteile wegen dankbar begrüßt oder sogar gesucht.

Meine Cousine erholte sich kürzlich nach einem Eingriff bei ihren Eltern. Nach einigen Wochen war sie wiederhergestellt, besuchte alte Freunde und Freundinnen, gab schließlich in ihrem Elternhaus ein Abschiedsfest. Danach trat sie die Rückreise zu ihrem Ehemann an, erinnerte sich an ihr Spiel »Ist es nicht schrecklich« (es war ihre 15. Operation!) und ließ sich mit dem Rollstuhl am Heimatflughafen abholen; denn im Rollstuhl war sie auch gegangen.

Gelegentlich spielen Ärzte »Ist es nicht schrecklich«-Spiele ihrer Kranken mit; denn hartnäckige Spieler wechseln lieber den Arzt, als den Nutzen ihrer Spiele aufzugeben. Sie drohen dann mit einem anderen Spiel: »Diese heutigen Ärzte! Ich bin so krank, aber der Dr. X hat nichts gefunden. Der Y, bei dem ich jetzt bin, hat nur den Kopf geschüttelt. Ein Pfundskerl, den müssen Sie mal aufsuchen!...«

Kranke mit einfachen Berufen spielen das Spiel »Ich bin ja so elend« besonders gern. Der Nutzeffekt hat für sie größere Ausmaße.

Wie bei allen Spielen: Eine Lösung der Konflikte ist nicht möglich, wenn man in der Spiel-Dynamik verbleibt.

Ein Mann wird nach Beckenbrüchen impotent. »Ist es nicht schrecklich?« In Wahrheit hatte er schon vorher Potenz-Probleme. Nun reibt er sich heimlich die Hände, seine Frau ist zufrieden. Eine Plexus-Schädigung ist denkbar. Der Nutzeffekt wird durch die zu erwartende Rente noch verstärkt. Er wird aus dem Spiel vielleicht nie herausfinden, und Antithesen sind fast unmöglich, hier wohl auch unnütz. Oder?

Spiel *»Keiner kann mir helfen«*

Antithese: »Sie wollen doch gar keine Hilfe, Sie wollen die ewige Fortführung des Spiels, andauerndes Mitleid, unentwegte Rücksichtnahme...« Welcher Arzt würde das wagen? Da der Kranke in der Erwartung kommt, wiederum gründlich untersucht und getröstet und bemitleidet zu werden, wird er nun schleunigst den Arzt wechseln und den forschen Psychologen in seiner Umgebung schlechtmachen. Und geholfen hätte man ihm damit auch nicht.

Lösungen werden erst zu solchen, wenn sie von allen 3 Ich-Zuständen akzeptiert und zum eigenen Gedankengut gemacht werden. TA in der Arztpraxis ist daher wirksam, aber eine Kunst, die man lernen und vorsichtig einsetzen muß.

Beim Spiel »Keiner kann mir helfen« empfindet der Hilfesuchende seine Botschaft als Gewinn. Er hat es wiedermal geschafft. Auch das neueste und teuerste Mittel hat nur kurzfristig gewirkt. Ihm ist nun eben nicht zu helfen, er weiß es längst und hat es nun zum x-ten Male bewiesen. Viele Patienten verraten ihren Spielgewinn durch Stöhnen, das aber eher erleichtert klingt. Manche können ein Lächeln nicht unterdrücken. Wir deuten es oft fälschlich als mühevollen Trost, mit dem man uns die schlechte Nachricht versüßen will. Es ist in Wahrheit ein echtes Lächeln. Der Nutzen des Spiels »Mir kann wirklich nichts und keiner helfen«.

Nun wollen alle drei Ich-Zustände an der Lösung beteiligt werden. Also Streicheln, o.k.-Gefühle vermitteln, ans logische Erwachsenen-Ich appellieren, Folgen der Fehlhaltung beschreiben, wohlgemeinte Ratschläge geben (nährendes Eltern-Ich), eher als Fragen und Möglichkeiten verpackt. Etwas vorsetzen, was helfen könnte. Fressen muß er selbst.

Für jeden Fall sind andere Lösungen vorstellbar. Nur die Grundrichtung muß stimmen: Akzeptieren, »stroken«, ans logische Erwachsenen-Ich appellieren, zum Nachdenken über mögliche Lösungen anregen.

»Gibt es denn überhaupt noch Behandlungen, die man bei Ihnen noch nicht versucht hat? Welche Ideen haben Sie selbst, was Ihnen noch helfen könnte?«

Dann sanfte Belehrungen über das nährende Eltern-Ich.

Eine zunehmende Tendenz zeigt auch das *Spiel »Impotenz«*

»Nichts geht mehr«, »alles tot« und »wie abgestorben da unten« sind die häufigsten Eröffnungen des »Spiels«. Oft wird mit einem »Vorspiel« begonnen: Es zieht in den Leisten, am Damm, beim Wasserlassen. Natürlich bleibt nichts übrig, als den Mann anzuhören und sich seinen Urin gründlich anzusehen. Wer dann aber eine »Prostatitis« diagnostiziert, obwohl die Prostata normal und kastaniengroß ist, der riskiert, mit seinem Kranken für immer beim Vorspiel zu bleiben. Antibiotikum folgt auf Antibiotikum. Frustrierend. Endend vielleicht in anderen Spielen: »Keiner kann mir helfen!« Organische Fixierung.

Die meisten Potenzstörungen bei jungen Männern sind psychogener Natur. Jedenfalls, wenn vorher alles in Ordnung war. Meinetwegen laßt uns auch die Hormone bestimmen. Sie sind im Normbereich. Was nun?

Erwartungsangst, Versagensangst abbauen. Karenz. Circulus vitiosus meiden. Squeezing. Tabletten. Zweitverkehr nach 2 Stunden. Masters und Johnson lesen. Hilft es? Meistens nicht. Es ist eben ein Spiel, dieses »Nichts geht mehr«, und der Arzt wird leicht zum Spiel-Partner. Er weiß immer was Neues. Aber »leider« hilft nichts. Frustrierend. Aber nur für den Arzt! Der »Klagende« lächelt oder lacht. Viele meiner Patienten schütteln sich vor Lachen: »Es ist ja auch so lächerlich, Doktor! Nichts geht mehr. Können Sie sich vorstellen, wie lächerlich ich dastehe?«

Er kann gut lachen! Er, der Kranke, hat sein Spiel, seinen Gewinn, seinen Nutzen; und der Arzt muß »gute Miene zum bösen Spiel« machen.

Er will oft gar nicht mehr »potent« sein, der Impotente. Er ist ganz zufrieden in seiner Trägheit. Hat manchmal eine kleine Freundin, bei der alles klappt. Demonstriert seiner Frau nur: »Du siehst, ich tu' wirklich alles für Dich!« Hält sein Genitale dem Arzt hin: Nun mach' mal! Zeig', was Du kannst. Ich bin zu allem bereit...«

Das Spiel läuft und läuft.

Aber was macht ein Mensch, der keinen Appetit hat? Wie ist ihm zumute, wenn er einen Braten sieht und essen soll, der ihm nicht schmeckt? Nicht mehr schmeckt? Was passiert, wenn er ißt, obwohl's ihn ekelt oder nur gleichgültig läßt? Es wird ihm schlecht, natürlich! Und er erbricht, wenn er sich zwingt.

Dann wird er »die Torte« erst recht nicht mehr anrühren. Göttinger Jugendliche bezeichnen ihre Freundin als »Torte«: »Laß meine Torte in Ruhe. Wie findest Du sie, meine neue Torte?«

Und so sind wir wieder beim Thema.

Machen Sie ihm diese Zusammenhänge klar, dem Impotenten. Streicheln Sie ihn, indem Sie ihm Ihr Verständnis und Mitgefühl zeigen. Gestehen Sie aber auch Ihre Ohnmacht. Erklären Sie ihm geduldig die Funktion seiner Sex-Organe, die Zusammenhänge, die Möglichkeiten von Störungen und deren Behandlungen (Rede aus dem Erwachsenen-Ich) und lassen Sie ihn dann über die Behandlung mitentscheiden. Die meisten bevorzugen Pillen und Spritzen; denn sie wollen weiter nachweisen: »Du siehst, für Dich tue ich alles!« Das beruhigt das schlechte Gewissen, wenn einen die eigene Frau nicht mehr reizt. Oder auch alle Frauen gleichgültig scheinen. Auch das macht schlechte Gefühle.

Wie gewinnt man seinen verlorenen Appetit zurück?

Wenn sich kein Geschwür und kein Tumor nachweisen läßt, vielleicht durch längeres Hungern. »Wenn ich meine häßliche Sekretärin zu begehren beginne, weiß ich, daß ich heim muß«, erklärt mir ein befreundeter Tropenarzt.

Natürlich können Sorgen die Potenz drosseln. Probleme in Ehe, Familie, am Arbeitsplatz; Süchte, Drogen, Alkohol, Medikamente.

Das Gespräch mit diesem Erwachsenen-Ich des »Spielers« wird lang sein. Aber am Ende steht oft nicht viel mehr als die beiderseitig zu akzeptierende Ansicht, daß vieles helfen und schuld sein könnte, aber meistens nichts hilft als die Erkenntnis: Abwarten und Tee trinken. Appetit kommt beim Essen? Nur selten. Jedenfalls: Wenn der Appetit wieder erwacht und übermächtig wird, schmeckts am besten.

Mit dieser eher skeptischen und pessimistischen Offenheit kann es gelingen, das lästige Spiel zu beenden. Es sei denn, man führt es fort, weil man selbst Freude daran findet. »Versuchen wir auch das noch!«

»Na, ich bin gespannt. Gibt es denn noch ein Fünkchen Hoffnung für mich?«

»Wir dürfen nicht aufgeben, Herr Z.!«

Er strahlt. Der Spiel-Partner bleibt ihm treu.

Alle Möglichkeiten ausschöpfen – gut und schön.

Aber muß es immer ein unendliches, müdes Spiel sein? Dynamik ist zwar da, aber frustrierende Trägheit überwiegt. Eines Tages merkt's der Spieler – bleibt fort. Vielleicht hat er selbst eine Lösung gefunden?

»Ich möchte Ihnen so gern helfen. Aber die Lösung liegt in Ihrem Falle bei Ihnen selbst. Sie sind potent, aber die Potenz ist blockiert...« hatte ich zuletzt angeführt.

Wo früher mein Sexualberatungswissen aufhörte, fängt es heute gerade erst an. Meine anfänglichen Schwierigkeiten auf diesem Gebiet, und es wird anderen Ärzten ähnlich ergehen, kann ich mit folgenden Fragen umschreiben:

Was soll ich den Ratsuchenden eigentlich fragen? Was soll ich ihm sagen? Wie soll ichs ihm sagen? Wie sind seine Antworten zu deuten? Sind meine Deutungen für ihn nützlich, wertlos oder gar gefährlich?

Sodann die Scheu vor weiteren Gesprächen: Wo waren wir damals stehengeblieben? Wie hat der Patient die angeschnittene Problematik verarbeitet?

Zu allen diesen Unsicherheiten gesellt sich schließlich ein Zweifel am Nutzen der Gespräche über Sexualprobleme. Sind anschließende Erfolge überhaupt nachweisbar und zu sichern?

Die Versuchung, den Hilfesuchenden auf ein organisches Gleis (als Urologe z. B. eine chronische Prostatitis...) einzuleiten oder zum Psychiater bzw. Neurologen abzuschieben, ist also groß.

Erst recht verständlich die Scheu vor dem Gespräch mit beiden betroffenen Partnern: 2:1-Situation, die die Position des Arztes zu schwächen scheint.

Bei dieser Situation (Überwindung beiderseitiger Hemmschwellen) kann es hilfreich sein, eine ähnliche *Sexualanamnese* wie bei der Suche nach der Erklärung organischer Leiden aufzubauen.

Einschleich-Phase

Der Patient gibt meist vorsichtig zu erkennen, daß ihn eine Sexualproblematik herführt oder bei seinem Zustand mitspielt. Die Frage nach seinen Beschwerden darf sich nun ruhig erst einmal auf alle und auch andere Symptome beziehen. Die Schilderung seiner organischen Beschwerden kann wichtig sein oder hier auch nur dazu dienen, eine gewisse Intimität der Gesprächssituation herbeizuführen. Es folgen Fragen zur beruflichen und familiären Situation, nach Kindern, Haushalt und Sorgen. Endlich die einleitende Frage: »Gibt es sexuelle Probleme, Probleme der Partnerschaft?«

Der Patient hat nun die Möglichkeit, seine Problematik frei auszubreiten oder verständlichen Hemmungen zu gehorchen und abzubiegen.

Gelingt diese Einleitung, kann man mit der

Problem-Suche

fortfahren, Schritt für Schritt in tiefere Regionen der Sexualanamnese eindringen. Hier nur einige Standard-Fragen:

»Was klappt noch gut, was bewundern und lieben Sie an ihrem Partner!«

»Was ist nach Ihrer Meinung in der Sexualbeziehung nicht oder nicht mehr in Ordnung?«

»Wie war's beim letzten geschlechtlichen Zusammensein?«

»Welcher Wochentag?«

»Welche Tageszeit!«

»Vorangegangener Tageslauf, Atmosphäre der Annäherung?«

»Was wurde gesagt und getan, um den Wunsch nach sexuellem Zusammensein zu signalisieren?«

»Wer gab und gibt üblicherweise diese Signale?«

»Wie werden sie empfunden und erwidert?«

»In welchem Moment treten Störungen auf?«

»Erschreckende Phantasien?«

»Schmerzen?«

»Angst und Abwehr?«

»Ist eine Beschreibung der Gefühle möglich?«

Auf dieser heiklen Ebene ist es gut, die Reaktionen des Patienten auf alle Fragen einfühlsam zu beobachten. Erröten, Stottern und Schweigen wollen oft sagen, daß der unerwartet auf diese Problematik Angesprochene für ein Zurückschalten auf unverfänglichere Themen dankbar wäre: Frage nun z. B. nach den verwendeten Verhütungsmitteln, den Idealvorstellungen des Patienten bezüglich einer Partnerschaft, nach seinen religiösen Ansichten usw.

Fragen nach Masturbationsverhalten, Ansichten über orale Sexualkontakte, außereheliche Beziehungen usw., können diese heikle Anamnesen-Phase abschließen, sollten dem Patienten aber immer deutlich die Möglichkeit bewahren, auszuweichen oder abzublocken.

Wie beim üblichen Sprechstunden-Gespräch, kann die *frühere Anamnese* einleiten oder auch abschließen:

»Wie wurden Sie in Ihrer Kindheit aufgeklärt?«

»Tauschten die Eltern Zärtlichkeiten vor den Kindern aus?«
»Sahen Sie Ihre Eltern je unbekleidet?«
»Wurde zu Hause über sexuelle Themen gesprochen?«
»Wie war das bei den ersten sexuellen Kontakten?«
»Homosexuelle Phasen?«
»Hatten Sie voreheliche Sexualkontakte?«
»Gab es dabei auch Probleme?«
»Warum gingen diese Beziehungen auseinander?«
»Wie war die Beziehung zu Vater und Mutter?«
»Wie ist sie heute?«
»Wie, wo und wann lernten Sie den jetzigen Partner kennen?«
»Gab es eine störungsfreie Zeit der Beziehung?«
»Wann traten Schwierigkeiten zum ersten Mal auf?«
»Unter welchen Umständen?«
»Wie reagierten Sie und Ihr Partner darauf?«
»Was wurde inzwischen diesbezüglich unternommen?«
»Welche Gefühle bringen Sie heute dem Partner entgegen?«
»Wie schätzen Sie selbst die Chancen einer Heilung ein?«

Das eigentliche *Beratungsgespräch* ergibt sich dann oftmals von selbst. Vor einer Verteilung von Patentrezepten à la Dr. Markus halte ich mich ängstlich zurück. Eine derart aufgebaute Sexualanamnese dient dazu, dem Patienten und seinem Partner die Problematik zu erhellen. Bewirkt dies keine Linderung oder Beseitigung der Sexualprobleme, können entweder weitere Sitzungen vereinbart oder eine Weiterleitung an Spezialisten der Sexualtherapie, Psychoanalyse oder Psychotherapie erwogen werden.

Für eine derartige Beratung reichen mir zumeist 20–30 Minuten. Die Dankbarkeit gerade urologischer Patienten, endlich einen kompetenten Gesprächspartner zu treffen, ist oftmals frappierend.

Auch bei der Sexualberatung sind transaktionsanalytische Einstellungen nützlich. Der Berater wird nur voll ankommen, wenn er alle Ich-Ebenen des Hilfesuchenden erreicht: Sein vorurteilsvolles, häufig mit Tabus angefülltes Eltern-Ich, die Ebene der logischen Einsicht und Verständlichkeit, Erhellung und Bearbeitung der Problematik, schließlich von der emotionalen Ebene des Kind-Ich unterstützt: Diese Aussprache muß beiden Seiten auch noch Freude machen.

Hierzu lediglich zwei alltägliche Beispiele:

1. Der 46jährige Fabrikant wird seit Jahren wegen einer chronischen Prostatitis behandelt. Ungezählte Palpationen und Antibiotika-Zyklen. Bei meiner klinischen und urologischen Untersuchung finde ich nichts. Die

Eröffnung, meines Erachtens sei seine Vorsteher-Drüse vollkommen gesund, schockiert lediglich. Ich erkläre ihm nun mit einfachen Worten, daß zwischen Vorsteher-Drüse, Nervensystem und Psyche Zusammenhänge bestehen, ebenso zu seinem Gefühlsleben und zur Sexualität. Er wird sofort neugierig. Des vollen Wartezimmers wegen vertröste ich ihn auf einen späteren Sprechstunden-Endtermin.

Anläßlich dieses Gesprächs rollt – niemals an eine feste Folge gebunden – ungefähr obiger Fragenkatalog ab. Unsere wichtigsten Erhebungen: Er lebt in einer harmonischen Beziehung. Seine Frau arbeitet vormittags im Büro seiner kleinen Fabrik mit. Abends kommt er müde nach Hause. Wenn seine Frau ihm dann »sexuelle Gelüste« andeutet, ist er meistens müde, möchte ihr aber den Gefallen tun. Entweder geht dann gar nichts, oder er ist zu schnell fertig und schämt sich. Er wäre oft morgens in der richtigen Stimmung, hat dies seiner Frau aber noch nie gestanden. Abends fürchtet er zudem immer, daß die 19jährige Tochter hinter der dünnen Trennwand etwas mitbekommt.

Schließlich bemüht er sich, wöchentlich mindestens zweimal zu verkehren, wie es laut Illustrierten-Veröffentlichungen für seine Altersgruppe normal sei.

Ich kläre ihn zuerst über die Schädlichkeit seiner falschen bzw. zu strikten Normvorstellungen auf, den Circulus vitiosus von Versagen – Versagensangst – größerem Versagen – größerer Versagensangst ... Er verspricht, unseren Gesprächsinhalt seiner Frau zu wiederholen oder mit ihr zusammen einen neuen Termin zu vereinbaren.

Zum nächsten Vorsorge-Termin ein Jahr später bringt er einen großen Präsentkorb mit. Die Sexualproblematik ist abgeklungen, wird lediglich noch am Rande gestreift (»Wie sage ich meiner Frau eigentlich, was ich besonders gern mag? ...«). Von Prostata-Beschwerden keine Rede mehr.

2. Ein 65jähriger Patient kommt wegen seines nachlassenden Harnstrahls. Bei der Durchuntersuchung finde ich nur ein geringgradiges Prostata-Adenom, der Uroflow ist gar nicht so schlecht. Urinstatus usw. unauffällig.

Wer sich einmal mit Sexualberatung befaßt hat, wird viel häufiger an eine derartige Problematik denken.

»Wie geht es auf sexuellem Gebiet? Gibt es da irgendwelche Schwierigkeiten?«

»Wie das so ist im Alter. Hängt wahrscheinlich mit meiner Prostata zusammen ...«

»Da besteht kein zwangsläufiger Zusammenhang. Wie oft verkehren Sie?«

»Seit 2 Jahren war wohl gar nichts Rechtes mehr.«

»Einfach kein Bedürfnis?«

»Das schon. Und nachts sogar oft die Wasserstange. Aber man geniert sich eben ...«

»Wofür genieren Sie sich?«

»Na ja, da war eben ein peinlicher Reinfall.«

»Keine ausreichende Versteifung?«

»Meine Frau hat dann gelacht; da ist mir eben der Appetit vergangen.«

»Haben Sie mit Ihrer Frau nie wieder darüber gesprochen?«

»Nein. Das ganze ist mir ja auch so unangenehm, weil sie 10 Jahre jünger ist ...«

Er kam, meiner Empfehlung folgend, wenige Tage später mit seiner gut aussehenden, 55jährigen Ehefrau. Während meiner oben geschilderten Sexualanamnese kicherten sie beide mehrmals verlegen. Die Veränderungen der sexuellen Aktivitäten im zunehmenden Alter mußte ich mehrfach und immer genauer schildern: Der junge Mann wird allein durch Vorstellungen, Bilder und Anblick erregt, der ältere eher durch Zärtlichkeiten, Berührungen ... Die Frau im fortgeschrittenen Alter folgt meistens den sexuellen Aktivitäten des Partners: Stellt diese also ein – oder bleibt mit ihm aktiv – oder erwacht zu neuen Aktivitäten als Witwe mit neuem Partner ... An keine Altersgrenze gebunden, so lange sie körperlich gesund ist.

Dieses ältere Ehepaar, beide hatten in ihrer Jugend keinerlei elterliche Aufklärung erfahren und angeblich niemals andere Partner, fand inzwischen zu einem befriedigenden Sexualleben zurück. Größte Erleichterung war für ihn die Eröffnung, daß Prostata-Leiden und sogar Prostata-Operation nicht zwangsläufig mit Impotenz verbunden sind.

Für den an der Sexualberatung interessierten Arzt gibt es heute bereits gute Spezialliteratur (11).

6. *Intimität*

Nach Berne (4) ist Intimität nicht spielanfällige Offenheit eines Menschen, Freisetzung des ... Kindheits-Ich ...

Menschen, die Intimität suchen, bevorzugen z.B. das Leben im trauten Familienkreise, haben wenige, aber gute Freunde, scheuen oft oberflächliche gesellschaftliche Aktivitäten mit ihren Spiel-Tendenzen, praktizieren gleichsam mit Freude und Befriedigung den Rückzug in die Intimität ihrer Beziehungen.

Für den Arzt ist es wichtig, eine Atmosphäre der Intimität in seinem Sprechzimmer zu schaffen, diese aber auch um sich in den Beziehungen zu Helferinnen und Familie zu verbreiten. Haben Sie beobachtet, daß Gespräche Ihrer Helferinnen miteinander stets sofort ersterben, wenn Sie den Raum betreten? Dies kann ein Zeichen dafür sein, daß jeweils die Intimität dieser Arbeitsgruppe durch Erscheinen des Führers gestört wird. Sie sollten sich in diesem Falle bemühen, eine Intimität der gesamten Gruppe Arztpraxis aufzubauen. Vorerst wäre eine Analyse Ihrer Beziehungen zu Ihren Mitarbeiterinnen angebracht.

Intimität wird z.B. durch kindliche Zuneigung, eine entsprechende Reaktion und Offenheit vermittelt. Die Äußerungen positiver Empfindungen überwiegen. Spiele, d.h. verdeckte Transaktionen, schließen wahre Intimität aus. Die sicherste Intimität entfalten wahrscheinlich Kinder mit ihrem unverfälschten Kind-Ich, sei es nun frei oder trotzig, verfeinert und angepaßt. Gefühle von Intimität lediglich Tieren und Pflanzen gegenüber bedeuten dann bereits wieder Rückzug mit seinen Isolations- und Spiel-Tendenzen. Wahre Intimität isoliert sich nicht, sie wählt nur aus, bietet sich an, ersehnt gleichartige Antwort.

Von manchen Menschen, z.B. erfolgreichen Kaufleuten, werden Offenheit und positive Empfindungen gelegentlich nur vorgespielt, um eine ihnen nützliche Atmosphäre von Intimität und gegenseitigem Vertrauen aufzubauen. Mit diesem Hervorlocken einer in Wirklichkeit einseitigen Intimität soll der Angesprochene ermutigt werden, sich ihnen bedingungslos zuzuwenden. Dieser Unterschied zwischen Verführer und Führer, falscher und echter Intimität muß leider auch bei den die Heilberufe Ausübenden gemacht werden.

Rückzug, Zeitvertreib, Rituale, Spiele . . . einschließlich aller Aktivitäten des menschlichen Lebens sind wahrscheinlich lediglich ein Ausdruck des Wartens auf das große, so schwer erreichbare Glück: Die Intimität aller unserer menschlichen Beziehungen.

Psychologie der Mitarbeiter-Führung

Man wundert sich immer wieder, wie selten selbst psychologisch geschulte Ärzte diese Kenntnisse bei der Mitarbeiter-Führung anwenden.

Die wichtigsten Ziele einer gut geführten Praxis dürften sein:

1. Patienten zu helfen und zufriedenzustellen,
2. Reibungsloser Ablauf aller Praxis-Vorgänge,
3. Sicherung der wirtschaftlichen Existenz.

Diese Ziele sind nur zu erreichen, wenn sich zu gewissen instrumentellen Voraussetzungen ein gut ausgebildeter Arzt und willige, d.h. motivierte und fähige Mitarbeiter gesellen.

In der Industrie weiß man längst, daß sich auch wirtschaftliche Ziele oft nur – oder besser – mit psychologischen Kennntissen und Zielsetzungen erreichen lassen. Diesbezügliche Literatur ist bereits umfangreich (5, 6, 7, 8, 9).

Ein wichtiges Prinzip der Mitarbeiter-Führung heißt:

Delegation von Verantwortung auf die niedrigst mögliche Stufe.

Beispiel: Ich stelle immer wieder fest, daß eine Arzthelferin-Auszubildende sehr stark motiviert wird, wenn man ihr von Anfang an wichtige Aufgaben zuteilt, sie z. B. frühestmöglich ans intramuskuläre Injizieren heranbringt. In dem Bewußtsein, daß man ihr vertraut und sie mit wichtigen Aufgaben betraut, wird diese neue Mitarbeiterin ihr Bestes geben, um sich zu bewähren. Aus diesem Grunde sollte man auch immer nur so viele Mitarbeiter einstellen, wie man wirklich braucht, so daß ein tatsächliches Bedürfnis besteht, wichtige Teilaufgaben an die Neue abzugeben. Zu wenig Personal verursacht Hektik und unkoordiniertes Arbeiten, zu viel Personal Schlendrian, Langeweile und Unzufriedenheit, die sich gleichermaßen negativ motivierend auswirken. Bemerkt der Praxis-Führer, daß die Mitarbeiter nicht fähig und willens sind, ruhige oder leere Zeiten sinnvoll zu strukturieren, muß er sich umgehend Gedanken machen, was er zur notwendigen Zeitstrukturierung beitragen könnte.

Ein Kollege fragte bei mir an: »Was tut man gegen Schlendrian und Kaffeeduft?«

Ich habe ihm folgende Tips gegeben: Neue und nützliche Untersuchungen ins Programm aufnehmen: Im Laufe der Jahre haben wir uns so zytologische, andrologische, bakteriologische und mykologische Kenntnisse angeeignet, entsprechende Kongresse und Seminare besucht. Auch wissenschaftliche Untersuchungen des großen Materials aus der Praxis eines

Niedergelassenen bieten sich an und finden heute ein breites Interesse in Zeitschriften. So haben wir z. B. unsere Fälle mit Enuresis nocturna ausgezählt und die therapeutischen Gruppen ausgewertet, die Behandlungsmethoden der Streß-Inkontinenz kritisch beleuchtet usw. Der Praxis-Führer kann auch darauf hinweisen, daß man die Karteikarten nach moderneren Gesichtspunkten ordnen könnte, das Archiv einmal ausgemustert werden muß (mehr als 10jährige Unterlagen wegwerfen...); die Schreibmaschinenkenntnisse könnten durch Übungskassetten verbessert werden... Bei gelegentlichen Gesprächen nach Feierabend frage ich, ob langweilige Stunden während des Praxis-Betriebs aufgetreten sind. Besteht ein vertrauensvolles Verhältnis, werden die Mitarbeiterinnen offen darüber sprechen und selbst an einer sinnvollen Gestaltung dieser Zwischenfreizeiten mitwirken wollen.

Soll sich die psychologische Stimmung in der Praxis verbessern, muß man immer bereit sein, das eigene Verhalten in Frage zu stellen. Selbstverständlich bewirkt jedwede Änderung des gewohnten Trotts zuerst einmal Unsicherheit und Mehrarbeit. Veränderungen sorgen andererseits für mehr geistige Wachheit, regen zu dynamischem Verhalten an.

Wenn man sich angewöhnt hat, psychologisch zu denken, häufig zu hinterfragen, warum man so spricht, sich so verhält, so und so fühlt, ist man vorerst oftmals nur geneigt, diese neugewonnenen Erkenntnisse den Patienten gegenüber einzusetzen. Es fällt mir z. B. auf, daß meine stillen und schweigsamen Patienten viel rascher wieder draußen sind als die redseligen. Ist dies richtig? Haben die Schweigsamen, Schüchternen wirklich weniger Probleme? Nutze ich deren Hemmungen nicht lediglich aus, behandle sie vielleicht gefährlich oberflächlich? Wie lassen sich diese Hemmungen abbauen?

Wir erkennen (erst im Gespräch mit den Mitarbeiterinnen wurde es mir klar), daß Herr Meier alle paar Tage zu uns kommt und über seinen schwachen Harnstrahl klagt, weil er tatsächliche eine Harnröhrenverengung hat, die zu Rezidiven neigt. Noch mehr motiviert ihn aber evtl. seine Einsamkeit zu Hause. Mehrere Eingriffe hat er bereits gut überstanden, die Harnröhre neigt immer noch zu relativen Strikturierungen. Dabei ist der Restharn unwesentlich, der Harnfluß gar nicht so schlecht.

Erst, als wir ihm einen akzeptablen Rhythmus anbieten (wöchentliche regelmäßige Bougierung), versiegen seine und meine Unzufriedenheit. Wir können beide lächeln, lassen das ewige Stöhnen. Vielleicht kann ich ihn nächstens überreden, auf einen mehrwöchigen Rhythmus zurückzuschalten.

Auch psychologische Spiele seiner Patienten beginnt man mit Anwendung der Transaktionsanalyse schmunzelnd zu erkennen. Patienten, die »Sie sind so wunderbar, Herr Doktor« spielen, erwarten, daß man in bestimmter Weise reagiert: »Was kann ich noch für Sie tun, Herr Meier?«

Patienten, die »Ich bleib' Ihnen treu, Herr Doktor« spielen, meinen auf einer tieferen Ebene: »Wenn Du nicht genug nett zu mir bist und mir viel Zeit opferst, haue ich ab!«

Es dauerte bei mir relativ lange, bis ich merkte, daß es sich sehr lohnt, dieses psychologische Wissen und Feingefühl auch gegenüber und mit den Mitarbeiterinnen einzusetzen.

Ich weiß inzwischen allerdings auch, daß Kollegen, die sich psychologische Kenntnisse nur flüchtig angelesen oder meine Erfahrungen halbherzig übernommen hatten und Schiffbruch erlitten, häufig mit großer Enttäuschung und Aggressionen gegenüber der Psychologie schlichthin reagierten und u.a. anführten: »Dein System hat vollkommen versagt: Meine Mädchen sind renitent, träge und uninteressiert wie eh und je. Nichts lief besser, eher schlechter. Bin zu Zuckerbrot und Peitsche, zum Dirigismus zurückgekommen ...:

Moderne Führungs-Psychologie ist im Grunde einfach und leicht verständlich, sie will jedoch so einfühlend wie geduldig praktiziert sein. Mit ausgewählten, intelligenten und sympathischen Mitarbeiterinnen wird es besser gehen als mit anderen, die diese Bedingungen nicht ganz oder gar nicht erfüllen. Moderne Psychologie kann einen Menschen nicht vollkommen umdrehen, sie kann ihn jedoch beachtlich verändern und sogar verwandeln.

Die Transaktionsanalyse ist somit nicht nur geeignet, bei Patienten-Führung und -Behandlung Gutes zu leisten, sondern auch Verhaltensänderungen bei Führungskräften und Mitarbeitern zu erreichen. Die kleine Gruppe Arztpraxis scheint mir zur Anwendung dieser leicht verständlichen, ja geradezu simplen Psychologie besonders geeignet.

Ein Kollege, der über seine Schwierigkeiten mit den Helferinnen jammerte, griff meine Ideen zur Führungs-Psychologie kürzlich auf einer Party begeistert auf und machte mir folgenden Vorschlag: »Mensch, kom' in meine Praxis und erzähle das den Leuten! Ich sage ihnen, daß bei mir Leistung erwartet und gedankt wird. Daß wir doch alle hart und zusammen arbeiten müssen. Daß ich für mein gutes Geld doch auch gute Arbeit verlangen kann! Aber sag' ihnen bitte auch, daß man's sich in einer Praxis nicht leisten kann, lange über diese Probleme zu quatschen. Wir müssen alle fleißig und flexibel sein, heutzutage unsere ganze Kraft zusammennehmen, um uns gegen die Konkurrenz zu behaupten. Wer dabei aber nicht mitspielt, soll lieber gehen!...«

Fast alles Botschaften aus seinem strengen Eltern-Ich. Der Arme hatte mich gründlich mißverstanden. Was er erreichen will: Seine Mitarbeiterinnen, die er gern als »seine Mädchen« bezeichnet, wie ein strenger oder gütiger Vater, sollten sich ihm und den Praxis-Belangen nur immer schön anpassen, in ihr angepaßtes Kindheits-Ich zurückschlupfen, immer still, fleißig und bescheiden sein.

Zweifellos gibt es Menschen, die sich in dieser Position, dem permanenten angepaßten Kind-Ich, einigermaßen oder sogar sehr wohl fühlen. Gibt man ihnen mehr Freiheit und Verantwortung, werden sie evtl. sogar verunsichert und unzufrieden. Maximale Effektivität einer Praxis ist mit diesen Positionen aber kaum zu erreichen.

Die Haltung des Kollegen verrät, daß er es liebt, in alle Arbeitsbereiche und Arbeitsplätze gern, aktiv und dirigierend einzugreifen. Sein kontrollierendes, strenges Eltern-Ich wirkt überall, hemmt die Entfaltung des Erwachsenen-Ich seiner Helferinnen, unterdrückt deren Eltern-Ich ihm gegenüber vollkommen. Vielleicht explodiert gelegentlich ein Kind-Ich in Trotz, Tränen, Wut und Aggression? Diese Mitarbeiterin wird sicher bald hinausgeworfen oder von sich aus gehen. Hat er jemals versucht, diese weniger anpassungswilligen Mitarbeiterinnen zu motivieren? Ihre aggressive Potenz zum Nutzen des Betriebs umzuleiten?

Da ich ihn länger kenne, weiß ich aber, daß dieser Kollege im Grund nachgiebig, mitfühlend und gutwillig ist. Er steht seinerseits unter dem Druck nachlassender Einnahmen infolge von Honorar-Kürzungen und scharenweise sich niederlassender Konkurrenten. Größere Schlagfähigkeit eines Betriebes läßt sich aber niemals befehlen.

»Dabei mag ich meine Mädchen doch wirklich«, schließt er seine jammernden Ausführungen, »will doch für uns alle nur das Beste...« Nun mischt sich also doch noch das nährende, gutmütige Eltern-Ich ein, die anderen Ebenen aber fehlen, die übrigen Ich-Positionen werden kaum angesprochen.

Mit folgendem Gespräch versuchte ich, ihn auf psychologische Denkgleise zu schieben: »Du möchtest Deinen Mädchen also gern einhämmern, was richtig und was falsch ist, wie sie sich verhalten sollen, damit die Patienten und Du zufrieden sind, der Betrieb reibungsloser läuft.«

»Ja.«

»Wer bestimmt diese Erfolgsregeln?«

»Natürlich ich. Du hast mir ja eben gesagt, auch ein Eltern-Ich ist wichtig in der Praxis, es schafft die Grundregeln, die für alle gelten, über die nicht lange diskutiert zu werden braucht...«

»Sind aber alle Deine Praxis-Gesetze richtig? Stimmt wenigstens die grobe Leitlinie?«

»Natürlich bin ich nicht ganz sicher. Immerhin könnten die Mädchen meine Kinder sein, wer versteht schon die Generation vollkommen?«

»Und obwohl Du nicht ganz sicher bist, willst Du Deine Leitlinien durchsetzen...«

»Ja.«

»Hängst Du dermaßen an Deinem jetzigen Führungsstil?«

»Ja, gewaltig.«

»Und wie finden das Deine Helferinnen?«

»Sie sind im Grunde genommen willig. Ich muß sie mir nur noch etwas zurechtbiegen.«

»Kannst Du das?«

»Natürlich, ich stöbere ja laufend Fehler auf und reibe sie ihnen dann uner die Nase.«

»Du kritisierst sie gern?«

»Nein, will sie lediglich auf Vordermann bringen, zu unser aller Nutzen.«

»Ist es aber auch gut für Deine Damen? Sehen sie das ein?«

»Sie müssen, es geht schließlich um die ganze Praxis.«

»Du hast aber vorhin zugegeben, daß die Mädchen, die Deine Kinder sein könnten, in einer anderen Welt leben. Vielleicht in einer Welt mit anderen Gesetzen?«

»Kann sein. Schließlich muß ich aber überzeugt sein, daß meine Art und Weise die richtige ist. Sie müssen das einfach schlucken, schließlich hilft's uns dann allen.«

»Du zweifelst also einerseits, daß Ihr auf der gleichen Wellenlänge sendet, bist andererseits überzeugt, daß Du Dich durchsetzen wirst und mußt.«

»Genau.«

»Für Dich sind Deine Vorstellungen o.k., und die Mädchen sind weniger o.k.«

»Für die bin ich natürlich samt all' meiner Vorstellungen nicht in Ordnung.«

»Was willst Du also tun?«

»Keine Ahnung.«

»Was soll das heißen, daß Du keine Ahnung hast?«

»Sehe schon, wo Du hinaus willst: Ich soll ihnen mehr Spielraum lassen. Mitbestimmung vielleicht, mehr o.k.-Signale geben usw.«

»Ja, ich sehe, Du hast schon allerhand gelernt.«

In meiner früheren Praxis, ich kann heute kaum noch glauben, daß es die meine war, liefen viele Kommunikationen ohne Entfaltung des Erwachsenen-Ich ab. Erinnere mich an Kritik-Gespräche wie dieses: »Zum Teufel, warum kommen Sie schon wieder zu spät zur Besprechung, Fräulein Witzmann?« (Strenges Eltern-Ich).

»Entschuldigung, der Bus fuhr mir vor der Nase weg.«

»Schon wieder einmal! Jetzt reicht's mir aber. Ihr ständiges Zuspätkommen, Ihre schnodderige Art gehen mir schon lange auf die Nerven. Den Kittel könnten Sie sich auch zuknöpfen. Durch die ganze Praxis mußte ich gestern laufen, nach Ihnen rufend, bis ich Sie endlich vor Ihrem Kaffetopf fand. Nachmittags haben Sie auch ewig etwas vor und gehen gern als erste...«

Einmal schwieg die Ausgeschimpfte mit gesenktem Blick (angepaßtes Kind-Ich), ein andermal schlug sie Türen zu, schimpfte zurück oder heulte (freies Kind-Ich). Ein Dialog der Erwachsenen-Ich schien unmöglich, wir praktizierten ihn selten. Ich hatte wieder einmal meine Rabattmarken-Sammlung ausgeschüttet; wenn sie mit ihrem angepaßten Kind-Ich antwortete, steckte sie ihrerseits eine neue Rabattmarke in den Schlitz ihrer Sammelbüchse. Neigte dazu, den Mitarbeitern in ungeeigneten Augenblikken Dinge vorzuwerfen, die keinen Zusammenhang mit dem im Moment anzukreidenden Fehler hatten. Mein Eltern- und Kind-Ich (Wut, Aggression) tobten sich aus, keinerlei Widerrede duldend. Eine Erwachsenen-Ich-freie Kommunikation, sagen die Transaktionsanalytiker. Heute erkenne ich derartige Zusammenhänge nicht nur, habe gelernt, sie zu vermeiden, vorzubeugen, derartige kraftraubende, nicht weiterführende Auseinandersetzungen zu verhüten. Parallel-Transaktionen vom Erwachsenen-Ich zum Erwachsenen-Ich machen sich im Praxis-Betrieb am besten. Nüchterne, ruhige Gespräche zwischen Arzthelferinnen und Patienten, unter den Arzthelferinnen, zwischen ihnen und dem Praxis-Führer. Bleibt es lediglich und immer bei diesen Parallel-Transaktionen auf Erwachsenen-Ich-Ebene, kann allerdings leicht eine unterkühlte und langweilige Atmosphäre entstehen. Auch parallele Eltern-Ich-Transaktionen sind notwendig: Eherne Gesetze des Praxis-Betriebes, ähnlich Verkehrsregeln: rechts vor links, Vorfahrtsstraßen, Rot-Ampeln. Höflichkeit gegenüber allen Patienten,

Betreuungs-Gerechtigkeit, sofortige Zuwendung, sorgfältige Ausführung ärztlicher Anordnungen usw., gehören dazu.

Aber auch ohne das Kind-Ich kommt eine gute Praxis-Atmosphäre nicht aus: »Es war ein harter Tag heute, aber wir sind eine Stunde früher als sonst fertig geworden. Hätten Sie nicht Lust, schon nach Hause zu gehen?«

»Klar, eine tolle Idee!«

»Es war eine harte und langwierige Quartals-Abrechnung. Wenn Sie einverstanden sind, bekommt jede von Ihnen dafür 20,– DM extra.«

»Oh, prima!«

Beispiele für Parallel-Transaktionen auf Kind-Ich-Ebene, natürlich steht das logische Erwachsenen-Ich des Praxis-Führers und auch sein nährendes Eltern-Ich im Hintergrund Wache: Motivation durch kleine Extras, Arbeitsfreude steigern, den gütigen Vater spielen... Ein Psycho-Spiel ist es aber nicht, wenn's von Herzen kommt, nicht lediglich manipulieren soll; jedenfalls kein negatives Spiel. Nach HEINZEL und HEINZEL (5) lautet die erste Kommunikations-Regel: Parallel-Transaktionen bewirken problemlose Kommunikation.

Im Gegensatz bewirken nach diesen Autoren gekreuzte Transaktionen Konfrontation und Verblüffung, sie bringen das Gespräch in eine neue Richtung. Der Überraschungs-Effekt kann negative und positive Folgen haben. Beispiel für eine Kreuzung: »Wir schaffen unsere Abrechnung heute nicht, meine Damen, ich fürchte, wir müssen morgen eine Sonderschicht einlegen...« (nüchternes Erwachsenen-Ich).

»Wenn's sein muß...und mit großer Freude, falls es ein paar Extra-Piepen dafür gibt«, sprudelt eine Helferin aus ihrem freien Kind-Ich hervor. Ihr anschließendes Erröten zeigt, daß sich ihr Eltern-Ich ein wenig zu spät einschaltet, vor Verlegenheit kichern alle zusammen aus ihrem freien Kind-Ich. Ich bin verblüfft; auf meine Ansprache des Erwachsenen-Ich wird unvermutet ein Kind-Ich hervorgelockt. Ich entschließe mich, die Kind-Ich-Reaktion parallel zu erwidern und damit die gekreuzte Kommunikation wieder ins Lot der Harmonie zu führen: »Wenn Ihr wollt; und anschließend gehen wir dann noch gemeinsam Kaffee trinken...« So ganz im Kind-Ich bin ich dabei nicht geblieben, denn meine Antwort ist wohlbedacht, ein kalkulierter, wenngleich auch spontaner Dank für Überstunden-Bereitschaft. Reines Kind-Ich ist immer spontan, im positiven Falle kreativ, bewegend, überraschend. Die überraschende Kreuzung der Transaktion von seiten der Mitarbeiterinnen hätte auch aus ihrem trotzigen Kind-Ich kommen und das strenge Eltern-Ich des Praxis-Führers hervorlocken können: »Kommt überhaupt nicht in Frage! Schließlich haben wir auch noch unser Privatleben...« Eine andere stampft mit den Füßen, beginnt zu weinen.

»Schließlich haben Sie vorige Woche alle 2 Stunden weniger gearbeitet, als der Dienstplan vorsieht. Ich habe alles genau notiert und bitte Sie mit Nachdruck, morgen um ... Uhr pünktlich zwecks Restarbeiten hier zu sein. Das wär's für heute«, so ähnlich habe ich früher oft reagiert und erkenne mich in dieser Rolle heute kaum wieder.

Ein anderer, kurzer Praxis-Dialog: »Sind die Blutsenkungen fertig?« frage ich, und die Helferin antwortet: »Ich kann nicht hexen!«

Was ist hier passiert? Erste Möglichkeit: Ich habe eine nüchterne Botschaft aus meinem Erwachsenen-Ich gesendet, eine nüchterne Frage gestellt. Die Helferin aber phantasiert eine Nachricht meines strengen Eltern-Ich: »Brauchst Du schon wieder so lange? Kann das nicht schneller gehen? Arbeite doch flinker!« Sie reagiert daher auf dieses ihr unangenehm scheinende Eltern-Ich mit ihrem Kind-Ich, meine harmlos gemeinte parallele Transaktion kreuzend, schaltet in diesem Falle ihr trotziges und freies Kind-Ich ein, das sagen will: »Laß' mich in Ruhe, verdammt! Ich tu' mein Bestes, und jeder sieht doch, daß es nicht schneller geht...« Die Reaktion, nicht aus dem angepaßten, sondern aus dem freien Kind-Ich heraus, verrät ein stabiles Selbstbewußtsein. Der Praxis-Führer sollte sich daher fragen, ob es richtig ist, diese Mitarbeiterin durch Druck ins angepaßte Kind-Ich zu zwingen: »Ich verbitte mir diesen Ton, Fräulein Zappel! Wenn Sie mir nochmal so kommen...«

Besser wäre es, wenn ich mich fragte: Klang meine Frage vorwurfsvoll? Ungeduldig oder arrogant? Habe ich mit meiner scheinbar harmlosen Frage (Sind die BSGs fertig?) eine versteckte Eltern-Ich-Botschaft gesendet: Nun mach' mal endlich! In diesem Falle ist der Dialog lediglich ein Beispiel für die dritte Kommunikationsregel: Emotionale Vorgänge haben Vorrang vor sachlich rationalen. Eine verdeckte Botschaft wird also schneller und leichter beantwortet, gleichsam spontaner und explosiver als die scheinbar offene, hörbare.

War meine Frage jedoch wirklich sachlich gemeint und gestellt, die Helferin hat jedoch die verdeckte Botschaft hineinphantasiert, so handelt es sich um eine sog. Tangential-Transaktion. Die Angesprochene reagiert auf die von ihr phantasierte Botschaft, was verblüfft und gleichzeitig ungute (oder im positiven Falle besonders gute) Gefühle verursacht. Der Verlauf von derartigen Tangential-Transaktionen ist aber immer unkalkulierbar, man sollte sie meiden.

Ein einfallsreicher und witziger Kabarettist mag das Auditorium zu lautem Gelächter bringen, wie aber der sinnbildlich oder tatsächlich von ihm entkleidete Mann aus dem Publikum reagiert und fühlt, weiß man vorher nie. Wir meinen eine derartige Haltung, wenn wir vom nötigen Takt beim Umgang mit Menschen sprechen.

Ich bin o. k., Du bist o. k.

bedeutet eine in allen Lebenslagen gesunde und nützliche Einstellung; leichter gesagt als getan. Würden alle Menschen diese Einstellung praktizieren, gäbe es kaum Probleme.

Die Grundeinstellung »Ich bin o. k., Du bist o. k.« ist auch für den Praxis-Führer äußerst nützlich, ja für jegliche Verbesserung des Betriebsklimas und der Effektivität unentbehrlich.

Ohne Anerkennung dieser Einstellung ist Lernen gänzlich unmöglich, z. B. das Akzeptieren neuer Erkenntnisse, die ein Buch vermittelt. Aber auch auf sozialer Ebene können wir hinzulernen, sofern wir grundsätzlich jeden Mitmenschen akzeptieren, unsere Haltung immer wieder zu überdenken bereit sind. Nur eine Kritik, die in die o. k.-Position des Kritisierten gebettet wird, kann schließlich auch akzeptiert werden. Nur, wer sich selbst o. k. fühlt, kann auch herbe Kritik verkraften, sogar ungerechte und negative.

Es ist ganz erstaunlich, wie man den Ton, die Stimmung und den Arbeitsrhythmus einer Praxis verändern kann, wenn man an die heilende, belebende und positive Nah- und Fernwirkung der sozialen Grundregel »Ich bin o. k., Du bist o. k.« glaubt, aus der vielleicht anfänglich wackeligen Parole ein Prinzip seines Wesens macht. Viele Menschen bekommen diese Einstellung in Elternhaus und Kindheit vermittelt, tun nichts, als danach weiter zu leben – diese Glücklichen! Andere lesen sich diese simple Psychologie an, probieren, entwickeln und praktizieren weiter – haben große Erfolge damit – oder scheitern... Durch mein eigenes Beispiel weiß ich: Der Versuch lohnt!

Die anderen, problematischeren Grundeinstellungen seien daher hier lediglich gestreift:

Ich bin o. k., Du bist nicht o. k.

Ein Arzt, der diese Einstellung ausstrahlt, schafft sich selbst Probleme und Widerstände: Er gerät oft in Opposition zu seinen Helferinnen, diese übernehmen die Einstellung unbewußt, erzeugen ein Konkurrenzdenken untereinander. Jeder versucht, den anderen abzuwerten; Helferinnen setzen in Gesprächen während ihrer Freizeit das Ansehen des Arztes herab, belächeln ihn mit ihrem Kind-Ich, analysieren ihn selbstgerecht aus ihrem strengen Eltern-Ich heraus, ein nüchternes Erwachsenen-Ich zu seinem Schaden vortäuschend.

Ein Arzt mit dieser Einstellung bevorzugt Detail-Anweisungen gegenüber großzügiger Delegation. Der Lehrling darf monatelang nur springen, putzen und einkaufen. Die älteren Helferinnen übernehmen diese Einstellung automatisch – ihrer Bequemlichkeit und dem hohen Vorbild folgend.

Ich bin nicht o.k., Du bist o.k.

Berne (4) bezeichnet diese Menschen als die ewigen Verlierer. Ärzte mit dieser Grundeinstellung kompensieren oft durch Umkehrung: Ich bin o.k. – Du bist nicht o.k. Dadurch kommt ihr Inneres nur scheinbar wieder ins Gleichgewicht. Ärzte mit dieser Einstellung sind z.B. extrem nachgiebig, sowohl Patienten als auch Mitarbeitern gegenüber, werten aber nach Praxisschluß im vertrauten Kreise die beiden Gruppen von Kommunikationspartnern zynisch oder aggressiv ab. Diese »Ich bin nicht o.k.«-Position erwirbt man z.B. in einem überstrengen Elternhaus, unter ungerechtfertigten, harten Schlägen: Auch im abstrakten Sinne: Negative »Strokes«, ungerechte Behandlung... Ärzte mit dieser Einstellung sind z.B. ungenießbare Praxis-Ekel, jedenfalls den Mitarbeitern gegenüber: Du bist nicht o.k. Gegenüber Ehefrau und Freunden können sie sich dann in brave, nachgiebige Lämmer verwandeln: Ich bin nicht o.k., Du bist o.k. Ihr Gleichgewicht ist labil.

Wie bei allen Menschen, gibt es schließlich auch unter Ärzten solche mit der Grundeinstellung: *Ich bin nicht o.k., Du bist nicht o.k.* Meistens handelt es sich um überaktive, ständig atemlose Kollegen, weder mit sich selbst noch mit ihren Mitarbeitern jemals gänzlich zufrieden. Zur regen Praxis übernehmen sie noch berufspolitische Funktionen, um ihr drohendes Nicht-o.k.-Gefühl auszuschalten. Weder mit sich noch mit anderen jemals vollends zufrieden, leiden sie leicht an psychosomatischen Störungen. Die Praktizierung des »Du bist o.k.« fällt ihnen sehr schwer, sie neigen daher zur Abwertung der Mitarbeiter, Zynismus und Aggressivität. Der ständige Antreiber (Ich bin nicht o.k., möchte es aber so gern sein) kann selbstredend zu ungewöhnlichen, auch positiven Leistungen und Ergebnissen führen.

Alle diese Einstellungen, wie ich durch eigene Erfahrung weiß, sind nicht unveränderlich und können sich durchaus in Richtung Idealziel entwickeln:

Ich bin o.k. – Du bist o.k.!

Modernisierung und Rationalisierung im Praxisbetrieb

Nehmen wir an, der Praxis-Inhaber hört auf Kongressen von neuen Untersuchungs- und Behandlungsmethoden, liest in seinen Zeitschriften von Verbesserungen, hört von Kollegen etwas über modernere Verfahren – und manchmal hat er sogar selbst eine gute Idee.

Er kann sich nun vor seine Mitarbeiterinnen stellen und versuchen, seine Begeisterung zu übertragen: »Kinder, da habe ich etwas Phantastisches gelesen, das müssen wir jetzt auch machen..!« Er versucht damit über sein nährendes Eltern-Ich, vermischt mit der Begeisterung seines freien Kind-Ichs, das einverstandene, logische Erwachsenen-Ich plus freie Kind-Ich seiner Mitarbeiterinnen hervorzulocken. Nur selten wird dies aber ausreichen, die Mitarbeiter zur begeisterten Zustimmung zu veranlassen, hinreichend zu motivieren. Immerhin bedeuten Eingriffe in ein funktionierendes, bewährtes System Mehrarbeit und Überwindung von Schwierigkeiten. Neuerungen werden daher niemals von allen Helferinnen mit reiner Freude aufgenommen. Oft wird ihr trotziges Kind-Ich erweckt, wenn die Helferinnen von neuen, moderneren und vielleicht sogar aufwendigeren Untersuchungsmethoden, Röntgentechniken und Operationsverfahren hören. Reaktion dieses Kind-Ich: »Das kann ich nicht, Papa, das will ich nicht – weil ich eben einfach nicht will!« Der Zugang zum denkenden Erwachsenen-Ich wurde verpatzt.

Die heutige Ausbildung der Helferinnen trägt einiges zu dieser Haltung bei: Mit ein paar Wochenstunden Unterricht wird versucht, die bereits laufende praktische Mitarbeit in den Arztpraxen zu untermauern. Für einen tieferen Einblick in Medizin, aber auch Praxis-Betrieb reicht es nur selten. Die Helferinnen und ihre Elternhäuser streben dies auch kaum an: Heirat und Kinderkriegen warten im Hintergrund, meistens schließlich in Teilarbeit oder Ausscheiden aus dem Berufsleben mündend. Von jungen Helferinnen ist daher ein selbst wirkendes Streben nach Modernisierung der Praxis-Vorgänge nur selten zu erwarten. Initiativen und Motivierung müssen in erster Linie vom Praxis-Führer kommen. Es geht also darum, seine Einsicht und Begeisterung auf die Mitarbeitergruppe zu übertragen, die Ziele einsichtig zu machen und zum Interesse aller werden zu lassen. Auf die emotionelle Wirkung von Neuerungen gegen die Langeweile eines Alltagstrotts sei nur am Rande hingewiesen. Der schließlich durchgesetzte Fortschritt erhöht das Selbstwertgefühl aller, sofern die Modernisierung nicht nur Mehrarbeit, mehr Streß für die Helferinnen und Mehreinnahmen für den Chef bedeuten, sondern schließlich durch Vorteile für alle die ganze Gruppe motivieren. Dies muß sich keinesfalls in Anhebung von Gehältern ausdrücken; Zeitgewinn und Freude an dem neuen, eleganteren Verfahren können gleichermaßen motivieren.

Um zu erreichen, daß die Mitarbeitergruppe seine Zielsetzungen übernimmt, muß der Praxis-Inhaber daher bemüht sein, alle drei Ich-Positionen seiner Helferinnen anzusprechen und zur Resonanz zu bringen: Durch Erklärung der neuen Regeln, die unbedingt eingehalten werden müssen (strenges Eltern-Ich), Verdeutlichung der Vorteile des neuen Verfahrens für alle Beteiligten und den Praxis-Betrieb (Konkurrenz-Situation... – Erwachsenen-Ich), schließlich Motivation durch Ausleben der eigenen Begeisterung, Anregung zum Mitspielen, Ausprobieren: »Oh fein, das wollen wir jetzt auch mal versuchen – hört sich gut an...« (freies und angepaßtes Kind-Ich). Sofern es gelingt, alle diese Ebenen zum Schwingen zu bringen, vielleicht zusätzlich das eigene, nährende Eltern-Ich einfließen zu lassen (»Schließlich will ich auch nur Euer Bestes...«), wird eine motivierte Gruppe hinter der neuen Zielsetzung stehen. Um Einverständnis und Motivierung der Mitarbeiter muß dabei oft geduldig gerungen werden. Die einzelnen Phasen dieses Prozesses verlaufen zyklisch:

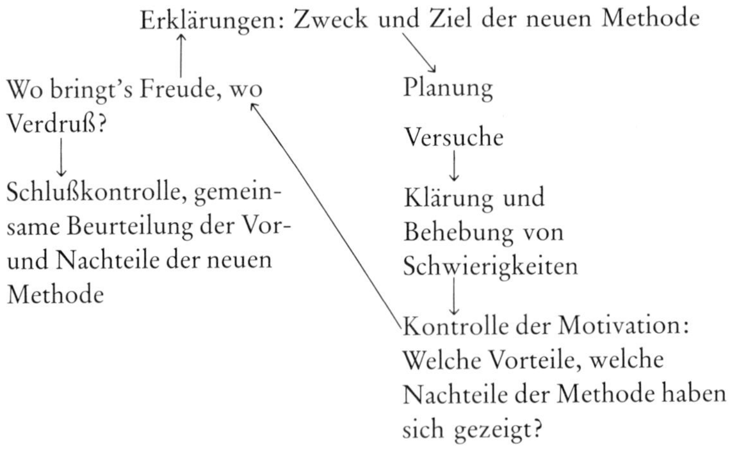

Endkontrolle vom Praxis-Führer; endgültige Entscheidung über Einführung des neuen Verfahrens wird wiederum nur stabil sein, wenn sie von der ganzen Gruppe sachlich und emotional mitgetragen wird.

Derartige *Zielsetzungen* können zweifellos auch autoritär vorgetragen und durchgesetzt werden. In vielen Praxen, aber auch in der Industrie, wird mit autoritären Zielsetzungen erfolgreich gearbeitet: »Auf dem Kongreß habe ich mir das neue Dilutionsverfahren zur Bestimmung der minimalen Hemmkonzentration angeschaut, dies werden wir jetzt in unsere Bakteriologie einführen...!«

Nach Literaturübergabe, Vorführung des Systems durch einen Firmenspezialisten: »Unmöglich! Wir wollen das nicht und können das nicht und brauchen zu viel Zeit dafür...«

»Wir müssen aber modern sein und werden das machen, ob Sie wollen oder nicht!«

»Gut, wenn Sie es befehlen, werden wir es halt versuchen...«

Die Geburt einer verdeckten Transaktion ist eingeleitet: »Ihr werdet das machen, weil ich's so will, wäre doch gelacht...«, empfindet das strenge Eltern-Ich des Praxis-Inhabers.

»Der wird schon sehen, was passiert«, empfindet das trotzige Kind-Ich der Helferin. Sie sammelt »Rabattmarken« und wird versuchen, durch mißglückte Keimbestimmungen, Gerätedefekte, Vernachlässigung anderer notwendiger Arbeiten usw., an das Erwachsenen-Ich des Chefs verdeckt zu appellieren: »Siehst Du nun, es geht eben nicht!«

Eine derartig erzwungene Zustimmung des Mitarbeiters ist also oftmals nicht viel wert. Geduldige Begründung des Nutzens der neuen Methode für alle, Erbitten und Erreichen der Mitarbeiter-Zustimmung, gemeinsame fragende und suchende Planung, Beurteilung, Wertung des neuen Verfahrens können zu viel stabileren Entscheidungen führen. Verdeckte Transaktionen mit nur oberflächlicher Meldung des Einverständnisses sind für jede Zielsetzung gefährlich. Der Arzt meint, seine Helferinnen überzeugt zu haben, wundert sich dann über laufend wiederkehrende und eskalierende Fehler und Mängel des neuen Verfahrens.

Besser also der Zyklus:

Erklären
→ Hilfe erbitten
→ Ausprobieren
→ Schwierigkeiten und Fehler analysieren
↓
Neue Erprobung, Abwägung der Vor- und Nachteile, gemeinsame Entscheidung
↓
Einbettung des neuen Verfahrens in den Betrieb gelungen?

Viele Helferinnen wirken wie abhängige Kinder des Arztes. Zielsetzungen und Entscheidungen laufen dann folgendermaßen ab, von den Psychologen auch als *symbiotische Beziehungsstruktur* bezeichnet: »Wir führen den Dilutionstest in die Bakteriologie ein…«

»Ja? Was bedeutet's, wie funktioniert's?«

»Ein Herr von der Firma B. aus Frankfurt wird kommen und Euch alles erklären…«

Erwachsenen- und Eltern-Ich des Arztes umgarnen gleichsam das angepaßte Kind-Ich der Mitarbeiterin. Der Firmen-Vertreter wirkt als Abgesandter dieses Arztes in gleicher Weise. Da ein Spontaneität und Begeisterung vermittelndes Kind-Ich des Arztes fehlt, auf der anderen Seite weder Eltern-Ich noch Erwachsenen-Ich der Helferin angesprochen und aktiviert werden, wird sie aus ihrem angepaßten Kind-Ich heraus künftig mit jedem Problemchen wiederum ängstlich zum Chef oder Firmen-Vertreter laufen. »Ein symbiotischer Mitarbeiter stimmt zu, ohne Verantwortung zu übernehmen«, definieren dies z.B. HEINZEL und HEINZEL (5).

Planung heißt schnelles und konzentriertes Eingehen auf das Wesentliche, eine Entscheidung wird damit aber noch lange nicht erreicht, lediglich angeregt, leider oft auf diesem kühlen Wege erzwungen, in ein äußerst labiles Fließgleichgewicht von Aktionen mündend. Ein Praxis-Führer muß sich also bei jeder Entscheidung fragen, ob er auch ausreichend motiviert.

Einer meiner früheren Chefs hatte die Gewohnheit angenommen, sein autoritäres Gehabe in Praxis und Operationssaal (Flut von abwertenden Gesten und Worten in Richtung aller Mitarbeiter) durch endloses Tratschen vor den Türen bei der nachmittäglichen Visite auszugleichen. Rauchend, zwischen seinem freien Kind-Ich und nährenden Eltern-Ich hin und her schwankend, versuchte er, durch Enthüllungen aus seinem Privatleben und Ausplaudern pikanter Krankengeschichten die fehlende Motivation über den Austausch emotional beladener Ich-Zonen nachzuholen. Manche lächelten nur höflich, verzagt über den Zeitverlust, andere wiederum, die unter seiner Autorität besonders schmerzlich zu leiden hatten, lachten befreit, mit ihrem freien Kind-Ich antwortend, die wenigen Minuten scheinbarer Gleichberechtigung und Anerkennung genießend.

Bereute er den cholerischen Vormittag wirklich? Das schmerzhafte Beklopfen von Assistentenhänden? Sein Werfen mit schweren Instrumenten? Schreie, Schimpfworte, wütendes Stampfen? Wollte er wirklich etwas wiedergutmachen, wie oberflächlich denkende Mitarbeiter sein Benehmen analysierten?

Wer die meisten Stunden des Tages die Haltung: »Ich bin o.k. – Du bist nicht o.k.« ausstrahlt, wird sie schwerlich durch ein Nachmittagsgeplauder mit der Vorspielung der Haltung »Ich bin o.k. – Ihr seid auch o.k.« neutralisieren können. Die Mitarbeiter stecken ihre »Rabattmarken« höchstens in eine tiefere Tasche, sammeln aber am nächsten Tag weiter. Die versöhnliche Geste wirkt als zeitverschwendendes Geseich, die Umzeichnung seiner Persönlichkeit wird vielleicht genossen, nicht aber geglaubt. Man kennt ihn schließlich.

Auch dieser Herr hätte sich noch ändern können, wenn man ihn zur Analyse seiner Reaktionen bzw. Transaktionen angeregt hätte und er selbst zur Änderung seiner Verhaltensweisen motiviert worden wäre.

Ohne Planung, strenge und strikte Zeitstrukturierung, ist eine ärztliche Tätigkeit in freier Praxis undenkbar. Diese Tatsache schränkt unseren persönlichen Freiheitsraum oftmals schmerzhaft ein. Ein freier Beruf, aber in Wahrheit arbeiten wir unfreier als ein Maurer.

Ein Kollege in meiner Nachbarschaft hielt diese Beschränkung seiner Freiheiten einfach nicht aus: Immer häufiger erschien er unpünktlich zum Praxisbeginn, fehlte gar ohne ausreichende Erklärungen, ließ sich keinen Kongreßbesuch entgehen. Obgleich seine Helferinnen dadurch viel zusätzliche Freizeit genossen, wurden sie mehr und mehr durch die nachlassende Führung verunsichert, weinten gelegentlich wie verlassene Kinder. Die Praxis ging steil zurück und wurde schließlich aufgegeben.

Planung schränkt den Freiraum für neue Ideen, Überraschungen und Improvisationen zweifellos ein. Ein Gleichgewicht dieser Lebensqualitäten zu erreichen, ist die große Kunst jeder Gruppenführung.

Zu straffe Planung setzt sich oft unrealistische Ziele, mündet in Herzinfarkten oder einer Art chaotischer Kulturrevolution.

Widerstände gegen Planungen kommen häufig aus dem Gefühlsleben: »Ich kann das nicht, ich will das nicht, ich mag es nicht!« – Also aus dem Kind- und Eltern-Ich. Wie wir bereits wissen: Emotionales hat Vorrang vor Rationalem.

Jede Neuerung hat die Tendenz, zu Unsicherheitsgefühlen zu führen. Viele unserer Mitarbeiter besitzen eine zu geringe Unsicherheitstoleranz. Auch dies kann man durch transaktionsanalytisches Verständnis beheben.

Der Transaktionsanalytiker bezeichnet diese Widerstände gegen Planungen als *Trübung von Ich-Zuständen* (Überlagerung zweier Ich-Zustände). Beispiel für Überlagerung (Trübung) zwischen Erwachsenen- und Kind-Ich: »Herrlich, ich bin begeistert von dieser Idee und sehe überhaupt keine Schwierigkeiten« (spontane Begeisterung will hier alle Bedenken zur Seite wischen).

Umgekehrt, wenn das weinende, trotzige oder zaghafte freie Kind-Ich das Erwachsenen-Ich im Mitarbeiter trübt (natürlich auch im Arzt möglich): »Wie schrecklich und kompliziert dieses neue Verfahren ist, das werden wir nie schaffen, das wollen wir deshalb nicht, das kann gar nicht klappen bei uns...«

Auf der anderen Seite Trübungen des Erwachsenen-Ich durch ein übermächtiges Eltern-Ich, konservativ, bewahrend, starr und regelhaft: »Ich verstehe das nicht, unser altes System ist doch ausreichend. Das haben wir doch immer so gemacht, es hat sich bewährt und allen genügt...« Es soll und darf nach Meinung dieser Helferin oder auch ihres Chefs nichts Neues geben, Vorteile neuartiger Methoden werden weder anerkannt noch auch nur geprüft.

Auch ein übermüdeter und gelangweilter Urologe, der täglich dutzende Male in Harnblasen schaut und schließlich gar nicht mehr richtig hinsieht, dann z. B. Gefahr läuft, einen etwas versteckten Tumor zu übersehen, kann in diese Trübung des Erwachsenen-Ich durch regel- und routinehaftes Eltern-Ich eingeordnet werden: Seine Betriebsblindheit trübt fachliche Sorgfalt und sogar sein reelles Sehvermögen. Wer sich nur noch in seiner jahrelangen Untersuchungs- und Behandlungsgewohnheit wohl fühlt, trübt mehr und mehr ein.

Entscheidungsfreudigkeit verlangt aber auch, auf etwas verzichten zu können: Veraltete Untersuchungsverfahren z. B. oder neue und anspruchsvolle, die nach Prüfung eben doch nicht in den Praxisbetrieb passen.

Aufgeben heißt dabei immer, ein vorübergehendes Gefühl der Leere akzeptieren.

»Menschen, die sich nicht entscheiden können, haben Schwierigkeiten, sich von etwas zu trennen«, sagen Transaktionsanalytiker (5).

Ich beobachte da einen Kollegen, dessen kritisches Erwachsenen-Ich mehr und mehr eintrübt, weil er sich weder von seiner veralteten Praxis-Ausstattung noch von seiner ihn lediglich aus ihrem strengen Eltern-Ich heraus behandelnden Ehefrau trennen kann.

»Es ist gut, für die Patienten nützlich, ärztlich und im Sinne unseres Eides; wir machen es so, weil wir's schon immer so gehalten haben« – dies sind Argumentationshilfen und Entscheidungen aus dem Eltern-Ich. Bei therapeutischen Verordnungen sind sie immer im Spiel, aber auch bei den Transaktionen der Gruppe Arztpraxis. Jede Gruppe bildet hierbei gruppentypische Normen, deren Übertretung oft geahndet wird.

Entscheidungen aus dem Erwachsenen-Ich begründen anders: »Logisch, richtig so, ich stimme zu, ich sehe es ein.« Kommunikationen bzw. Transaktionen auf Erwachsenen-Ich-Ebene sind im Praxisbetrieb am häufigsten und für glatte Abläufe am nützlichsten.

Aus welchem Ich-Zustand kommt die Entscheidung? Der Arzt kann durch diese Analyse feststellen, ob alle drei Ich-Zustände angesprochen wurden und reflektieren. Erst dann scheint eine stabile Verwirklichung und Übernahme seiner Ideen durch die Gruppe gesichert.

Entscheidungen aus dem freien Kindheits-Ich würzen, runden ab, verleihen den nötigen Schwung, vermitteln Kreativität und Intuition: »Ich bin dafür, weil mich die Aufgabe reizt, mir Spaß macht, mich aufwertet, befriedigt, mir ein paar Piepen mehr bringt...«

Entscheidungspotentiale aus dem angepaßten Kind-Ich gehören zweifelsfrei auch hinzu, werden aber gefährlich, sofern sie die Entscheidung allein tragen: »Der Alte will es, also bin ich einverstanden. Ich folge, weil ich Angst habe, sonst zu fliegen. Bald werde ich schwanger sein, dann wird er schon sehen...«

Kinder, die »ja« sagen und »nein« meinen. Mitläufer, die den Betrieb jederzeit und unvermittelt blockieren können. Da diese Entscheidung sehr wackelig ist, fragen diese Mitarbeiter viel zu häufig zurück, sehen und verursachen Probleme bei Einführung des neuen Verfahrens, weinen und schimpfen im Verborgenen oder demonstrativ vor den Augen des Chefs. Derartige Entscheidungen aus dem angepaßten Kind-Ich sind häufig für den Betrieb gefährlich, gelegentlich gar wertlos.

Entscheidungsschwäche wirkt sich nicht nur in Industriebetrieben, sondern auch in Arztpraxen fatal aus. Manchmal dirigiert dann die Ehefrau oder eine ältere Helferin den Betrieb. Laufen kann zwar auch sowas. Ob jedoch ein Arzt, der im Mitarbeiter- und Familienkreise vorwiegend das hilfebedürftige Kind spielt, wirklich jedem Patienten gerecht wird, darf bezweifelt werden. Die hilflosen Kind-Ich-Gefühle werden von diesen Kollegen gelegentlich hinter großer Schweigsamkeit bei Sprechzimmer-Kontakten versteckt.

Es sind verschiedene Ursachen einer Entscheidungsschwäche bekannt. Am gefährlichsten ist der sog. *»Psychologische Engpaß«*: Die Helferin ist innerlich dagegen, möchte am liebsten aufschreien, protestieren, aber traut sich nicht. In stiller Wut beißt sie die Zähne zusammen, erarbeitet voller Widerwillen die neue Methode. Innerliche Spannungen sind die Folge, können die Mitarbeiterin krankheitsanfällig machen, Fehler heraufbeschwören, einen Tumult verursachen: Häßliche Szenen verraten angestaute Emotionen, das strenge Eltern-Ich des Praxis-Inhabers wird mit dem trotzigen Kind-Ich der weinenden oder schimpfenden Helferin konfrontiert. Gekreuzte, tumultöse Transaktion. Ein neues Gleichgewicht muß dann gefunden werden, oftmals unter Aufgabe der modernen Planung oder Herstellung eines Spannungsverhältnisses auf höherer Ebene: »Wenn Sie das nicht schaffen, müssen Sie eben sehen, wo Sie bleiben...« Engpaßsituationen können auch in Spiele ausweichen: »Immer ich, immer auf die Kleinen, ohne jede Rücksicht« (Opfer-Spiel nach BERNE). Der Arzt wird dann leicht zum Verfolger-Spieler: »Na warte, wir werden schon sehen; jetzt habe ich Dich endlich erwischt – Du entkommst mir nicht, wir werden das schon durchsetzen...«

Die Helferin hat dann noch die Möglichkeit, aus Angst vor Konsequenzen und Fehlern Teile ihrer Arbeit oder diese als Gesamtes zurückzudelegieren: »Zeigen Sie's mir bitte nochmal, machen Sie es besser selbst...« oder sie bietet ihr hilfloses Kind-Ich an: Bittet unter Tränen um Beistand: »Es wird wieder nichts, ich schaffe es nicht; was soll ich nur tun?« Der Arzt kann dann die angebotene Eltern-Ich-Rolle besetzen oder die *Rückdelegation* zurückweisen. Bei intakter Gruppendynamik wird er letzteres bevorzugen und gefahrlos dürfen:

»Hier, sehen Sie, Doktor! Schon wieder ein schlechtes Bild mit dieser verdammten neuen Entwicklungsautomatik. Ich komme einfach nicht zurecht damit. Was soll ich nur tun?«, versuchte kürzlich eine meiner Helferinnen rückzudelegieren, indem sie ihr hilfebedürftiges Kind-Ich vor mir ausbreitete, an mein mächtiges Eltern-Ich appellierend. Ich erkannte aber die Gefahr, letzteres zu besetzen und konterte: »Sie verstehen vom Röntgen mehr als ich, Fräulein Rappel. Entscheiden Sie doch bitte selbst, ob Sie den Fehler finden oder die Röntgen-Firma anrufen...« »Ja, ich werde nochmal alles überprüfen und dann sehen...« Eine Transaktion von Erwachsenen- zu Erwachsenen-Ich war erreicht. »Sind Sie nun die Röntgen-Assistentin, oder ich?« wäre für den psychologischen Laien vielleicht eine zu harte Reaktion, für den Transaktions-Analytiker, aber ein strenges Eltern-Ich, das auf ein angepaßtes Kind-Ich einschlägt. Versteckt: Abwertung der dämlichen Helferin.

Ambivalenz ist eine versteckte, ebenso gefährliche Entscheidungsschwäche: Der Arzt möchte z.B. sowohl das eine als auch das andere: Das moderne und teure Untersuchungsverfahren, weil es bessere Einblicke gibt und auch höher dotiert ist, das alte Verfahren andererseits, weil die Sache doch so schön und reibungslos läuft und wenig Kosten verursacht.

Teilt er diese Ambivalenz offen oder versteckt seiner Umgebung mit, kann z.B. folgendes passieren: Die in der Aufnahme sitzende Mutter des Urologen schreibt die teureren Leistungen an, obgleich diese überhaupt nicht erbracht werden. Ambivalentes Denken hat hier moralische Konsequenzen: Der Arzt wurde als Dulder von Unredlichkeiten zum Betrüger, saß monatelang in Untersuchungshaft, wurde schließlich verurteilt.

Wer sich aus eigener Ambivalenz heraus zu keiner Alternative durchringen kann, wird irgendwo und irgendwann von Entscheidungsfreudigeren überfahren werden.

Echte Zustimmung zu Planungen und Entscheidungen nennt man *»Konsens«*. Er wird erreicht, wenn alle Ich-Zustände erregt werden und resonieren. Und wieder sind wir beim Ideal der sich selbst steuernden Gruppenführung: Ich bin o.k. – Du bist o.k.

Aber das Ideal des Gruppen-Konsens ist nur selten erreichbar. Oft müssen demokratische Entscheidungsprozesse, also Abstimmungen nach Problemdiskussion, als Ersatz dienen. Ob dieser Kompromiß schließlich doch zu einer tragfähigen Gruppenarbeit führt oder »faul« ist, kann wiederum eine Transaktionsanalyse herausfinden.

Eine Helferin, die gesagt bekommt: »Du siehst doch, daß Du überstimmt bist, also paß' Dich an!« wird sich den Forderungen der Mehrheit nur scheinbar unterordnen; Spannungen, Parteidenken, Oppositionsgefühle werden geboren, stehen der Realisierung der Entscheidungen gegenüber, provozieren Desinteresse, »Rabattmarkensammeln« usw. Die kleine Wirkgruppe Arztpraxis darf sich mit dieser kalten Demokratie der Mehrheitsentscheidung nicht abfinden, alle Gruppenmitglieder müssen versuchen, außer dem angepaßten Kind-Ich dieser Helferin auch ihre übrigen Ich-Zustände zu besetzen. Mitgefühl für sie, Verständnis für ihre Haltung, können Ausgangspunkte sein. Wiederum also Vermittlung der Haltung: Wir sind o.k. – Du bist aber auch o.k., trotz Deines Widerstandes, Deiner anderen Ansichten.

Es darf aber hier nicht verschwiegen werden, daß autoritäre Entscheidungen durchaus üblich und auch tragfähig sind oder sein können:

»Das Dilutionsverfahren zur Bestimmung der minimalen Hemmkonzentration wird in unsere Bakteriologie eingeführt, ich habe dies beschlossen« (verdeckte Transaktion: Ich entscheide hier, Euer Mitdenken ist wenig gefragt).

»Hier, die Unterlagen, schauen Sie sich alles an, ich habe es geprüft, das neue Verfahren ist nützlich und gut für unsere Patienten, unentbehrlich für unsere moderne Praxis. Übermorgen kommt der Firmenvertreter aus Frankfurt...« Keine Bitte nach Einverständnis, keine Widerrede, kein Einspruch statthaft. Bei ausgeprägten Persönlichkeiten sind Frustrationen und »Rabattmarkensammlungen« die Reaktion, bei ausgewählten und seit langem im angepaßten Kind-Ich gehaltenen Helferinnen können aber auch achselzuckendes Einverständnis und Fleißarbeiten die Folge sein, um es dem gestrengen Herren ja nur recht zu machen.

Eine nichtdirekte Gruppenführung, z.B. nach ROGERS, ist mir lieber und hat sich nach heutigen psychologischen Erkenntnissen auch mannigfach bewährt. Es verbleiben aber autoritäre Anweisungen, die für den ärztlichen Alltag als sinnvoll erkannt wurden, dabei auch nicht unbedingt Abwehr auslösend wirken: Unter Zeitdruck gefällte therapeutische Entscheidungen bei Notfällen oder Operationen, unpopuläre Entscheidungen bei notwendiger Gesamtzielsetzung wie das heutige Sparen im Medizin-Betrieb oder auch Eingriffe in Arbeitsbereiche von noch unreifen oder wenig intelligenten Mitarbeitern gehören hierher. Schlußendlich ist also ein ausgewogenes Verhältnis zwischen Mitbestimmen bei allen Entscheidungen (Konsens) und autoritären Anteilen das scheinbar optimale, aber schwierige Rezept bei der Durchsetzung von Planungen, Änderungen im Praxis-Betrieb, anstehenden Entscheidungen.

Je unselbständiger und unsicherer der Mitarbeiter, desto dankbarer wird er für konkrete Aufgabenverteilung und autoritäre Entscheidungen sein. Ein psychologisch aufgeklärter Praxis-Führer wird jedoch darauf achten, eigenverantwortliches Arbeiten zu fördern, soviel wie möglich zu delegieren, wichtige Entscheidungen im Team zu fällen.

Ein Kollege entließ kürzlich eine Helferin, die ihm als zu gut erschien: »Die war so sicher und intelligent, so umsichtig und selbstbewußt, daß ich mich in die Ecke getrieben fühlte. Die Patienten schienen ihr fast mehr zu vertrauen als mir, sie weitete ihren Entscheidungsspielraum immer mehr aus, drückte mich förmlich in die Ecke... Schließlich konnte ich sie nicht mehr ertragen und kündigte.« Diese Problematik ist wohl selten. Der Kollege fürchtete sich vor dem starken Eltern-Ich dieser Mitarbeiterin, das ihn vielleicht wirklich auf sein angepaßtes Kind-Ich reduzieren wollte. Er befreite sich aus der drohenden symbiotischen Beziehung durch Kündigung: Schnellte plötzlich in sein strenges bis grausames Eltern-Ich zurück. Dieser psychologische *Tumult* war sicher unangebracht. Zu einer wirklichen Konkurrentin hätte diese selbstsichere Helferin ja niemals werden können. Ein den Konflikt beleuchtendes Gespräch hätte ich an seiner Stelle bevorzugt: Die Helferin auf ihr Rollenverhalten hinweisend, ihr ständig aktiviertes steuerndes Eltern-Ich nachzeichnend, um ein Zurückschalten auf Transaktionen vom Erwachsenen- zum Erwachsenen-Ich bittend...

Wenn er sie derartig um Verständnis für sein aufbegehrendes, ängstliches und trotziges Kind-Ich gebeten hätte, wäre ein Vermeiden von verdeckten und gekreuzten Transaktionen wahrscheinlich möglich gewesen. Er hätte z.B. sagen können:

»Ich schätze Sie sehr, Fräulein Zorn. Sie sind meine intelligenteste, flinkeste und umsichtigste Helferin. Aber verstehen Sie doch bitte mich und auch die Patienten, daß es unsere Abwehrgefühle heraufbeschwört, wenn wir von Ihnen wie unmündige Kinder herumgejagt werden. In letzter Zeit machen Sie mir nicht nur Vorschläge, was wir an dieser und jener Patientin noch untersuchen müßten, sie greifen diesbezüglichen ärztlichen Entscheidungen gelegentlich sogar vor: Haben gestern z.B. bei Frau Müller von sich aus Blut zur Kontrolle entnommen, Frau Meier bereits im Ultraschall aufgelegt usw. Alle diese Maßnahmen und Vorbereitungen waren nützlich, gefallen mir trotzdem nicht recht, werden mir in letzter Zeit unheimlich. Bitte warten Sie doch meine Entscheidungen und Anordnungen besser ab, flüchten auch Sie gelegentlich in ein angepaßtes folgsames Kind-Ich. Der Wechsel der Ich-Zustände bringt Leben, Abwechslung und Freude. Sie dürfen mich schließlich auch weiterhin herumjagen, wenn Sie merken, daß meine Spannkraft und Entscheidungslust nachläßt. Bitte aber nicht von früh bis spät. Lassen Sie mich gelegentlich auch mal in mein nährendes oder strenges Eltern-Ich schlüpfen, auch ich brauche das. Und normalerweise sollten wir in unserem kühlen und logischen Erwachsenen-Ich miteinander verkehren und sprechen, und das stelle ich mir so vor: . . .«

Dieser ganze transaktionsanalytische Exkurs könnte so erfrischend und witzig wirken, daß schließlich beide in ihrem freien und befreiten Kind-Ich landen, lachend, den anderen respektierend.

Der offene, großzügig delegierende und nichtdirektive Führungsstil dieses Kollegen war also falsch verstanden oder mißbraucht worden. Die Helferin bekam grobe Ziele vorgesteckt: Durchführungen, Terminplanung usw., wurden ihr großzügig überlassen. Dies war richtig und ich fahre gut mit einer solchen Methode. Im oben geschilderten Fall hatte die selbstbewußte Mitarbeiterin den Arzt dann aber rückwirkend in ihre eigenen Organisationspläne mit einbezogen; er drohte, oder fühlte sich auch nur bedroht, in die Rolle eines Springers oder gar Lehrlings gedrängt. Die Alltagspraxis muß sich zwischen allen Extremformen abspielen.

Es steht jedenfalls fest: Autoritäre Anweisungen erzeugen gerade bei hochwertigen Mitarbeitern Widerstände. Diese äußern sich in Fehlern, Arbeitsunlust, Fernbleiben bei harmlosen Erkrankungen usw.

Ein von seinem strengen Eltern-Ich (oder nährenden Eltern-Ich, väterlicher) beherrschter Arzt wird gern und oft in die Arbeitsbereiche seiner Mitarbeiterinnen eingreifen, für diese planen und entscheiden. Bei Arzthelferinnen mit Selbstbewußtsein und Eigeninitiative wird dies zwangsläufig eine Widerstandshaltung erzeugen, die Aktivierung ihres angepaßten oder trotzigen Kind-Ich. Den Schaden aus diesen Transaktionen trägt die ganze Praxis.

Delegation

Ein Arzt, der großzügig delegiert, spart viel Kraft und Zeit. Er benötigt dazu intelligente, gut ausgebildete, also ausgewählte Mitarbeiterinnen. Die Delegation von Aufgaben kann mehr oder weniger weitreichend sein. Auf der dritten Stufe, die mir anstrebenswert erscheint, übt der Vorgesetzte nur noch Ergebniskontrollen aus. Die Mitarbeiterin trägt in ihrem Aufgabenbereich die volle Entscheidungsfreiheit und Verantwortung.

Beispiel, wie ich das handhabe: »Fräulein Ziel, bei Herrn Haarwasser müssen folgende Untersuchungen gemacht werden: Nierenröntgen, Zystoskopie, Urinstatus mit Kultur, Harnzytologie . . . Er hat nämlich rote Blutkörperchen im Urin. Wir müssen herausfinden, was dahintersteckt.« Und ich ziehe mich mit dem nächsten Pateinten ins Sprechzimmer zurück. Mein kluges Fräulein Ziel wird das Weitere veranlassen: Die Reihenfolge der Untersuchungen bestimmen, dem Patienten die Schritte erklären, eventuelle Zwischenwartezeiten begründen usw. Mit der großzügigen

Delegation gebe ich ihr Handlungsfreiheit, fordere ihr Organisationstalent, stärke zusätzlich ihr Selbstwertgefühl und motiviere, indem ich ihr mit wenigen Worten die Zusammenhänge und das Warum erläutere. Im gleichen Stile wird sie weiterwirken und z. B. diese Informationen der Röntgenassistentin weitergeben, die dann zusätzlich eine Blick auf meine Anamnesenotizen wirft und vollkommen selbständig mit dem Röntgen beginnt, mich lediglich aus juristischen Gründen nach dem Anlegen der Infusion vor Kontrastmitteleinlauf einschaltend. Als erfahrene Kraft weiß sie, welche Zusatzaufnahmen und Spezialeinstellungen sie evtl. benötigt, um unserem diagnostischen Auge zu genügen. Wenn sie mir die Bilder dann vorzeigt, bin ich meistens vollauf zufrieden – oder begründe zusätzliche Wünsche an Aufnahmezahl oder -qualität. Meistens beurteilt sie bereits den gefundenen Stein, Tumor oder das Normalergebnis, erntet Lob für ihre richtige Einschätzung und saubere Arbeit, in eine weitere, positive Streicheleinheit zwecks Motivierung mündend. Ich spare viel Zeit und Kraft, wir beide fühlen uns wohl dabei. »Toll, wie Sie das wieder mal hinbekommen haben – bei diesem Dicken!« »Den habe ich aber auch ordentlich zusammengequetscht . . .« Diese emotionale Transaktion von Kind- zu Kind-Ich rundet die an sich nüchterne Kommunkation ab, in ein befreiendes Lachen mündend. Ein Druck durch volles Wartezimmer ist leichter zu ertragen.

Peter ist ein Praxis-Führer, der nicht gern delegiert

Ich versuche folgendermaßen, ihm zu helfen:

»Ich kann z. B. viel schneller und besser röntgen als meine Susi, und daher mache ich es oft auch selbst – und am liebsten selber...«, erklärt er.

»Mensch, ich bewundere Dich, das kann ich überhaupt nicht«, entgegne ich erstaunt.

»Doch, mir macht das Spaß. Ich weiß doch genau, was ich suche, und daher werden meine Bilder auch besser. Meinst Du, ich sollte das ganz aus der Hand geben, wo ich's doch kann und Freude dabei habe?«

»Bewundernswert, daß Du das kannst.«

»Na, gut und schön, natürlich kommt dann oft unser Zeitplan durcheinander, weil ich so viel selber machen will. Bevor ich großartig erkläre, greife ich lieber selbst zu.«

»Daß dann Dein Bestellplan nicht stimmt, ist aber ein großer Nachteil, oder?«

»Natürlich, die Patienten jammern, und meine Helferinnen auch.«

»Willst Du es trotzdem weiter so machen?«

»Eigentlich nicht.«

»Und wie willst Du das ändern?«

»Ich muß wohl konsequenter delegieren und denen mehr vertrauen.«

»Nun wende das mal konkret auf Dein Röntgen an.«

»Soll ich denn gar nichts mehr selber machen?«

»Was möchtest Du nun lieber sein: Chef und Arzt oder Arzthelfer?«

»Blödsinn, natürlich will ich weiterhin Chef sein.«

»Und was willst Du ändern, damit Euer Bestellplan möglichst immer stimmt?«

»Ich muß mein eigenes Röntgen in den Zeitplan einarbeiten.«

»Ist das wirklich sinnvoll, ist denn Dein Selbströntgen ärztlich notwendig? Es werden ja in der Urologie bei Dir wohl auch nur Standard-Aufnahmen gemacht, keine Durchleuchtungen.«

»Ich muß mir also überlegen, was Vorrang hat.«

»Frag' Dich nochmal, warum Du soviel selbst machst, dauernd in die Arbeitsbereiche Deiner Helferinnen eingreifst.«

»Ich traue ihnen eben nicht vollkommen und glaube, in allem besser zu sein.«

»Wer ist aber der bessere Arzt: Einer, der alle Arbeiten selbst macht oder der seine Praxis am besten führt, viel Zeit für die Patienten, Gespräche usw., ermöglicht und dadurch erfolgreich ist?«

»Gute Führung und Delegieren ist schon wichtig.«

»Deine Fähigkeiten in der Röntgentechnik sind doch kaum gefragt.«

»Meinst Du?«

»Na klar. Und was denkst Du, was Deine Helferinnen dabei empfinden, wenn Du ihnen immer wieder vormachst, wieviel besser Du alles kannst?«

»Das sind wohl negative Streicheleinheiten, ich motiviere damit sicher nicht.«

»Was wirst Du demnach ab jetzt tun?«

»Meine Mädchen vielleicht nur beobachten und ihnen gelegentlich sagen, was sie noch schneller und eleganter machen könnten.«

»Versuch's mal so. Und vielleicht bringst Du's sogar über's Herz, vorzuflunkern, so gute Bilder hättest Du z. B. bei diesem dicken nervösen Mann niemals geschafft. Wenn Du ein Jahr lang Deinen Damen nicht mehr in ihre Arbeit pfuschst, wird's dann sogar stimmen...«

Sie merken natürlich, daß dieser Kollege von der Transaktionsanalyse schon vor diesem Gespräch etwas gehört hatte, und zwar von mir.

Er hofft, dadurch mehr Freiheit und Freizeit zu gewinnen.

In seinem Falle habe ich mir die Praxis lediglich einmal während des Hochbetriebs angeschaut, konnte ihm dann einige vielleicht nützliche Tips geben:

»Du wirst bei Deinen Konsultationen zu oft gestört und unterbrochen. Sage der Helferin da vorn, welche Gespräche sie durchstellen darf, welche nicht. Wenn nicht gerade ein Familienmitglied im Sterben liegt, soll sie z. B. Freunde und Verwandte mit der Begründung abblocken, Du seist im Moment überlastet. Vertreter, Handwerker, Labordaten von Patienten – ich kann nur staunen, wieviele Leute bei Dir telefonischen Zutritt haben.«

»Aber die Aufklärung über die Labordaten bedeutet eine Eins; wenn's die Helferin macht – nichts!«

»Wiegt die Eins wirklich die Zeit auf, die Du dafür einsetzt? Die Patienten neigen dazu, auch am Telefon vom Hundertsten ins Tausendste zu kommen...«

»Du hast recht, ich könnte während dieser Zeit Wichtigeres machen.«

»Was vielleicht auch Einnahmen bringt.«

»Nur noch wichtige Telefonate, z. B. mit Kollegen und Schwerkranken, das wäre schon ein Zeitgewinn.«

»Wieviel pro Tag?«

»Mindestens anderthalb Stunden.«

»Das ist eine Menge Zeit. Übrigens: Deine Helferinnen müssen Deine Anordnungen notieren, oder Du mußt es selbst tun. Ich bemerke, es wird bei diesem mündlichen Delegierungsweg einiges vergessen.«

»Du hast recht, abends fehlen mir immer einige angeordnete Labordaten.«

»Also investiere die Telefonzeiten in diese paar Notizen.«

»Keine schlechte Idee.«

»Außerdem: Warum legst Du die Reihenfolge der Dir hereingereichten Karteikarten selbst fest, stellst diese immer wieder um?«

»Leute, die ich gut kenne, Private, oder Fälle, die ich für wichtig und schwer halte, bringe ich so in der Warteschlange etwas nach vorn.«

»Das kostet Dich aber Zeit und Nerven, könnte oft dann doch falsch und ungerecht sein. An wen könntest Du diese Entscheidungen delegieren?«

»Drei von meinen Fünfen wären sicher dazu in der Lage.«

»Dann biete ihnen dies doch mal an, es ist eine wichtige Delegierung, diese Wichtigkeit kann zusätzlich motivieren. Und am besten fragst Du alle

Deine Mitarbeiterinnen einmal nach weiteren Verbesserungen in Eurem Organisationsablauf. Ich merke: Da gibt es allerhand Hickhack und Unsicherheiten. Hast Du sie schon einmal gefragt, was sie gern ändern möchten?«

»Noch nie.«

»Versuch's mal, und wenn's Probleme bringt, setzen wir uns wieder zusammen.«

Christian delegiert gern und großzügig

Doch es gibt immer wieder Schwierigkeiten, die er als Abschleifen seiner Anordnungen bzw. Delegierungen bezeichnet: Er entrüstet sich über plötzlich festgestellte Unsauberkeiten und fehlerhafte Ergebnisse im Labor, verdreckte Katheter, zuhauf in eine Ecke geworfene und stinkende Nährböden...

Da alles so tadellos funktionierte, hat er nach Delegierung vor langen Zeiten sein kontrollierendes Interesse schleifen lassen, sich einfach um nichts mehr gekümmert.

Delegierungen sind also gut und nützlich, verbiegen sich aber häufig und führen zu Fehlern, wenn der Praxis-Inhaber im Laufe der Zeit weniger und immer weniger kontrolliert. Bequemlichkeit und Nachlässigkeit sind durchaus menschliche Eigenschaften, bei Angestellten, aber auch in Chef-Etagen zu finden.

Postulat also: *Kontrolle* darf niemals eingestellt werden, man sollte sie automatisieren, zur Routine machen.

Mindestens jeden zweiten Abend unternehme ich einen gründlichen Kontrollgang durch alle meine Praxisräume, von der Toilettenbrille bis zum Photometer, vom Kleiderbügel bis ins Röntgen. Ab und zu kommt auch die Ordnung in versteckten Schränken dran. Natürlich spiegeln diese Kontrollen ein strenges Eltern-Ich, das man aber über's Erwachsenen-Ich kommunizieren und mit Kindheits-Ich-Anteilen würzen kann:

»Ein gräßlicher Gestank lockte mich gestern abend in den Abstellraum. Was ich fand, war allerdings gottlob kein vergessener Patient, sondern hunderte, bakterielle Düfte verströmende Nährböden. Könnte jemand von Ihnen noch heute zur Verbrennung fahren? Vor einiger Zeit hatten wir den Turnus festgelegt, wer immer wann diesen Weg übernimmt. Würden Sie diese Vereinbarung bitte nochmals überprüfen und nächstens die Einhaltung kontrollieren? Im übrigen ergab mein gestriger Kontrollgang nur Erfreuliches: Geradezu ergreifende Ordnung und Sauberkeit...«

Delegieren heißt nicht, daß sich der Arzt damit aus der Verantwortung zieht. Tendenzen zu dieser Haltung, aus dem strengen Eltern-Ich geäußert, sprechen aus folgenden beobachteten Kollegen-Reaktionen:

»Wie konnte Ihnen das nur passieren!«

»So etwas darf einfach nicht vorkommen!«

»Können Sie denn das immer noch nicht?«

»Immer wieder die gleichen Fehler!«

»Meine Helferin findet wiedermal die Karte nicht!«

»Meine Mädchen haben den Bericht verlegt!«

»Auf keinen ist Verlaß!«

»Ich glaube, ich muß doch alles wieder selber machen.«

»Immer wieder entdecke ich Unsauberkeiten und Nachlässigkeiten.«

»Um Gottes willen, wie konnte das nur geschehen!«

»Ihr werdet mir noch mal einen umbringen!«

Alle diese Eltern-Ich-Äußerungen sind negative Streicheleinheiten, die motivieren, drücken ein Bedauern darüber aus, Aufgaben delegieren zu müssen. Am liebsten würde der Praxis-Führer alles selber machen. Seine Haltung spiegelt den verdeckten Vorwurf wider: Wenn ich Euch schon Aufgaben delegiere, dann seid Ihr auch für alle daraus resultierenden Fehler selbst verantwortlich. So behandelte Helferinnen werden ihre Aufgaben nur noch zitternd oder zornig ausführen. Es fehlt ihnen an motivierendem Lob, an positiven Streicheleinheiten. Ihr Selbstbewußtsein wird abgebaut, zerstört oder in ein trotziges oder angepaßtes Kind-Ich umgeleitet, der Wert für den Betrieb beachtlich gemindert.

Richtig wäre eine analysierende Haltung: Warum passiert so viel? Was können wir gemeinsam tun, um die Flut von Fehlern zu vermindern? Wird zu viel, zu pauschal oder zu engherzig delegiert? Sind die Mitarbeiterinnen wirklich unfähig? Bleibt nichts, als sie auszutauschen? Wie, wo und wann kann positiv gestreichelt und motiviert werden?

Die ständige Schelte aus dem strengen Eltern-Ich kostet viel zu viel emotionale Kräfte. Emotionen haben immer die Vorfahrt, und daher sind diese Reaktionen verständlich und häufig. Zurückschalten auf ein nüchternes Erwachsenen-Ich ist aber jederzeit möglich, wenn man nur will. Verantwortung für's Wohl der Patienten läßt sich sowieso weder ethisch noch juristisch delegieren. Die Gesamtverantwortung für ein Handeln zum Wohle der Kranken bleibt somit immer beim Arzt, er muß diese Bürde tragen. Vernünftige, auch großzügige Aufgabendelegierungen können ihm die Last aber sehr erleichtern; regelmäßige, auch ins Kleinste gehende Kontrollen wirken wie Bänder um ein Aufgabenpaket.

Jeder macht Fehler. Ich hatte den Fehler begangen, keine der drei Damen zu akzeptieren, die bei der Vorauswahl meiner Helferinnen in die engere Wahl gekommen waren. Von zwei zusätzlichen Bewerberinnen, die sich mir vorstellten, wählte ich eine aus, ohne den Kreis meiner Mitarbeiterinnen zu befragen.

Jahrelang hatte ich in diesem Punkt nicht derartig autoritär gehandelt, war mit der Selbstauswahl meiner Mitarbeiterinnen stets zufrieden. Diesmal konnte ich mich für keine der drei Auserwählten erwärmen, hatte den Eindruck, sie waren nach höchster Anpassungsfähigkeit und Unterwürfigkeit ausgelesen worden. Vielleicht erlag ich einem Vorurteil, einer momentanen Mißstimmung?

Natürlich mußte es der neue Lehrling schwer haben. Ich sah schließlich ein, daß dieses Mädchen tatsächlich schwierig war. Nach anfänglicher ängstlicher Abwehr einer Eigenverantwortung riß sie plötzlich das delegierte Aufgabengebiet gierig an sich, war aus dem Labor überhaupt nicht mehr zu vertreiben, klammerte sich an ihre Urin-Analysen und Bakteriologie, scheuchte andere Kolleginnen sogar wütend, wenn diese ihr beim Gläserspülen helfen wollten.

»Könnten Sie mir bitte jetzt mal rasch in der Sonografie helfen, Fräulein Lamm?« fragte ich. Ihre unwillige Antwort kam prompt: »Kann jetzt nicht, Sie sehen doch, daß ich viel zu tun habe...«

Wir trafen uns nach Praxisschluß zum analysierenden Gespräch. Wir würdigten gemeinsam ihre Intelligenz, den Fleiß, das flinke Arbeiten. Ich versicherte ihr, daß wir ja alle nur ihr Gutes wollten, aber die Zusammenarbeit in einigen Punkten doch hapere. Führte mein Beispiel an, die anderen Helferinnen hatten zahlreiche Geschichten parat mit dem Tenor: »Sie läßt sich nichts sagen. Sie erwidert uns schnippisch. Sie läßt sich nicht helfen, aber hilft uns auch nicht in der Not.« Aus unserer Neuen war aber nicht viel herauszuholen. Sie reagierte mit ihrem braven, angepaßten Kind-Ich: »Sehe ich alles ein, werde mich ändern, natürlich, wenn das von mir verlangt wird, werde ich eben nächstens dazu bereit sein...«

Innerliche Abwehr, Frustration und Aggressionen blieben ohne Worte, aber für uns alle fühlbar. Wir waren ratlos.

Sammelten aber Mosaiksteine ihrer Kindheit, ihres Elternhauses: sehr strenge Eltern, arbeitsloser Vater, kleinste Wohnung mit vier Geschwistern, viel Gezeter um die Aufteilung der Hausarbeiten... »Heute bist Du dran.« »Nein, Du.« »Nein, Du, doofe Kuh!« – in diesem Stile. Die Kinder mußten putzen, waschen, einkaufen usw.

Diese Abwehrhaltung gegen elterliche und vorgesetzte oder auch kollegiale Autoritäten trug sie wohl in unsere Praxis, reagierte abwechselnd mit ihrem Eltern- und Kind-Ich, gefühlsmäßig ständig, Erwachsenen-Ich ausgeblendet oder getrübt.

Wir beschlossen, ihr reichlich positive Streicheleinheiten zu schenken, immer wieder gemeinsam ihre Fehlreaktionen zu analysieren, ihr Wertgefühl durch weiteres Delegieren wichtiger Aufgaben zu steigern...

Hinzu kam, daß ihr voriger Chef – sie ist bereits Zahnarzthelferin – ein sehr unwirscher und niemals zufriedener alter Herr war, wie mir dessen eigener Sohn, sein Kompagnon, am Telefon freimütig schilderte.

Aus dem anfangs eingeschüchterten, teils verkrampft ängstlichen, teils aggressiven Wesen ist binnen weniger Monate eine sehr angenehme, heitere, umgängliche und äußerst leistungsstarke Mitarbeiterin geworden, von allen anerkannt und geschätzt. Kaum wiederzuerkennen. Ein Neuling der Transaktionsanalyse kann nur den Kopf schütteln.

Aber auch umgekehrte, enttäuschende Fälle kann ich beschreiben, sie sollten hier nicht ausgeklammert werden: Eine unserer Auszubildenden – unter den Auszuwählenden erschien sie uns am aufgeschlossensten und reifesten – kristallisierte sich schließlich zu einer Mitarbeiterin heraus, die eigene Verantwortung gern ablehnte, mit Aufgaben alleingelassen, häufig versagte. In ihren Stimmungen zwischen euphorisch und depressiv wechselnd, war sie sowohl im Labor als auch im Röntgen und in der Aufnahme eine ständig lauernde Gefahr. Ihren kooperativ eingestellten Kolleginnen gegenüber empfand sie die ihr delegierten Verantwortungen stets oder häufig als zu groß und bedrohlich. Ich war und blieb der Frustrierte, begründete die Unmöglichkeit einer Übernahme nach Abschluß der Lehre mit zahlreichen Argumenten und schlechtem Gewissen.

Die Balance der Gruppe Arztpraxis kann so immer wieder durch neue und ausscheidende Mitglieder in Gefahren und Zerreißproben geraten.

Kontrolle der Praxiseffizienz

»Ist mein Chef eigentlich mit mir zufrieden?« fragte mich kürzlich eine Arzthelferin. »Ich weiß eigentlich gar nicht, was der Kerl von mir will: Legt er nun Wert darauf, daß die Patienten scharenweise hereinkommen, daß ich jedem einzelnen in den Hintern krieche, oder daß wir viele Labor- und Röntgenleistungen erbringen ...?«

Die Soll-Werte der Praxis und ihres Chefs sind dieser Helferin also nicht bekannt und, nach ihren Ausdrücken zu urteilen, auch durchweg negativ besetzt. Sie vermißt irgendwelche »Strokes«, bekommt wohl weder negative noch positive. Sie weiß einfach nicht, womit sie mit diesem Kerl dran ist, ihrem Chef.

Das ist die Schwierigkeit in jeder Arztpraxis, es gibt ja eigentlich keine festen Soll- und Ist-Werte irgendeiner Produktion wie in der Industrie. Trotzdem gibt es gewisse Richtlinien, die sich in Zufriedenheit von Chefs und Helferinnen ausdrücken: Das Wohlbefinden beider Seiten liegt irgendwo zwischen Überlastung und Unterbeschäftigung, und zwischen diesen Extremen bewegt sich das Praxis-Thermometer ständig hin und her. Wenn wenig Patienten kommen, lamentieren alle über mangelnde Auslastung und gähnende Langeweile, füllt sich das Wartezimmer, schlägt der Zeiger leicht in Hektik und Überforderungsgefühle um.

Auch der Arzt muß, wie jede Führungskraft in der Industrie, klar sehen, welche Ziele er verfolgt. Nämlich von allem, was die obige Helferin so schnodderig ausspricht, ein wenig: Stetiger Strom von Patienten, freundlicher Empfang, freundliche Behandlung, gute Behandlungsergebnisse und einigermaßen ausgelastetes Gerätesystem. Warum soll man nicht auch letzteres hier aussprechen? Ein Urologe, der lediglich 1–2 Urogramme täglich vornimmt, sollte besser auswärts röntgen lassen. Er wird mit dieser Anlage lediglich große Verluste erarbeiten. Es kann also gar keine Rede davon sein, daß ein Arzt nur solche Laboruntersuchungen anordnet und durchführt, die absolut unentbehrlich sind. Vielleicht kann sich dies ein alter Herr kurz vor seinem Ruhestand leisten, ein hochverschuldeter Jungmediziner sicherlich nicht. Er wird danach trachten müssen, seinen Gerätepark wenigstens einigermaßen in Schwung zu halten. Schließlich wird auch bei routinemäßig und gelegentlich großzügig angesetzter Labordiagnostik so manches entdeckt, was im Nachhinein brauchbare Begründungen liefert – oft sogar zum Nutzen des Leidenden.

Diese Zusammenhänge bemerkt eine helle Helferin sowieso: man kann also ruhig mit ihr darüber sprechen, welchen Leistungsumfang sie nach unserem Wunsch erbringen sollte, wo ihre obere Leistungsgrenze und unsere Grenze der Rentabilität liegt. Man motiviert seine Mitarbeiter zweifellos, wenn man sie an diesen Ist- und Soll-Werten selber mitwirken läßt. Sie darf also ruhig sagen: »Heute war es aber im Labor langweilig, Sie dürften nächstens ruhig ein paar Parameter mehr anordnen – oder – heute war aber dicke Luft im Labor, mehr als soundsoviele Analysen schaffe ich wirklich nicht!«

Wenn alles gut läuft, sollte der Arzt aber dieses erfreuliche Ergebnis seinen Mitarbeitern auch immer wieder mitteilen, um mit derart positiven Streicheleinheiten zu motivieren. Versäumt der Praxis-Führer diese Rückmeldungen, wird er eventuell sogar negativ motivieren; es treten sog. *»psychologische Unschärfen«* auf, in negativen Phantasien über den Chef mündend: »Er macht immer so ein mürrisches Gesicht, wahrscheinlich mag er weder mich noch meine Arbeit. Nur mit Patienten kann er scherzen und lachen.« Die Helferin phantasiert also ein »Ich-bin-nicht-o.k.« und wandelt dies eventuell kompensatorisch in ein aggressives »Ich-bin-o.k., Du-bist-nicht-o.k., mein lieber Chef« um.

Hat hingegen ein Arzt selbst die Dauereinstellung »Ich bin o.k. – Ihr seid nicht o.k.«, so wird er sich ständig auf ängstlicher Fehlersuche befinden, und wer sucht, der findet. Die Kontrollen werden dann verschärft und überspannt, was wiederum die Mitarbeiterin verunsichert und zu größeren Fehlern verleitet. Vielleicht endet er sogar im Psycho-Spiel »Hab' ich Dich endlich, Du Schweinehund!« nach BERNE.

Was tut nun unser Praxis-Führer, wenn der Soll-Wert kleiner ist als der Ist-Wert? Wenn die Patienten- und Scheinzahl alle seine Hoffnungen übersteigt, das Honorar größer ausfällt als errechnet und erhofft? Leider ziehen sich viele Kollegen dann lediglich – schmunzelnd und zufrieden – mit ihrer Ehefrau zurück und planen großzügig den nächsten Sommerurlaub. Sie würden aber gut daran tun, ihre Zufriedenheit mitzuteilen und damit ihr Team noch mehr zu motivieren: »Unsere Ergebnisse haben alle meine Hoffnungen übertroffen. Konnte ich nur mit Ihrer Hilfe erreichen. Machen wir gemeinsam ein paar Tage Sonderurlaub dafür? Sind Sie mit 100,– DM Urlaubsgeld mehr als Dank für Ihre erfolgreiche Mitarbeit einverstanden?«

Arbeiten die Helferinnen aber bis zum Umfallen und vermissen jegliche »strokende« Reaktion ihres Chefs, so werden sie leicht zu profitabler Passivität verführt: Nur nicht mehr arbeiten als verlangt. Bringt sowieso nichts. Patienten 5 Minuten vor Dienstschluß werden besser weggeschickt, Drängler forsch vergrault, telefonische Anmeldungen bei Bedarf auch in Kliniken oder andere Praxen umgeleitet. Die eigensüchtig schmunzelnden Chefs merken meist gar nichts davon, werden vielleicht erst wach, wenn eines Tages der drastische Abstieg ins Haus steht.

Was tut der Praxis-Inhaber aber nun, wenn der von ihm angestrebte Soll-Wert höher liegt als der erarbeitete Ist-Wert?

Der Arzt sollte dann sein Führungsverhalten analysieren und sich folgende Fragen stellen:

Ist seine Kritik zu aggressiv oder gar ungerecht, negativen Streicheleinheiten entsprechend?

Führt er vorwiegend aus seinem strengen Eltern-Ich heraus?

Ist er redlich bemüht, das Erwachsenen- und Kind-Ich der Mitarbeiter für die Praxisvorgänge zu gewinnen?

Neigt er zu Psycho-Spielen: »Auf keinen ist Verlaß, alles muß ich selber machen!«?

Dürfen die Mitarbeiter auch ihn kritisieren? Werden durch sein strenges Führungsverhalten die Mitarbeiter dazu gedrängt, Fehler zu vertuschen? Werden dadurch Kreativitäten der Mitarbeiter unterdrückt? Werden die Kontrollergebnisse sachlich mitgeteilt, analysiert, gemeinsam Lösungen erarbeitet?

Ein renitenter, bockiger und aggressiver Mitarbeiter ist häufig Symptom der mangelhaften Führungsqualitäten.

Die Ursachen eines Leistungsrückgangs und mangelhafter Initiative der Mitarbeiter können durch diese Fragen oftmals aufgespürt werden.

Nicht nur der Arzt, auch seine Helferinnen brauchen Erfolgserlebnisse, positive Streicheleinheiten, um Gutes zu leisten, mit Freude (freies Kind-Ich) bei der Sache zu sein.

Die *Kontrolleinstellung* »Ich bin o.k. – Du bist nicht o.k.« ist immer gefährlich. Das strenge Eltern-Ich des Arztes sucht nach Fehlern, fahndet nach dem Schuldigen, erdenkt Strafen. Heimliche Kontrollsysteme werden dabei von den Mitarbeiterinnen als besonders demütigend empfunden. Reife Persönlichkeiten, leistungsfähige Menschen, lassen sich damit nur schwer in ihr angepaßtes Kind-Ich zwingen. Wenn die Kontrollmethoden dann in verletzende Kritik münden, werden im angepaßten Kind-Ich Rabattmarken (Rachegefühle) gespeichert oder ein trotziges Kind-Ich vorgelockt: Lauter Protest, Schimpfen, Schreien, Tränen... Der Mitarbeiter fühlt sich nicht geführt, sondern verfolgt.

Ein Arzt mit der Kontrolleinstellung »Ich bin nicht o.k. – Du bist o.k.« wird überhaupt nicht oder nur ungern kontrollieren. Schnüffelei erscheint ihm peinlich. Er redet sich ein, es werde alles auch ohne sein Zutun sorgfältig erledigt. Er läßt den Karren laufen.

Es kann durchaus sein, daß auch eine solche Praxis erfolgreich arbeitet. Die Leistungsreserven werden aber nicht ausgeschöpft.

Mit der Führungseinstellung »Ich bin nicht o.k. – Du bist nicht o.k.« läßt sich eigentlich überhaupt keine Praxis führen. Der Arzt ist depressiv, fällt leicht ins Lamentieren: »Alles sinnlos, alles zwecklos, möchte alles selber machen, nichts gelingt mir richtig, den anderen erst recht nicht...«

Diese depressive Grundeinstellung wird gelegentlich überkompensiert: »Ich bin doch o.k., Ihr seid nicht o.k.« – in extremes Kontrollverhalten, krampfhaftes Fehlersuchen, harte Bestrafungen, laufende Kündigungen und Neueinstellungen mündend.

Als ich einem Kollegen von dem Urologen erzählte, der wegen seiner Abrechnungsmanipulationen in Untersuchungshaft saß, meinte er resignierend: »Wenn der aber so blöd ist und sich erwischen läßt! Ohne diese miesen Tricks geht es leider heute überhaupt nicht mehr...« »Ich bin nicht o.k. – Ihr seid nicht o.k.« – es lebt sich schwer mit dieser Einstellung.

In durch ein starkes Eltern-Ich geführten Praxen münden Kontrollen und Problemlösungsgespräche oftmals in Psycho-Spielen: Der Arzt spielt z.B. »Ohne mich geht nichts, ich habe lauter unzuverlässige Leute, immer wieder finde ich dieselben Fehler...« Die Helferinnen nehmen den bekannten Ball wie beim Kinderspiel auf und werfen ihn in immer gleicher Weise zurück: »Die ist dran schuld! Die hilft mir ja nie! Die hört ja nicht, wenn man ihr etwas sagt! Die will sich nicht helfen lassen! Die kapiert das einfach nicht!«

Psycho-Spiele werfen einen Scheingewinn für beide Seiten ab, besitzen eine gefährliche Dynamik, eine Neigung, in Tumulten auszuarten. Sie hinterlassen schlechte Gefühle, mindern die Leistungsfähigkeit des Betriebs.

Vielleicht kann sich die Mitarbeiterin am Ende der Auseinandersetzung sagen: »Dem hab' ich's aber wiedereinmal gegeben!« Ein schlechtes Gefühl behält sie trotzdem.

Auch Dreiecksspiele Verfolger – Opfer – Retter kommen bei Kontrollgesprächen vor: Der Arzt kanzelt eine seiner Helferinnen ab, hat den Schuldigen, ein Opfer, gefunden. In einer anderen Arzthelferin wird das nährende Eltern-Ich aktiviert, sie springt für ihre Kollegin ein, wird zum Retter, der nun den Chef verfolgt: »Mein lieber Herr Doktor, wir haben aber alles genauso gemacht, wie Sie es angeordnet haben...« Spiele bringen viel Aktion, zu Ergebnissen führen sie aber nicht. Man muß die passende Antithese suchen und finden, hier z.B.: »So kommen wir nicht weiter: Wollen wir jetzt mal in Ruhe analysieren, was passiert ist, um diesen Fehler in Zukunft zu vermeiden. Ich weiß ja, daß Sie alle intelligent und tüchtig sind, wir werden das zusammen bestimmt schaffen« (Erwachsenen-Ich, vom nährenden Eltern-Ich emotional unterstützt).

Einer meiner Kollegen führt seine Praxis vollkommen allein. Er empfängt die Patienten, legt die Karteikarten an, macht die EKGs, nachmittags Labor, schreibt die Berichte auf der Schreibmaschine selbst, ja er ist sogar fähig, seine Steuererklärung ohne einen Berater korrekt zu fertigen. Hat er wenigstens eine Putzfrau? Ich weiß es nicht.

Wie würde ein Transaktionsanalytiker diesen Kollegen einstufen? »Keiner arbeitet so sorgfältig, wie ich es wünsche und selbst kann«, begründet der Kollege seine Einstellung und Praxis. »Ich bin o.k., keiner kann so o.k. sein wie ich«.

Natürlich kann seine Praxis nur klein sein. Still und väterlich betreut er seine Kranken. Ich sah ihn weder lachen noch schimpfen. Seine Kommunikationsebene scheint fast ausschließlich vom Erwachsenen- zum Erwachsenen-Ich gerichtet zu sein. Kontaktfreudigkeit, Spontanität scheinen wenig entwickelt: Schwach ausgeprägtes Eltern- und Kind-Ich. Wahrscheinlich in seiner Kindheit begründet, die ich nicht kenne. Als seine Frau starb, ist er ihr beinahe vor Kummer nachgefolgt. Der scheinbare Mangel an Emotionalität wurde hier wohl durch übergroße Fähigkeit zur Intimität ausgeglichen. Keine Stunde seiner Freizeit, kein Kongreß...ohne seine Frau.

Krisenmanagement in der Praxis

Erkrankt eine Helferin oder wird sie schwanger, entsteht in der Restgruppe sofort eine Krisensituation. Bei der Kleinheit der Arbeitsgruppe Arztpraxis ist dies verständlich, Ausfall eines Gliedes bedroht alle Funktionsvorgänge.

Nehmen wird das Beispiel Schwangerschaft.

Wenn mir früher eine meiner Helferinnen strahlend verkündete: »Ich bin schwanger«, mir ihren Zettel mit dem errechneten Entbindungstermin und voraussichtlich letzten Arbeitstag vor die Nase hielt, wurde mir schwindelig. Nur mühsam rang ich mir ein Lächeln ab, zum Glückwunsch reichte es selten. Aushilfen wurden angeheuert, die Helferin versteckt vorwurfsvoll gefragt, wie sie sich ihre weitere Praxiszugehörigkeit nach dem Schwangerschaftsurlaub denke...

Verdeckte Transaktionen: »So ein Mist! Was soll nun werden, auch das noch! Wie kann sie mir das nur antun; Überbezahlung, dann 2 Jahre nach dem Examen bereits schwanger... Sie hätte wenigstens erstmal heiraten können...«

Als Transaktionsanalytiker reagiert man anders: Man beglückwünscht spontan und von Herzen, gibt der Gruppe die Möglichkeit, Lösungsvorschläge für die Schonzeiten zu erarbeiten: Einstellung einer Übergangskraft, einer Aushilfe, eines weiteren Lehrlings...

Der Schwangeren selbst biete ich an, sich im Laufe der Monate Gedanken zu machen: Wird sie später wieder voll arbeiten können? Oder nur halbtags? Oder nur stundenweise? Will sie gar gänzlich ausscheiden? Für einige Jahre pausieren? Aus diesen Entscheidungen halte ich mich vollkommen heraus: »Sie wissen, ich schätze Ihre Kenntnisse, Ihre Gründlichkeit, Ihr gepflegtes Äußeres usw. Alle würden sich also freuen, wenn Sie wieder zurückkommen. Lassen Sie uns Ihre Entscheidungen baldmöglichst wissen.«

Ist es eine Folge dieses Führungsverhaltens, was ich kürzlich erleben durfte?

Meine zweitälteste Helferin war im Schwangerschaftsurlaub. Nun wurde auch noch die Älteste und Erfahrenste schwanger. Guten Mutes beglückwünschte ich auch diese. Die Situation wurde aber brenzlig, als sie nach einigen Tagen in der 7. Schwangerschaftswoche wegen bedrohlicher Blutungen ausfiel: »Absolute Ruhe hat mir der Frauenarzt verordnet – für eine Woche. Es tut mir ja so schrecklich leid. Ich habe aber sofort Frau Normen angerufen. Sie soll in 14 Tagen entbinden. Aber sie wird uns aushelfen...«

»Ist das nicht verboten – in den Schwangerschaftsschutzzeiten?«

»Das wissen wir alle. Offiziell wird sie ja nur ihre Kolleginnen in der Praxis besuchen.«

»Vielleicht könnte offiziell ihr arbeitsloser Mann bei uns aushelfen?«

»So könnte es gehen.«

Nach einer Woche kam meine Älteste wieder: »Der Frauenarzt meint, ich sollte lieber noch eine Woche zu Hause bleiben. Aber da mache ich nicht mit. Was solls, ich werde halt sehr langsam gehen und mich nicht aufregen lassen. Die Normen hat nämlich inzwischen Senkwehen. Dazu richtige Elefantenbeine. Die können wir jetzt unmöglich noch 'ranlassen.«

Ich habe es mit einiger Geduld geschafft, mich vom negativ »strokenden« autoritären Führer in einen Verehrer der ROGERS-Techniken zu verwandeln. Habe es erreicht, meine Mitarbeiterinnen mitdenken, mitverantworten und entscheiden zu lassen. Jede meiner Helferinnen weiß heute: »Ich bin sehr wichtig, er braucht mich, alle brauchen mich. Ich arbeite gut.« Ihr logisches, fleißiges Erwachsenen-Ich wird von einem freudigen Kind-Ich unterstützt. Mein inzwischen zurückhaltend nährendes Eltern-

Ich und das strenge Eltern-Ich der unvermeidlichen Gesetze einer Arztpraxis werden akzeptiert. Meine reichlich vergebenen o.k.-Signale wirken als Quelle innerer Zufriedenheit auf Mitarbeiter und mich selbst.

Kommunikationsstörungen in der Praxis

Wenn etwas im Zwischenmenschlichen nicht stimmt, merkt man es rasch. Bevor das kranke Verhältnis zu den Mitarbeiterinnen behandelt werden kann, müssen die Störquellen ermittelt werden, gleichsam Anamnese und Untersuchung vorangehen.

Fühlt sich die Helferin vielleicht kritisiert und angegriffen, obgleich man's nicht so meint? Liegt dies an unseren unterschwelligen, verdeckten Transaktionen, an einer Kritik eventuell, die sich nur im strengen oder abwertenden Tonfall äußert? Oder wird von der Helferin wirklich in unsere Äußerungen hineininterpretiert, was weder gesagt noch gefühlt wird?

Wir hatten eine solche Helferin, die, überaus sensibel, überall Kritik und Abwertung witterte. Zu Hause wurde sie als jüngstes von 4 Kindern herumgejagt, oft ungerechtfertigt beschimpft. Diese Erfahrungen eines geknechteten, trotzigen Kind-Ich als Folge streng-grausamer Eltern-Ich-Impulse hatte sie kritiklos auf den Praxisbetrieb übertragen. Es dauerte Monate, bis sie unsere Analyse akzeptierte und auftaute. Wenn ich früher sagte: »Das haben Sie ja gerade noch geschafft«, so hörte sie prompt: »Strengen Sie sich gefälligst mehr an, Sie sind mir zu lahm . . .« Ohne unsere analytischen Gespräche in der Gruppe würde sie weiter in ihrem angepaßten Kind-Ich Rabattmarken sammeln, Ärger, Haß- und Rachegefühle speichern. Sie phantasierte ein »Er-lehnt-mich-ab« in viele meiner Äußerungen und kam eines Tages mit einem »Ich ärgere mich über Sie« ehrlich heraus. Wir analysierten die einzelnen Beispiele ihres Ärgers, ich entschuldigte mich gern: »Es war bestimmt nicht so gemeint, keinesfalls abwertend, ich schätze Sie . . .« Zögernd kam ihr »O.k., dann bin ich auch keinem mehr böse.«

Liefe eine, wenngleich nur phantasierte, gegenseitige Abwertung weiter, müßten sich Informationsaustausch und emotionale Kontakte immer mehr verdünnen, die menschliche Beziehung gleichsam vertrocknen.

Rabattmarkensammeln von Helferinnen läuft oftmals für den Arzt unbemerkt ab. Arbeitseifer und Leistungsqualität mindern sich schleichend. Eines Tages gibt es dann für den psychologisch Unerfahrenen den unverständlichen Knall, Tumult genannt: Wutanfall, Türenzuschlagen, überraschende Kündigungen wegen Kleinigkeiten.

Die meistens große soziale Distanz zwischen Praxisführer und Helferinnen erschwert Kommunikationen zusätzlich. Es ist bekannt: je größer soziale Distanzen, desto geringer Toleranz und Verständnis. Nach Analyse dieser Zusammenhänge läßt sich aber vieles zum Ausgleich tun. O.k.-Signale, Streicheleinheiten, Beteiligung am Erfolgserlebnis sind Marksteine auf diesem Wege. Überlaufende Fässer und Tumulte müssen nicht sein. Anerkennung von Person und Leistung sollten Hand in Hand gehen. Es ist aber nur scheinbar leicht, Streicheleinheiten zu vergeben, ja sogar solche anzunehmen. Ich hatte eine Helferin, die Lob einfach nicht glauben wollte, peinlich berührt zurückwies: »Lassen Sie das, es ist sowieso nicht ehrlich gemeint. Ich weiß doch, daß ich fehlerhaft arbeite und wie Sie über mich denken.« Ich wurde von Tag zu Tag deprimierter, wenn ich sie sah. Stellte mein Streicheln gekränkt ein. Die Beziehung trocknete mehr und mehr aus. Ich behandelte sie höflich, distanziert, vorsichtig. Sie arbeitete kühl, flink und exakt, kündigte aber nach einigen Monaten. Ich hatte versagt, stand damals aber noch am Anfang meiner Versuche mit einer psychologischen Praxisführung.

»Strokes« verteilen muß also ebenso geübt und erprobt werden wie deren freudige Annahme. Menschen, die es verstehen, sich selbst zu »stroken«, sind nicht etwa unmoralisch – wie mancher meint – sondern besitzen eine zusätzliche Batterie für ihr psychologisches Wohlbefinden. Ein immer heiterer Kollege meiner Bekanntschaft verrät diese Einstellung so: »Also dieser Ulli, wie dieser Teufelskerl das wichtige Papier mit einem Griff gefunden hat, wirklich toll!« So geschehen auf einer kürzlichen Kollegensitzung. Der tolle Ulli ist er selbst.

Wenn mich schon keiner lobt, muß ich mich wenigstens selbst loben – Menschen mit dieser Einstellung sind psychisch gesund.

Anerkennende Streicheleinheiten heben also das Selbstbewußtsein, wirken als Verstärker in der Berufsarbeit, verleihen Sicherheit, Selbstwertgefühl, Freude bei der Arbeit, sind unentbehrlich für ein gutes Betriebsklima. Dies, sofern mit ehrlichen »Strokes« alle drei Ich-Ebenen zum Schwingen gebracht werden: Die anerkannten Gesetze der Praxis im Eltern-Ich, das einsichtige, die Anerkennung wertende Erwachsenen- und schließlich das zu heller Freude mit zustimmendem Lachen angeregte Kind-Ich.

Man kann die drei Ich-Zustände auch gezielt ansprechen: Das Eltern-Ich durch: »Sie sind wirklich meine Beste (wertend, in der Gruppe ziemlich gefährlich – weil für die anderen abwertend), Sie arbeiten hervorragend.«

Das Erwachsenen-Ich, Tatsachen auf den Tisch legend: »Alle Ihre Bilder werden gut, Ihre Laborarbeit ist, wie immer, fehlerfrei.«

»Sie arbeiten flink; dank Ihrer Mitarbeit haben wir unseren Standard trotz der vielen Neuniederlassungen gehalten.«

Kind-Ich, Gefühle ansprechend: »Ich freue mich über Ihre gute Arbeit. Ich höre nur Lob von den Patienten über Ihr Organisationstalent, Ihre Freundlichkeit. Ich freue mich, Sie wiederzusehen (nach dem Urlaub z. B.), wenn ich Sie so gut und flink arbeiten sehe« usw. Gelobt werden sollten z. B.: Verbesserungsvorschläge, Arbeitseifer, Pünktlichkeit, Mitfühlen mit den Leiden der Patienten, ruhiges und herzliches Arbeitsklima, Bereitschaft, auf Kritik einzugehen, Weitergabe von Kenntnissen an Jüngere, Arbeitsqualität und Ergebnisse.

Natürlich muß es auch kritische »Strokes« geben, sie müssen nicht negativ wirken. Voraussetzung: Auch Kritik von unten nach oben in Richtung Lehrling, Helferin, älteste Helferin, Chef; aus allen Etagen, auch direkt bis nach oben wird sie geduldet, ja gefördert. Ohne ein offenes Ohr für Kritik wird es in der Praxis nur schwer Veränderungen und keinen Fortschritt geben.

Konstruktive Kritik von oben nach unten wirkt dabei um so besser, je zielsicherer, emotionsloser und sachlicher sie vorgebracht wird. Kritische »Strokes« bergen immer die Gefahr, unangenehme Gefühle auf beiden Seiten zu erwecken.

Ein Arzt, der äußert: »Ich kann mich auf keinen verlassen; auf Euch ist kein Verlaß«, wertet sein Team pauschal ab und teilt etwas über sein emotionales, strenges Eltern-Ich mit, das eigentlich in die Erwachsenen-Ich-Ebene gehört und sagen will: »Unsere Arbeit war in diesen und jenen Punkten fehlerhaft.« Eine solche Feststellung birgt gleichzeitig Lösungsmöglichkeiten: Die Ursachen für diese Fehler können gesucht und abgestellt werden. Schlechte Gefühle zu erzeugen, hilft dem Problem überhaupt nicht. Der Gewinn bei diesem Abreagieren von Aggressionen in destruktiver Kritik ist nur ein scheinbarer, ein flüchtiger Rausch. Der Kater schlechter Gefühle folgt. Vielleicht regiert nun die Angst im Team. Angst vor einer Kette von Abwertungen, in Entlassung, gar Arbeitslosigkeit endend. Für die Praxis wertvolle Leistungspotentiale werden verpufft. Die Helferin konzentriert ihr Denken auf Abwehr der negativen Kritik, nicht wirklich auf freudige Verbesserung ihrer Leistungen. Spricht der Arzt eine einzelne Helferin mit: »Ich hätte es nicht für möglich gehalten, daß Sie derartig unzuverlässig arbeiten, Fräulein Nessel« an, kann dies der Ausgang eines Verfolger – Opfer – Spiels im Dramendreieck sein.

Negative, als ungerecht und emotional überreagierend empfundene Strokes mobilisieren Quer- und Ersatzhandlungen der Arzthelferin. Das unbewußte Rabattmarkensammeln kann gegenständlich werden und sich z.B. in Notizen niederschlagen, die sich die Helferin über ihren Chef macht. Sie notiert sich nun ihrerseits genauestens seine Fehler, Schwächen und Ungerechtigkeiten, ihren Leistungen und Qualitäten tabellarisch gegenübergestellt. Sie investiert ihre Ideen und Kräfte in diesen Racheakt anstatt in ihr Arbeitsgebiet. Zum drittgradigen Psycho-Spiel geworden, können derartige Kommunikationsstörungen vor Gericht enden. Der Auszug aus einem Gerichtsprotokoll sieht dann z.B. so aus:

»Dem Direktionsrecht des Arztes entspricht die Gehorsamspflicht der Arzthelferin . . .« (strenges Eltern-Ich!).

»Um eine Störung des Betriebsklimas zu beseitigen, die nach den Klagen der Helferinnen auf unterschiedlicher Belastung beruht, ordnet der Arzt an, daß an jedem Arbeitsplatz Strichlisten geführt werden müssen . . .«

»Die Arzthelferin hat die ihr übertragenen Obliegenheiten gewissenhaft wahrzunehmen und ihr Verhalten den besonderen Verhältnissen der ärztlichen Praxis anzupassen« (Pauschal forderndes Eltern-Ich: Gehorche!).

»Es ist nicht zulässig, die Arzthelferin anzuweisen, private Einkäufe für den Arzt und dessen Ehefrau zu erledigen oder die Fenster der Praxis zu putzen, weil die Raumpflegerin erkrankt ist . . .« (Du darfst mich nicht . . .! Jetzt sind wir im strengen Eltern-Ich der Helferin).

Dies wird aber gleich wieder eingeschränkt: »In Notsituationen kann der Arzt allerdings verlangen, daß auch Arbeiten ausgeführt werden, die dem Berufsbild nicht unbedingt entsprechen . . .« Beispiel: Der Arzt bittet zwei Helferinnen, ihm beim Schneeräumen der Zugänge zur Praxis zu helfen . . .

»Arbeiten, die nach allgemeiner Auffassung Nebenarbeiten zur Haupttätigkeit der Helferin sind (Schreibmaschine säubern, Arbeitsplatz ordnen, Materialbeschaffung . . .) sind ebenfalls zu verrichten . . .«

Diese Notizen beweisen eigentlich nur ein schwer gestörtes Betriebsklima, fortschreitende Psycho-Spiele, mangelhaft entwickeltes Erwachsenen-Ich bei den Transaktionen in dieser schwer gestörten und psychologisch behinderten Praxis. Was soll hier ein Richter überhaupt entscheiden? Nur eine Analyse der Störungen, Ursachensuche, Erarbeitung von Lösungsmodellen hätten dieser Gruppe helfen können. Die Idee, zur Verbesserung des Betriebsklimas Strichlisten zum Leistungsnachweis einzuführen, ist so erheiternd wie traurig.

Die dynamischen Spiele dieser Gruppe wären sicher leicht aufzudecken und zu behandeln gewesen: »Immer nur ich... die läßt sich nichts sagen ... alles muß ich selber machen ... die hilft mir nie und macht sich's bequem ...« Wahrscheinlich bestimmten negative Kritik und negative Streicheleinheiten den Umgangston.

Wahrscheinlich ist jedes Gerichtsverfahren Ausdruck einer zwischenmenschlichen Störung. Die Entscheidung des Richters kann dann nicht viel mehr als das Fuchteln mit der Peitsche eines strengen Eltern-Ich sein. Moderne Richter haben dies erkannt und bringen ihr nährendes Eltern-Ich ein, wollen oft versöhnlich stimmen und Vergleiche herbeiführen. Am Ende muß dann das nüchterne Erwachsenen-Ich des Richters entscheiden, nur selten allen Belangen gerecht werdend, von den drei Ich-Ebenen der beiden Parteien wohl nie einhellig akzeptiert. Konfliktlösungen an der Basis wären besser gewesen.

Beim Schreiben dieser Seiten geht mir mehr und mehr auf, daß die vorangegangen Kapitel nicht viel mehr als eine Einführung in die Psychologie der Praxisvorgänge bedeuten. Ein Fortsetzungsband sollte sich anschließen.

Transaktionsanalyse eines kostspieligen Mißverständnisses

In einer großen medizinischen Zeitschrift veröffentlichte ich vor einigen Monaten den folgenden Artikel:

Versicherungsbetrug?

Freimütig erzählt der junge Lehrer in lustiger Runde, er habe das defekte Verdeck seines Cabrio selbst aufgeschlitzt, um sich ein neues – dazu ein hochwertiges – Stereo-Gerät von der Versicherung spendieren zu lassen.

Inzwischen wurde auch in sein Reihenhaus eingebrochen – die hübsche Ehefrau trägt weiterhin den Schmuck, der angeblich den Dieben in die Hände fiel – lächelnd und ohne Scheu.

Wundert mich, daß sie nicht um ihr Leben fürchtet; denn der ehrenwerte Herr Gemahl hat kürzlich eine hohe Lebensversicherung auf ihren Namen abgeschlossen.

Eine modische Brille geht zu Boden und zu Bruch. Sofort findet sich ein Mitglied der lustigen Runde, das seine »gute Haftpflicht-Versicherung« anbietet: »Ich zeige einfach meiner Versicherung an, Deine Brille kaputtgemacht zu haben. Den Betrag aus der Schadensregelung teilen wir uns dann . . .«.

Fahrzeug-Versicherungen sind inzwischen zu einer beliebten Möglichkeit geworden, sich billig Ersatzteile zu verschaffen. »Noch nie Ihre eigenen, alten Reifen aufgeschlitzt? Schön dumm! Wir Studenten machen das alle . . .«.

Welcher Anteil der angeblich gestiegenen Kriminalität geht eigentlich aufs Konto der Versicherungsbetrüger? Wieviele Geschäfte und Höfe brennen aus Gewinnsucht ab – oder zur Vermeidung der bevorstehenden Pleite?

Jeder kennt derartige Fälle aus der Bekanntschaft! Da brennt der alte Laden – und schon geht's der Familie wieder besser. Wer könnte etwas beweisen?

Auch ein Teil von Italiens schlechtem Ruf geht auf das Konto der Versicherungsbetrüger. Die italienische Polizei ist inzwischen dahintergekommen und ahndet mit drakonischen Strafen, wenn sie den Versicherungsbetrug auch nur riecht.

Die armen Versicherungen!

In Wahrheit sind wir die Armen: die Masse der geduldigen, ehrlichen Prämienzahler.

Die Agenten der Versicherungen mauscheln eifrig mit, um ihre Kunden zu halten. Oder sind Ihnen etwa diese »Kulanzregelungen« unbekannt? »Eigentlich ist dieses Risiko in Ihrer Versicherung nicht eingeschlossen. Aber wir geben einfach an . . ., und dann bekommen Sie das Geld, den eigentlich nicht versicherten Schaden ersetzt« – und flugs ist aus der zerschellten Lampe eine gläserne Tischplatte oder Fensterscheibe geworden . . .

Wir armen, dummen, treuen Beitragszahler!

Wer einmal sein »Geschäft« mit den Versicherungen gemacht hat, kann wohl schwer davon lassen.

Daß der Kollege in unserer Runde nebenberuflich für eine Versicherungsgesellschaft arbeitete, wußten wir nicht. Als er nun seinerseits ein paar Geschichten zum Besten gab, bekamen auch wir Ärzte unser Fett ab.

Da war die Rede von einem herzkranken Zahnarzt, der seit Jahren seine Berufsunfähigkeitsrente kassierte – erst Privatdetektive konnten nachweisen, daß er vergnügt bis zu 10 Stunden täglich seinem einträglichen, anstrengenden Beruf nachging. Von dem schwer leberkranken Kollegen, der »auf Kosten seiner Gesundheit« weiterschuftete, soll hier gar nicht die Rede sein. Die Versicherung drückte einfach beide Augen zu und zahlte brav weiter.

Nachdenklich stimmt schon die Geschichte der alten Frau, die unter seinen Händen an einem schweren Herzinfarkt verstarb – seit 10 Jahren in der Praxis als schwer herzkrank bekannt –, dennoch im Besitze einer 3 Jahre alten Lebensversicherung, bei deren Abschluß ein normales EKG beigebracht worden war. Natürlich sehen die Erben aus dieser Versicherung keinen Pfennig.

Sodann die lustige Geschichte von der jungen Frau mit ihrem Attest über ein »schweres postthrombotisches Syndrom beider Beine . . .«. Der Vertrauensarzt darf sie bewundern, die hübsche, junge Frau mit »schlanken Beinen wie ein Reh«.

Überhaupt: Dieser Schwindel mit den Attesten! . . .

In die nachdenkliche Stille setze ich den Beginn meiner eigenen Geschichte, meinen »Versicherungsbetrug», bei dem ich, der Versicherte, der Betrogene war.

Wie häufig werden diese Fälle sein? Wie oft endet die trickreiche Jagd der Agenten auf törichte, gutgläubige Bürger wie in meinem Falle: mit einem sich verzweifelt wehrenden, zu hoch und unnütz »versicherten« Opfer?

Man kann es ihm nicht absprechen, meinem pfiffigen Agenten: Er ködert und erlegt seine Opfer auf raffinierteste Weise. Dabei scheint er auf Ärzte, Zahnärzte, Apotheker ... spezialisiert zu sein; Menschen, die schlecht rechnen können – wie ich.

An einem warmen Spätherbsttag sah ich ihn zum ersten Mal am Schreibtisch in der Aufnahme sitzen. Wohlhabender Herr im hellen Sommeranzug, goldene Rolex am Arm, abschätzender, ruhiger dunkler Blick. Oberlippenbart.

Er erinnerte mich an einen steinreichen Scheich – der Ersatzkassenschein wirkte deplaziert. Diente, wie ich heute zu wissen glaube, wohl lediglich als preiswerte Eintrittskarte in mein Sprechzimmer.

Er litt unter Krebsangst und Übergewicht. Führte Symptome an, für die ich keinen Anhalt fand. Ließ sich geduldig von mir untersuchen – und strahlte! Er war ja so dankbar, nicht krebskrank zu sein.

Aus lauter Freude über die guten Nachrichten lud er uns zum Essen ein: »Darf ich mir erlauben, Ihre Frau Gemahlin und Sie zu einem Luxusessen in mein neues Haus in ... einzuladen? Es wäre uns eine große Freude ...«.

Ich war so naiv, mich über diese großzügige Geste seiner Dankbarkeit zu freuen. Hätte ich doch nie sein Haus betreten, die Bedenken meiner Frau ernst genommen: »Wir kennen doch die Leute gar nicht. Entweder ist der andersrum – oder er will Dir eine Versicherung verkaufen ...«.

Ich freute mich ehrlich. Denn meistens, wenn wir ausgehen, muß ich bezahlen – oftmals für große Runden. Es wurden sogar zwei Essen. Ein relativ bescheidenes – Revanche in unserem Freundeskreis – und dann das wirkliche Luxus-Mahl. Wir aßen – jeweils im Kreise von Kollegen, die er bereits zu seinen Klienten zählen durfte – von 20.00 bis 2.00 Uhr morgens, zu sechst für ca. 1500,–DM (alle Einkaufspreise wurden vom Hausherrn getreulich genannt – neben den Schilderungen der aufwendigen Zubereitungsweise durch den talentierten Hausherrn und Hobby-Koch – französisch natürlich – »à la nouvelle cuisine« mit klassischem Einschlag bei den Soßen).

Trotz der Warnungen meiner Frau sah ich noch immer nicht klar. »Neureich, teilweise peinlich, trotzdem amüsant und interessant dieser Mann«, war mein Urteil.

Es wurde in dieser denkwürdigen Nacht über alles mögliche gesprochen – nur ganz nebenher auch über Versicherungen. Ich hatte eine Frage. »Vielleicht darf ich sie ja auch mal beraten, Herr Dr. B.?« »Warum nicht? Schauen sie sich meine Versicherungen ruhig einmal an ...«.

Wenige Tage später rief er an: »... Aber opfern sie mir bitte einige Stunden Zeit ...« Ich bot den Mittwoch an. Und diesen 15. Dezember werde ich niemals vergessen. Auch meine vorsichtige Frau ließ sich blenden und hinderte mich nicht, die verhängnisvolle Unterschrift unter den Antrag zu setzen, der mich nun zwingen soll, 14 000,–DM Jahresprämie zu zahlen, über 21 Jahre! Mit jährlicher Progression von mindestens 6% – trotz meiner inzwischen erfolgten Kündigung nach Aufnahme der Zahlungen (3 Prämien) für mindestens ein volles Jahr – für nichts und wieder nichts. Und das kam so:

»Nun, sehen wir uns Ihre Versicherungsmappe einmal an!« Sein Kopfschütteln nimmt kein Ende. Mein Gedächtnisprotokoll über diese 4 Stunden ist umfangreich. Ich schreibe es, während mir der Kopf noch schwirrt ob dieser vielen Fehler, die ich in der Vergangenheit in Versicherungsfragen begangen haben soll. Hier nur ein Extrakt:

»Und was passiert, wenn Sie morgen dauernd berufsunfähig werden?« fragt der trickreiche Herr Z. mit seinen brillanten Kenntnissen und Ausführungen über die bösen Tricks der Konkurrenz-Unternehmen. »Dann ist alles aus!« lautet seine beschwörende Schlußfolgerung.

»Geschäfte mit der Angst«, flüstert meine Frau – und hindert mich doch nicht an der verhängnisvollen Unterschrift am Ende, am Rande der Erschöpfung. Herr Z. überhört dies höflich.

»Also – wieviel brauchen Sie zum Leben, wenn der Fall X eintritt?«

»Na ja, mit den Kindern – Reisen – Haus – sagen wir: 7 Mille? Eine Berufs-Unfähigkeits-Rente über 6000,–DM mtl. wäre wohl nützlich«, sage ich zögernd.

Seine kleinen Finger huschen über die Tasten des Taschenrechners: »6000,– würde zu teuer. Sagen wir 4000,– Rente, macht Lebensversicherungssumme über 200 000,–, Ablauf in 21 Jahren. Gewisse Ansprüche sind ja auch bereits in Ihren Renten-Versicherungen drin.«

Ich erschrecke trotzdem noch über die Jahresprämie von 14 000,–DM, obgleich er immer nur von den monatlich 1170,– spricht ...

Herr Z. beruhigt mich: »Wir kündigen Ihre überflüssigen Versicherungen bei dem Konkurrenz-Unternehmen. Das Schreiben setze ich Ihnen auf. Wir berufen uns auf wirtschaftliche Notlage, das ist das Beste. Gerichtliche Schritte werden auf diese fristlose Kündigung Ihrerseits nur angedroht, aber nicht unternommen. Es exisitert eine Art Stillhalte-Abkommen zwischen den Unternehmen ... Beitragszahlungen also einfach einstellen. Bei Abbuchungsauftrag können Sie die abgebuchten Beiträge noch 6 Wochen später zurückrufen ... Diese Lebensversicherung in keiner

Steuererklärung erwähnen, um den Rückkaufswert später der Vermögenssteuer vorzuenthalten . . .«.

Ich bin beeindruckt von dem Strauß von Tricks, den mir dieser Pfiffikus überreicht.

»Kann man das Risiko der Berufsunfähigkeit nicht billiger und isoliert versichern?«

»Nein, leider nicht. Und selbst dieses an die Lebensversicherung gekoppelte Risiko der Berufsunfähigkeit haben die Gesellschaften nicht gern. Sie werden sehen, wie gründlich man Sie vorher auf bereits vorhandene Risiken untersucht. Überlegen Sie: Das sind immerhin 48000,– Jahresrente, die man Ihnen zahlen würde, wenn . . .«.

Ich lasse mich blenden und unterzeichne. Denn morgen fährt Herr Z. in Urlaub. Die Angelegenheit drängt.

Er telefoniert sofort in unserer Anwesenheit mit dem uns allen gut bekannten, tüchtigen Kollegen P., Internist am Ort: » . . . Wissen Sie, wie man das macht, Doktor P.? Wenn etwas mit dem EKG nicht in Ordnung ist, bitte nur die guten Stellen herausschneiden und einfach die höheren Belastungen draufschreiben. Das merkt doch keiner . . .«.

Er will eben, daß P. mir notfalls durch kleine Beschönigungen der Befunde zu der für mich so lebensnotwendigen Versicherung verhilft, der Verschlagene. Ich bin auch zu müde – nach 5stündiger Praxis und vierstündiger Kaffeerunde am Tisch mit den leidigen Versicherungspapieren. Möchte endlich wieder allein sein . . . Frage zum Abschluß: »Sie sind ein ganz Gerissener – und wieviel verdienen sie an diesem Abschluß, Herr Z.?«

»4000,–DM – sogleich nach Zeichnung.«

Meine erste Prämie über 1170,– muß ich sofort auf den Tisch legen; denn das sei so üblich.

»Ja, wir Versicherungskaufleute geben uns nicht mit so Kleckerbeträgen ab wie die Ärzte . . .«.

»Und wieviel verdienen Sie überhaupt so, Herr Z.?«

Nach kurzer Überlegung – und ohne zu erröten – antwortet der schwere Gourmet: »Ca. 30000,–, mtl., netto nach Abzug aller Unkosten und Steuern. Aber das dürfen Sie nicht verallgemeinern: Ich bin ein As!

Nummer Eins bei meinem Unternehmen, Mann mit den meisten Abschlüssen, reise ich z. B. dieses Jahr mit meiner Frau auf Kosten der Gesellschaft für einige Wochen nach Südafrika. Eine Superluxusreise, natürlich!«

Ob er dieses Jahr wirklich fahren durfte?

Denn nach dreimal monatlich treulich eingezahlter Prämie merke ich endlich, daß mir die Sache sehr weh tut. Und das über 21 Jahre!? Mit jährlicher Progression! Ich mußte wahnsinnig gewesen sein!

Nehme mir schließlich – zu spät – die Zeit, mich über Versicherungsfragen zu belesen. Lese das Kleingedruckte: über die nicht erlaubte freie Arztwahl, die vielen Klauseln, das nicht einmal versicherte Berufsrisiko als Arzt, geschweige denn Facharzt mit operativer Tätigkeit und Röntgen ...

Schreibe an den Bund der Versicherten in Hamburg, ein hervorragender Tip meiner Frau! Weiß endlich einiges über Versicherungen, die enormen Beitrags-Unterschiede der Gesellschaften für gleiche Risiken, die gefährlichen und teuren Heere der Vertreter bei vielen großen Gesellschaften ...

Weiß schließlich auch die Wahrheit über meinen Fall: Es gibt durchaus Unternehmen, die Berufsunfähigkeit isoliert versichern – und zwar für einen Bruchteil meiner Prämien. So wie es Risiko-Lebensversicherungen gibt, die viel billiger als die Kapitalversicherungen sind. Ich weiß heute auch, (H. D. Meyer: »Ratgeber Versicherung« – über den BdV, Hamburg, s. o.!), daß alle Kapitalversicherungen eine ganz miese Rendite haben – weit unter dem normalen Sparbuch – und eigentlich »legalisierter Betrug« (H. D. Meyer) sind. Die Versicherungen speichern – trotz lächerlicher »Gewinn-Beteiligungen« *unsere* Vermögen – verwandeln diese in *ihre* Vermögen und ihre prächtig wachsenden Aktien-Werte. Ca. 50% der Kapital-Lebensversicherungen werden vor Ablauf storniert, wobei der Versicherte viel verliert. Zahlt er aber weiter, verliert er noch mehr: ein Vermögen!

Heute weiß ich, daß lediglich isolierte Berufsunfähigkeits- und Risiko-Lebensversicherungen sinnvoll sind – evtl. kombiniert, und daß es dafür auch noch sehr preiswerte Unternehmen gibt. Diejenigen, die uns auf der Zunge liegen, sind meistens viel zu teuer und arbeiten mit Vertreter-Heeren – angeführt von dem Herrn Z., gefolgt bis zu den harmlos scheinenden Rentnern in unserer Nachbarschaft, die »nebenbei auch in Versicherungen machen.«

Ich bin inzwischen Mitglied im »Bund der Versicherten« (60,– Beitrag pro Jahr) und dabei, alle meine Versicherungen auf Sinn und Preis durchzuforsten – und habe die Verluste, die mir Herr Z. zugefügt hat und noch zufügen will, wohl längst ausgeglichen.

Nach dreimaliger Prämienzahlung kam nämlich zu seinem großen Schrecken mein »Storno« – und machte schlagartig aus dem großspurigen Gourmand und Gourmet einen sehr bitteren Mann, der vorgibt, um sein

Recht und seine Privilegien zu kämpfen – mein Patient und »Freund« verwandelte sich über Nacht in den nackten, eiskalten Kaufmann. Nicht, ohne es auch »im Guten« zu versuchen:

»Hier, die gewünschte Facharzt-Klausel!« (die es nach heutiger Aussage seiner Gesellschaft gar nicht gibt; was er angeblich nicht wissen konnte, der Arme!).

»Bedenken Sie doch, Doktor B., wie meine Frau und ich uns schon auf die Luxusreise der Gesellschaft gefreut haben. Außerdem müßte ich die ganze Provision zurückzahlen!«

Als er sah, daß ich diesmal munter und hart blieb: »Sie werden ein Jahr voll zahlen! Das müssen Sie! Und gegen Sie würde ich sogar prozessieren! Ein Storno! Das lasse ich nicht auf mir sitzen! Denn ich habe sie vorzüglich beraten ...«

Inzwischen streut er geschickte Lügen in die Angelegenheit: Ich hätte immer nur eine Koppelung an die Kapital-Lebensversicherung gewollt ... Von der Kündigung meiner anderen Versicherung habe er mir sogar schriftlich abgeraten – das verschwiege ich listig; sein Durchschlag sei ihm leider abhanden gekommen ...

Daß man gegen einen überforderten Versicherungsnehmer nicht prozessiert, soll plötzlich auch nicht mehr wahr sein. Selbst der BdV gibt zu, daß einige Unternehmen ihre Prämien »mit dem Revolver kassieren«. Das Berliner Aufsichtsamt für das Versicherungswesen schreibt mir auf meine Hilferufe windelweiche Briefe und findet den Vorgang rechtens, anscheinend auch Herrn Z's Aufforderung zur Steuerhinterziehung ... Zur Regelung des Streits seien allein die ordentlichen Gerichte zuständig. Der Bund der Versicherten meint, es röche nach einem Musterprozeß.

Na, da bin ich aber stolz! Die Schießrohre aller großen Versicherer werden auf mich gerichtet sein – und dabei bin ich eigentlich kein Michael-Kohlhaas-Typ.

Da stehe ich nun und warte auf den Startschuß. Oder sollte ich offensiv sein und Herrn Z. auf Rückzahlung der bereits entrichteten 3600 DM verklagen, weil es beim Abschluß des Vertrages nicht rechtens zuging?

Ich denke noch immer nach.

»Immer mutig sein!« hat mir der gute Z. selbst geraten. »Die Lebensversicherungssumme ist eher zu niedrig für Sie. Wenn Sie aus der Kirche austräten, könnten sie sich noch eine bessere leisten. Das ist ein kostbarer Rat, den ich immer gebe, wenn jemand zögert, mit mir sein Vermögen zu machen!« ...

Während mir die Mahnungen der Unternehmen jetzt nur so um die Ohren flattern, denke ich nach – und finde auch in meinem Protokoll vom Dezember noch manche Merkwürdigkeit:

EKG bei Dr. P.: »Kleiner Fehler – ST Senkung ...« Telefonat Herr Z. »Wie war es bei Dr. P.?« »Kleiner Fehler ... Hoffentlich hat er nur die guten Strecken herausgeschnitten, wie ich's ihm gesagt habe ...«.

Agent Z., aus dem Urlaub zurück: »Tut mir leid, Ihr EKG ist in unserer Verwaltungsmühle verschwunden. Sie müssen nochmal zum Arzt.«

Als ich mich kategorisch weigere, nach 2 Stunden Rückruf von Z.: »Ihr EKG ist wieder aufgetaucht. Es ist alles in Ordnung. Sie bekommen die Police demnächst.«

Zeugen habe ich auch (den Kollegen, meine Frau). Wird es den Richter zu meinen Gunsten beeindrucken?

Versicherungen sind inzwischen für mich zu unheimlichen Verunsicherungen geworden.

Und ich habe das Gefühl, wir werden allmählich zu einem Volk von Versicherungsbetrügern. Betrüger in beiden Fronten, die sich wie Ungeziefer vermehren – dazwischen das Heer der braven Zahler, über steigende Prämien stöhnend. Das Geschäft geht trotz allem gut.

»Wenn es so weitergeht, kommt uns das Geld noch aus den Ohren heraus«, soll ein Agent gesagt haben (H. D. Meyer). Es scheint unerschöpflich zu sein, das Heer der naiven Versicherungsnehmer, umstellt von den Heeren der gierigen Vertreter. Ich gehöre selbst zu den Törichten, werde notfalls teuer büßen, habe aber auch sehr viel gelernt.

Die Stimmung der lustigen Runde hat etwas gelitten unter meiner Versicherungs-Geschichte; und die Tanzenden kommen nur langsam wieder in Bewegung.

Diesen Bericht über meine Erfahrungen mit einem Versicherungsmann hat die angesprochene Zeitschrift umgehend ohne Rückäußerung als Titelgeschichte gedruckt, statt meiner Überschrift »Versicherungsbetrug« mit Fragezeichen allerdings die fettgedruckte Headline: *»Was ich mit einem Versicherungshai alles erlebte«*. Darunter die fette Einführung aus der Feder der Zeitschrift: »Was Ihnen so widerfahren kann, wenn Sie einem ausgebufften Profi an ›Versicherungsfachmann‹ in die Hände fallen, das schildert in einem sehr freimütigen und selbstkritischen Bericht ein Kollege, der einem solchen Mann auf den Leim gegangen, der Falle aber auch wieder entronnen ist. Ganz nebenbei erfahren Sie dabei auch noch bemerkenswerte Einzelheiten über die Chancen, auch mal die Versicherungen aufs Kreuz zu legen – als Retourkutsche für deren Raubrittermanieren der ›Akquisition‹.«

Analysieren wir zuerst das Titulierungsverhalten der Zeitschrift. Wenn ich mich um Objektivität und Zurückhaltung bemühte, so hat der Journalist einen fragenden Titel »Versicherungsbetrug?« in eine Peitsche des strengen Eltern-Ich in Richtung eines Mannes und aller Versicherungen verwandelt: »Was ich mit einem Versicherungshai alles erlebte!«

Diese eigenwillige Titulatur hat dann auch meine Absicht, dieses betroffene Versicherungsunternehmen, den besagten Herrn und alle seine Kollegen nachdenklich zu stimmen, gründlich zu Fall gebracht: Wie nicht anders zu erwarten, wurde das strenge Eltern-Ich des Unternehmens und anderer Unternehmen hervorgelockt. Ein Prozeß gegen mich, um die Zahlung eines ganzen Jahres zu erzwingen, läuft auf Hochtouren. Ausgang ungewiß.

Wir Ärzte müssen uns darüber klar sein, daß Verkäufer, Versicherungsvertreter usw., heutzutage oftmals psychologisch besser geschult sind als wir selbst. Vielfach sind überbeschäftigte Ärzte daher heute solchen Geschäftemachern wehrlos ausgeliefert.

Wie hat es Herr Z. aus transaktionsanalytischer Sicht fertiggebracht, mir meine Unterschrift abzuringen? Ich muß ehrlich sagen: ein Ringen war es nicht!

Das Anknüpfen von persönlichen Beziehungen fällt einem überschwenglich dankbaren, unter Krebsangst leidenden Patienten nicht schwer. Ich wollte ihn nicht zurückstoßen, folgte seinen Einladungen, seiner interessant schillernden Persönlichkeit, meine widerstrebende Frau hinterherzerrend. Die persönliche Beziehung vertiefte sich. Er wurde mir nicht gerade sympathisch, aber zunehmend interessanter.

Während der entscheidenden Beratung verstand es Herr Z., alle meine Ich-Ebenen anzusprechen und zur Resonanz zu bringen: das strenge Eltern-Ich in mir durch Bemerkungen: »Man muß genügend abgedeckt sein. Ich will ja nur Ihr Gutes! (Nährendes Eltern-Ich). Sie müssen eine Sicherheit für den Invaliditätsfall haben. Man muß vorsichtig sein und sich für alle Fälle rüsten. Wie schnell ist etwas passiert, das wissen Sie als Arzt am besten! . . .«

Mein Erwachsenen-Ich akzeptierte die folgenden Argumente: »Die meisten Ärzte haben diese Versicherungen, viele allerdings auf noch weit höherem Niveau. Es ist gut angelegtes Geld, das eines Tages verzinst zurückkommt. Rechnen wir einmal aus, wie das Ergebnis ausschaut, wenn die Katastrophe mit folgender Invalidität passiert; auf der anderen Seite, wenn Sie die 66 gesund erreichen . . .«. Mein Kind-Ich sprach er am geschicktesten an: »Es gibt ein gutes, beruhigendes Gefühl, derart abgesichert zu sein ... Es macht Spaß, auf diese Weise Geld zu verdienen ... Alle Ärzte könnten viel bessere Geschäftsleute sein ... Die Unterschrift verpflichtet andererseits zu nichts: wenn man der Zahlungen überdrüssig wird, kann man jederzeit stornieren ... Ich kann Ihnen noch mehr Tricks verraten, finanziell, steuerlich ... Ich bin ein ganz Pfiffiger, Sie können genauso erfolgreich sein wie ich.«

Verdeckte Transaktion: »Das Ganze ist in Ihrem Sinne und leicht wie ein Kinderspiel. Sie können mir ganz vertrauen (gehe in dein angepaßtes und freies Kind-Ich, ich bin im wohlwollenden nährenden Eltern-Ich), nur eine Unterschrift, und alles wird wie geschmiert laufen. Ich denke für Sie, in Ihrem Sinne. Einen besseren als mich gibt es nicht. Das Ganze ist kinderleicht und einleuchtend und verständlich. Unterschreibe endlich, sieh ein, daß Geldverdienen Spaß macht!«

Das Ganze spielte sich in den angenehmsten o.k.-Positionen ab: »Ich bin o.k. – Du bist o.k.!«

In dieser warmen Atmosphäre gegenseitiger Anerkennung habe ich die raffinierte und gezielte Ansprache aller meiner Ich-Ebenen nicht analysiert und nicht bemerkt. Erst, als ich von Monat zu Monat mit schlechteren Gefühlen zur Post stapfte und den ansehnlichen Betrag hinblätterte, begann ich unsere Beziehung zu analysieren, das Kleingedruckte mit meinen auch noch dynamisierten Verpflichtungen aufrollend.

Da es mir nicht gelang, mich auf der Ebene »Ich bin o.k. – Du bist o.k.« aus der Umklammerung des Unternehmens zu lösen, versuchte ich schließlich mit diesem Bericht in gleicher Münze heimzuzahlen: Nüchterne Fakten ausbreitend, analysierend (Erwachsenen-Ich); teils offen, teils verdeckt, anklagend und kritisierend (strenges Eltern-Ich); bemüht, auch die Gegenseite zu Wort kommen zu lassen (die betrügerischen Versicherungsnehmer – nährendes Eltern-Ich, das Erwachsenen-Ich des Lesers ein wenig eintrübend?). Schließlich rührt mein freies und trotziges Kind-Ich fleißig mit, Emotionen anheizend, gleichzeitig lachend, weinend, protestierend, schreiend.

In Wahrheit erreichte ich aber wohl lediglich diese 3 Ebenen beim Leser; aus der Sicht der Versicherungsunternehmen (zahlreiche wütende und drohende Zuschriften) war mein Artikel eine kühne Herausforderung ihres Eltern-Ich; Erwachsenen- und Kind-Ich wurden durch schlechte Gefühle ausgeblendet.

Was soll der Richter hier eigentlich entscheiden? Wurde ich wirklich arglistig getäuscht? Was ist das, eine arglistige Täuschung? Ein geschickter Verkäufer versteht es, alle 3 Ich-Ebenen anzusprechen und hervorzulokken. Jedenfalls habe ich mit fliegenden Fahnen voll einverstanden unterzeichnet. Eigentlich wollte ich gar nichts von dem Mann, keinerlei Geschäft abschließen. Er hat es geschickt verstanden, mich psychologisch zu führen, zum begeistert Wollenden zu machen. Die bescheidene Frage nach der reinen Berufsunfähigkeit ohne Kapital-Lebensversicherung konnte er guten Gewissens zurückweisen: »Gibt es nicht!« Die reine Wahrheit allerdings: Gibt es nicht bei diesem und vielen anderen Unternehmen, bei wenigen aber eben doch.

Vor Gericht kann leicht ein Psycho-Spiel im Dramendreieck Verfolger – Verfolgter – Retter entstehen: »Er hat angefangen, er hat dies und jenes falsch gemacht; das ist nicht wahr, er lügt«; »Nein, er lügt . . .« Verfolger und Verfolgter wechseln lustig oder verbissen ihre Rollen. Wird der Richter das Angebot, mitzuspielen, annehmen und des einen Retter sein?

Meine Prognose: Wenn er klug ist, wird er das Psycho-Spiel der Kontrahenten erkennen, auf Ausgleich drängen: »Verkauf Du den Leuten nur, was diese wirklich brauchen und wollen. Auch ein Kaufmann kann vernünftiger Führer, muß nicht Verführer sein. – Zahle Du Deinen Tribut für Dein zu leicht weckbares, leichtsinnig freies Kind-Ich.«

Ich gebe zu: die Straße der Emotionen hatte wieder mal Vorfahrt, einem psychologischen Grundgesetz folgend. Wenn ich daran gedacht hätte und mein Erwachsenen-Ich mit Ladungen besetzt hätte, wäre nach einer überschlafenen Nacht und erneutem Nachdenken eine vernünftigere Entscheidung gefallen.

Psychologie bedeutet – wie das Beispiel zeigt – gefährlichen Machtbesitz. Wer diese Kenntnisse mißbraucht, wird bei anderen und sich selbst schlechte Gefühle erzeugen, schließlich bei einem dynamischen und gefährlichen Psycho-Spiel landen, das da heißt:

Spiel »Transaktionsanalyse«!

Auch das eigene analytische Verhalten muß also immer wieder gewichtet, überprüft und analysiert werden. Psychologie hat die gleichen Effekte wie jedes Pharmakon: Placebo-Effekt, Wirkungen und Nebenwirkungen. Auf die gleiche Droge reagiert jedes Individiuum ein wenig anders. Psychologie ist auch eine Droge, vielleicht sogar eine der gefährlichsten.

*Nichtdirektive Auswahl und Führung von Mitarbeiterinnen**

Eines habe ich gelernt: Der »gesunde Menschenverstand« reicht zur modernen, erfolgreichen Praxis-Führung heute oft nicht aus. Die Lehrer – unsere Vorbilder, Vermittler unseres Wissens und Könnens – vererben oftmals Generationen von Schülern ihre Unfähigkeit, Menschen ihrer Umgebung – Mitarbeiter – zu führen.

Meiner Mutter hatte ich auf den Blick zu folgen.

Die Hochschullehrer wurden vergöttert – oder widerspruchslos hingenommen. Der erste Chef »kochte oft über«, schimpfte und schrie, ohne sich selbst an feste Regeln, z. B. Pünktlichkeit zum Operationsbeginn, zu halten. Der zweite brachte seine Kritik auf subtilere Weise an. Er putzte unter und auf meinem Schreibtisch mit seinem Taschentuch, um seine Forderung nach mehr Sauberkeit und Ordnung zu unterstreichen. Der dritte war wieder ein cholerischer Schreihals, was bereits zu einer Auswahl von indolenten Wesen in seiner Mannschaft geführt hatte. Einige Alkoholiker. Der nächste regierte Praxis und Klinik mit Hilfe seiner lauten und ungerechten Ausbrüche und seiner jungen, stolzen Frau. Usw., usw.

Nur einer in dieser traurigen Reihe führte nichtdirektiv und einfühlsam. Bei ihm blieb ich bis zur Habilitation.

Ich hatte schließlich mein fachliches Handwerk gelernt, aber von Praxis-Gründung und gar -Führung noch nie etwas gehört. Danach sah es dann auch aus.

Ohne meine zukünftigen Mitarbeiterinnen auch nur einmal zu fragen, richtete ich die Praxis ein und begann. Da setzen Sie sich hin, da sind die Geräte – auf los geht's los. Tür auf – der erste Patient – der Nächste bitte! Beginnen eigentlich alle Kollegen so naiv und leichtsinnig – unbekümmert? Sicher bin ich nicht der einzige. Als noch wenig zu tun war, ging's ja noch ganz gut. Als sich unsere Güte aber herumsprach, wurde es bald zur Katastrophe.

Hektik. Überstunden. Keine festen Dienstschlußzeiten. Vorsichtige Kritik. Drohungen auf beiden Seiten. Unzufriedenheit an allen Fronten.

Morgendliche Mängel-Listen. Abendliche Kontrollgänge – Registrierung der Mängel bezüglich Ordnung und Sauberkeit → Aggressionen → unfreundliche Kritik → schlechte Arbeitsmoral, Arbeitsunlust, Getuschel.

* Nach einem Vortrag auf dem Wochenend-Seminar Vereinigung Aargauischer Ärzte für Allgemeinmedizin, Weggis am Vierwaldstätter See, Hotel Central, 29./30. 10. 1983

Häufung von Krankmeldungen. Forderungen nach Freizeit-Ausgleich, Überstunden-Bezahlung, Anhebung der Gehälter.

Selbstverständlich gab ich allem zähneknirschend nach. Tröstete mich mit der florierenden Praxis. Litt unter dem Druck und der Zahl der Aufgaben – fühlte mich für einfach alles zuständig – von der Toiletten-Reinigung bis zur Anweisung der Rechnungen.

Bis zum großen Knall.

Aber das kennen Sie ja wohl schon aus meiner Serie (1). In unserer Stadt gab es kürzlich einen wirklich großen Knall. Eine Bombe explodierte nachts unter dem Schreibtisch eines Neurologen. Man vermutet Terroristen, politische Motive. Ich glaube nicht daran, denke an einen aggressiven Mitarbeiter oder verzweifelten Patienten – vielleicht ein Signal für viele von uns...?

Nach meinem »großen Knall« fing ich neu an – nicht, ohne mich vorher zu belesen. Ich wollte trübe Erfahrungen nicht wiederholen. Aber es gibt wenig Literatur über Praxis-Führung, etwas mehr über Personal-Führung (in der Industrie), vieles aber über Menschenführung allgemein; die Ansichten von Rogers über Gruppen-Dynamik und nichtdirektives Verhalten des Leiters haben mir am meisten gegeben. Probieren geht über Studieren – und so können Sie das, was ich Ihnen zu bieten habe, ja auch mal probieren. Ohne jegliche Garantie, daß es auch funktioniert.

Wenn Sie sich in folgendem Beispiel oder einem ähnlichen wiedererkennen, sollten Sie allerdings unbedingt etwas Neues in der Praxis-Führung probieren.

Da erzählt mir eine Kollegin – Kinderärztin – sie habe kürzlich eine aufreibende Vertretung hinter sich gebracht:

Der Kinderarzt hatte in seinem Keller (statt im Kühlschrank) alte, verfallene, daher billig erstandene Impfstoffe gelagert, die aber unbedingt noch verbraucht werden sollten. Da er noch nicht über die modernen Seren verfügte, mußten die Kleinen außerdem statt einer, zwei Injektionen bekommen – dies wurde den Eltern als »wirksamer so« begründet.

Junge, hübsch aufgemachte Mütter wußten eigentlich nicht, warum er sie nochmals mit ihren Kindern bestellt hatte. »Ich möchte Sie wiedersehen«, soll er doppeldeutig und augenzwinkernd verkündet haben.

Merkwürdige Schrunden an den Fingern zwangen ihn viermal jährlich, Sonderurlaub zu machen – allein.

Homöopathische Präparate wurden den Müttern förmlich aufgedrängt. Letztere ließen sich in der Apotheke Kosmetika dafür geben.

Dies nur kurz zu dieser schillernden Persönlichkeit.

In der Schweiz sicher undenkbar – und vielleicht eine Übertreibung der verängstigten, sensiblen Kollegin.

Seine Helferinnen, die auch im Turnus wochenends arbeiten mußten, fühlten sich ausgenutzt und unterbezahlt. Die Arztfrau darauf: »1000 Mark für eine 18jährige – das ist doch viel – oder finden Sie nicht?« Einen Pulli für 500,— DM aus der Boutique fand sie aber ausgesprochen preiswert. »Schließlich arbeite ich auch in der Praxis mit...«

Ein anderes Beispiel: Eine Kollegenfrau äußerst im Kollegenkreis: »...die würde ich am liebsten rausschmeißen!« Zusammenhang unwesentlich. Eine Patientin dieses Kollegen erzählt: »Da gehe ich nicht mehr hin. Ich sollte operiert werden, wir saßen beim aufklärenden Gespräch... Sprechanlage: »Kommst Du?« »Gleich!« »Wann?« »In 2–3 Minuten«. »Geht es nicht schneller?« Eiliger Abschied des Kollegen.

Eine Arztfrau, die wenige Stunden in der Praxis mitarbeitet, dafür aber das Sagen hat, kann leicht zur Belastung für den Betrieb werden. Kann man etwas dagegen tun? Angestellte kann man relativ leicht austauschen, die Ehefrau meistens nur behutsam beeinflussen.

Ich bringe absichtlich Beispiele, die zeigen, daß die Themen meiner beiden Vorträge ineinandergreifen: Auswahl und Führung von Mitarbeiterinnen – und die Rolle der Arztfrau! Wollten Sie systematisch vorgehen, müßten Sie vor der Gründung einer Praxis erst zusätzlich Psychologie studieren, an ROGERS-Gruppen teilnehmen vielleicht, sich über Personalführung belesen, z.B. auch ROGERS' Werk »Partnerschule« studieren, dann erst eine Gefährtin auswählen, mit ihr die Aufgabenteilung in der Praxis besprechen, nach einer erfolgreichen Einigung heiraten, die Mitarbeiter sorgfältig auswählen, dann – als Gruppe – die Praxisräume und -ausstattung suchen, zusammenstellen, die Anzeigen starten – eröffnen!

Was nützt aber diese Systematik, da ich vor Praktikern spreche, die Frauen und Praxen bereits auf dem Hals haben, aber trotzdem noch etwas verbessern wollen? Und wer hielte sich überhaupt an all die schöne Theorie? Aber: Sie können noch etwas ändern! Vieles, Nützliches lernen und behutsam ändern. Sie sind ja behutsam! Eine meiner »Chefinnen« ließ sich die teuren Klamotten direkt aus Paris in die Praxis kommen, um alles sofort vorzuführen. Sie verwies fast täglich auf ihren Status als Besitzerin eines Mehrfamilien-Mietshauses; saß zu Hause auf den in der Praxis fehlenden Karteikarten, um Ziffern nachzutragen (hoffentlich die richtigen – sicher nicht zu knapp – während er, der Choleriker, Besprechungen abhielt, bei denen wir Ärzte saßen; die »Mädchen« (schon dieser Ausdruck!) durften stehen.

Im Zorn knallte der Choleriker auch schon mal einer Helferin einen Stoß Karteikarten an den Kopf. Die hatte ihn aber auch genervt!

Sie glauben es vielleicht nicht: aber diese beiden Klinik-Praxis-Herrscher konnte ich trotzdem noch in Richtung sanfterer Ton und achtendes Verhalten, günstig beeinflussen. Nicht heilen, allerdings.

Trotz der Themen-Verflechtungen wollen wir uns aber um ein wenig Systematik bemühen.

Da Sie von Mitarbeitern und Ehefrau bereits umgeben sind, geht es darum, das Beste – oder etwas Besseres – daraus zu machen.

Beginnen wir also mit der Möglichkeit, die Mitarbeiter-Führung zu verbessern.

Ihr neuer Stil könnte nichtdirektiv sein. Also: Verantwortung und Führungsqualitäten abgeben, delegieren.

Ich schildere gern mal unseren Tagesablauf, wie er heute – seit den »Reformen« – aussieht, verglichen mit der alten »Ordnung«. Werde dabei ermutigt durch ROGERS (»Der neue Mensch«), der sagt: »Wissen über ist heute nicht das Wichtigste in den Verhaltenswissenschaften, vielmehr ist ein deutliches Anschwellen erfahrungsbezogenen Wissens zu beobachten, eines Wissens, das sozusagen aus den Eingeweiden kommt und mit dem Wesen des Menschen zu tun hat.«

Wissen also über etwas Erlebnisnahes. Erkenntnisse über bessere Möglichkeiten miteinander zu kommunizieren, mit- und füreinander zu leben. Wenn ich heute gut mit Ihnen kommuniziere, gelingt es mir vielleicht, Ihnen Anregungen mit auf den Weg zu geben, die Ihnen helfen, mit Ihrer »Gruppe« zu Hause besser zurechtzukommen.

Es geht nur, wenn Sie es möchten. Und am besten in kleinen Gruppen, wo man sich angenommen fühlt. Wenn die Gruppe gleichberechtigt mitagiert. Ex kathedra ist alles viel schwieriger – nicht für mich – ein Vortrag ist eine bequeme Sache, wenn man sich auszudrücken versteht. Aber das Echo ist so viel geringer als bei der Gruppenarbeit – und der bleibende Effekt oft gleich Null.

Bei mir bleibt jedenfalls die Erinnerung an diese schöne Reise...

»Ich möchte davon mitteilen, was ich für mich in bezug auf Kommunikation gelernt habe, was mir aus meinen eigenen Erfahrungen zugewachsen ist.

Ich wage keinesfalls zu sagen, daß Sie dieselben Dinge lernen oder tun sollen.

Sie sollten meine Aussagen an Ihrem eigenen Erleben überprüfen, entscheiden können, ob sie für Sie Geltung haben oder nicht. Es gibt

Erlebnisse, die mich froh und warm, gut und zufrieden machen. Andere machen mich unzufrieden, unfroh, distanzierter und weniger einverstanden mit mir selbst.«

Das ist alles ROGERS-Text fast im Original, mehr als sinngemäß.

Morgens gehe ich jetzt ruhiger in die Praxis, da ich nicht mehr für alles verantwortlich bin.

Die Besprechung – wenige Minuten – behandelt Probleme vom Vortag. Kritik wird in Form von Bitten auf Abhilfe geäußert. Das Lob dominiert. Zum Beispiel:

»Frau R., ich weiß, daß Sie stets sehr flink und umsichtig arbeiten. Aber der alte Herr X. hat sich gestern beschwert, daß er eine halbe Stunde nackt auf dem Untersuchungstisch auf mich warten mußte und danach nur mangelhaft bekleidet ins Wartezimmer zurückgejagt wurde – könnten wir da organisatorisch nichts ändern?...«

Immer wieder, geradezu unermüdlich, lobe ich meine Damen, und zwar aus vollem Herzen. Denn: Je mehr ich sie lobe, desto bestätigter sie sich fühlen, sich freier bewegen, desto lieber sie in der Praxis arbeiten; um so mehr mögen sie auch mich – und ich wiederum rückwirkend sie – ein circulus vitiosus – ohne Ende? Gewiß nicht! Nur allzuleicht erstarren die Lobeshymnen in toten Ritualen, wirken dann vielleicht sogar lächerlich oder zynisch. Sie können nicht als geläuterter, weiser, nichtdirektiver Führer aus Weggis zurückkehren und auf schlagartige Liebe und Verehrung Ihres Teams hoffen. Aber probieren Sie ruhig in kleinen Schritten, und wenn es Spaß macht, gehen Sie weiter und weiter.

Wenn ich abends eine schmutzige Toilette vorfinde, reinige ich sie lächelnd selbst – und bringe diese Tat am nächsten Morgen nicht als Tadel oder Vorwurf auf den Plan, sondern als Bitte plus Trost: »...könnten Sie bitte abends noch einmal überall nach dem Rechten sehen? Sie wissen, die Putzfrau kommt nur dreimal wöchentlich, und die Toiletten müssen doch beim Urologen immer sauber sein. Ich weiß natürlich: Es fallen nachmittags immer noch viele Arbeiten an... Und natürlich: Jeder kann mal was vergessen...«

Früher hätte ich erst mal gedonnert: »Wer ist für die Klos eigentlich verantwortlich? ...Ich möchte das nicht noch einmal erleben...« Die langen Gesichter entspannten sich oft erst nach Stunden.

Heute, am Ende der freundlich-schläfrigen Morgen-Begrüßungs-Besprechung: »Wieviele Patienten haben Sie heute bestellt, Frau E.? Ruhiger Tag oder äußerste Konzentration geboten? – Frau R., Sie sehen müde aus. Was war los gestern abend? Oder fühlen Sie sich nicht gut?«

Schicken Sie eine schwer erkältete Mitarbeiterin ruhig auch mal nach Hause – oder bieten Sie ihr es zumindestens an; erkundigen Sie sich wenigstens, wie sie sich fühlt; ob sie es schafft... Sie werden es hundertfach vergolten bekommen: durch Reflektion dieser menschlichen Anteilnahme, eines umsorgenden Mitgefühls, das nur allzuoft lediglich unsere Kranken spüren. Für die engsten Mitarbeiter, auch die Familie, bleibt oft nichts davon übrig – ein ausgelaugtes, problemüberladenes, kommunikationsmüdes Psycho-Skelett.

Dabei kann uns eine intakte Praxis- und Familien-Atmosphäre so viel Kraft und Geduld verleihen!

Heute bin ich so weit, daß ich mich nur noch um meine Patientengespräche und Untersuchungen kümmern muß. Alles andere läuft wie geschmiert.

Auf Bestellpläne und Wartezeiten habe ich kaum Einfluß. Trotzdem höre ich oft spontanes Lob von den Kranken: »Wie höflich und nett man bei Ihnen empfangen wird«; »Wie gut die Organisation klappt – alles ohne Hektik« usw.

Natürlich – allen kann man es nie recht machen. Hin und wieder klagt ein Patient, daß er trotz seines Termins mehr als eine Stunde warten mußte. Ich entschuldige mich dann stets mit Notfällen, die mit Krankenwagen über den zweiten Lift in die hintere Tür – außer Sichtweite von Aufnahme- und Wartebreich – in die Praxis gelangen. Nicht immer ganz von diesen Umständen überzeugt. Wir haben deshalb kürzlich einmal unsere Wartezeiten nach Alter, Geschlecht und Diagnosen der Kranken analysiert. Das Ergebnis war interessant und verblüffend: Die alten Patienten mit schweren (malignen) und multiplen Leiden warteten am längsten, die jüngsten, »gesunden« am wenigsten; noch weniger als die Notfälle mit Koliken.

Frauen warten länger als Männer!

Wir diskutierten freimütig die möglichen Ursachen und kamen zu dem Schluß, daß die geschickte Organisatorin in der Aufnahme wohl instinktiv bemüht ist, die Zahl der Wartenden immer möglichst gering zu halten, um unser aller Nerven zu schonen. Automatisch werden so Alte und Schwerkranke im Zeitplan nach hinten bzw. unten geschoben, in Zeiträume, zu denen der Doktor »sich ihnen intensiver widmen kann«. Denn: »Bis die sich allein erst ausgequatscht und ausgezogen haben! Da kommt ja der ganze Betrieb ins Stocken!«

Zudem: Aus »Ladies first« machten meine Damen logischerweise ein »Gentlemen first«.

Dann sollten also in Zukunft die Alten und Schwerkranken auch gleich fürs Sprechstundenende bestellt werden – aber diese individuellen

Umstände werden beim Telefonat oft nicht deutlich oder beachtet – künftig werden wir's versuchen...

Umgekehrte Kavaliersmanieren wird man leicht abbauen können, wenn man sie im Praxisbetrieb als Ungerechtigkeiten erkennt.

In dieser Weise sprechen wir uns immer aus. Es geht dabei nicht ohne Kritik ab; auf den Ton kommt's dabei an, die durchschimmernde menschliche Einstellung. Sie können Ihrer Mitarbeiterin praktisch alles sagen, wenn sie dabei nur trotzdem noch spürt, daß Sie sie mögen und nur ihr Gutes wollen.

Beispiele: »Sie wirkten am Telefon eben etwas ungeduldig, Frau E. (in Wahrheit war sie meines Erachtens unhöflich, kurz angebunden). Hat der Anrufer Sie gekränkt? Oder sind Sie mit Ihren Nerven am Ende? Fühlen Sie sich heute nicht wohl? Gestreßt?«

Wenn Sie die Kritik derartig vorsichtig und einfühlend bringen, wird sie Ihnen aufrichtig antworten, sich verstanden fühlen, ihr Verhalten vielleicht erst analysieren müssen – und sich vielleicht ändern wollen. Mit Gepolter erreichen Sie sicher viel weniger – oder nur einen Scheinerfolg: eine zuckersüße Telefonistin, die innerlich kocht, verspannt ist, viel zuviel psychische Kraft verbraucht – mit dieser Selbstzüchtigung.

»Ihre Nägel sind sehr lang!« »Ihr Rock ist sehr kurz!« »Ihre Lippen sind sehr rot!« »Diese hohen Absätze machen hübsche Füße. Sie sollen aber sehr ungesund sein. Haben Sie wirklich keine Schmerzen?« Diese und ähnliche Bemerkungen, höflich und lächelnd, beiläufig gemacht, zeitigen ihre Wirkungen. »Oh ja, die Nägel müssen ab, Sie haben recht!« »Meinen Sie?« Vielleicht nur ein leichtes Erröten – oder gar keine Antwort. Wiederholen Sie sich ruhig. Ich konnte feststellen, daß die Nägel wieder kürzer, die Röcke länger, das Make-up dezenter und die Gesundheitsschuhe in der Praxis wieder getragen wurden. Natürlich spendiere ich sie neben den Kitteln. Auch schmerzende Füße können der Stimmung Ihrer Helferin schaden.

Untersuchungen ordne ich zwar an, die Reihenfolge der Ausführung ist aber den Mitarbeiterinnen überlassen. Wir bieten täglich fast alle Untersuchungen an: Labor, Röntgen, Ultraschall, Zytologie, Endoskopie usw. Nur aufwendige Spezialitäten wie Spermiogramm und ambulante Operationen machen Terminausnahmen. Dieses Verfahren vermeidet Mehrfachbestellungen im Rahmen von Durchuntersuchungen, ist aber zweifellos personalaufwendig.

Am Personal wird heute überhaupt zu viel gespart. Aus Kostengründen. Diese Sparsamkeit geht aber oft auf Kosten der Praxisatmosphäre. Hektik durch Personalmangel kostet Arzt- und Mitarbeiter-Nerven, senkt die Leistungsfrequenz und schreckt Patienten ab.

Essen Sie gern in einem Lokal mit hektischen Laien-Kellnern?

Ich bevorzuge es, eine Mitarbeiterin zu viel als eine zu wenig zu haben. Das fünfte Rad am Wagen kann sich statistischen Erhebungen widmen, Einkäufe für die Praxis tätigen, mit den in Untersuchungsräumen angstvoll Wartenden schwatzen usw. Untätig herumsitzen und während der Dienstzeit Kaffee trinken sollte aber niemand – auch dafür müssen Sie – einfühlsam – sorgen. »Na, habt Ihr denn nichts Besseres zu tun, Ihr Faulenzer!« ist mit Sicherheit nicht die richtige Art. Das fünfte Rad am Wagen gibt Ihnen die Möglichkeit, akuten Erkrankungen Ihrer Helferinnen gelassen entgegen zu sehen. Und auch wenn zwei gleichzeitig fehlen, muß der Betrieb noch ruhig laufen können – es dauert dann eben lediglich ein Stündchen länger.

Ein wichtiger Punkt bezüglich Praxisführung und Zufriedenheit ist die Teilung der Aufgaben, Funktionen und Arbeitsplätze. Der nichtdirektive Praxisführer wird sich auch hier weitgehend zurückhalten und der Gruppe die Möglichkeit geben, dies selbst zu entscheiden.

Ich habe gerade in diesem Punkt gute Erfahrungen gemacht. Das Team verteilt heute alle Aufgaben ohne jegliche Einmischung meinerseits. Jeder hat seinen Lieblingsplatz, den er vorwiegend besetzt. In ruhigen Zeiten oder bei Ausfall einer Mitarbeiterin wird ausgetauscht und eingesprungen. Neidlos überläßt man der Ältesten – sie ist auch erst 24 – den wichtigen, aber streßreichen Posten im Aufnahmebereich. Alle anderen beherrschen aber auch diesen Aufgabenbereich, wohl weil, wie mir eben erst auffällt, diese talentierte Mitarbeiterin täglich mindestens für ein Stündchen ihren Posten räumt und eine der anderen »ranläßt«.

Zufall, daß derzeit jeder bei mir mit seinem Aufgabenbereich zufrieden ist? Ich weiß es wirklich nicht. Die gegebene Möglichkeit, über die eigene Tätigkeit und den Tageslauf mitzubestimmen, diese Dinge weitgehend selbst zu bestimmen, wurde jedenfalls dankbar aufgenommen.

Eine Mitarbeiter-Schulung bzw. Aufklärung über die nichtdirektive Führung sollte den »Reformen« vorausgehen.

Krankheitsfälle sind seither weitgehend unbekannt. Toi toi toi! Aber wir wissen doch schon durch unsere Patientenbetreuung, was oft hinter den Symptomen steckt, die zur Arbeitsunfähigkeit führen – zu dem Wunsch, mal ein paar Tage auszusetzen: Unzufriedenheit am Arbeitsplatz, Hektik, Undankbarkeit und Ungerechtigkeit des Chefs, schlechte Luft oder Klima-Anlagen, Häßlichkeit und Menschenfeindlichkeit der Arbeitsplätze.

Warum sollten wir diese Erkenntnisse nicht für uns selbst nutzen? Also: Hübsche und großzügige Warte- und Personalräume; Blumen; Kaffee für die Mitarbeiter. Ist alles nicht unerschwinglich und doch so unendlich effektiv für Praxis-Atmosphäre und -Erfolg.

Nicht nur Patienten, sondern auch Mitarbeiter wollen geachtet, behutsam geführt, betreut und – behandelt! – werden. Schritt für Schritt habe ich weitere Führungsfunktionen abgegeben.

Heute machen sich auch meine Mitarbeiter Gedanken über Änderung der Sprechzeiten, Urlaubstermine, organisatorische Anpassung des Betriebs an gewandelte Bedingungen (größere Ansprüche der Patienten, härtere Konkurrenz). Dazu gehört nicht nur, daß Patienten über neue Formen der Praxisorganisation bei der Konkurrenz ausgehorcht werden – sondern auch die eigene spionierende Aufmerksamkeit, wenn man selbst einmal Patient in anderen Praxen ist. Dies – in Verbindung mit Beachtung neuer Erkenntnisse der psychologischen Fächer, Anwendung auf den eigenen Betrieb – wird Sie dann in die Lage versetzen, der Konkurrenz stets ein paar Schritte voraus zu sein.

Gewinnt man erst einmal Vertrauen zu der Führungspraxis, um die Effektivität des Betriebs durch Zurücknahme von autoritären Merkmalen und Abgabe von Einzelaufgaben – besonders organisatorischer Art – zu steigern, wird man gerne und mutiger auf diesem Wege weitergeh'n.

Heute kümmere ich mich überhaupt nicht mehr um Bestellungen von Laborartikeln. Meine Helferinnen studieren die Angebote, prüfen Qualitäten, wählen aus – bestellen. Rechnungen zeichne ich nur noch ab – Frau E. weist an. Tritt eine neue Gehaltstabelle in Kraft, werde ich darauf aufmerksam gemacht – und wir diskutieren, entscheiden gemeinsam über Veränderungen. Es ist gar nicht so schwer, auch dabei alle zufrieden zu stellen, wenn man bereit ist, ein paar Jahre über Tariftabelle zu zahlen. Ich glaube, das ist selbst heute noch möglich. Denn die Gehalts-Spiegel für Arzthelferinnen liegen recht niedrig. Wenn man seine Mitarbeiter schätzt und mag und halten will, wird man sogar gern etwas mehr zahlen als andere. Ich spare lieber auf anderen Gebieten, z.B. in dem ich mir ein billiges, gebrauchtes Röntgengerät anschaffe und Möbel, selbst Instrumentenschränke für die Praxis, im Kaufhaus und nicht beim spezialisierten Ausstatter kaufe. Patienten mögen Praxen mit gemütlichen Attributen. So wie sie gemütliche, freundliche Ärzte und stille, umsichtige Helferinnen mögen. Instrumentenschränke kosten beim Spezial-Ausstatter manchmal mehr als Biedermeier-Vitrinen. Wenn es geht, bevorzuge ich Antiquitäten (Finanzamt hat nichts dagegen!).

Das Delegieren von Aufgaben läßt sich schier unendlich fortführen, je nach eigenem Temperament und wachsendem Zutrauen zur Methode.

Ich schreibe heute z.B. nur noch den Namen des Medikaments auf's Rezept und gebe dem Patienten mündliche Dosierungs-Richtlinien. Eine Helferin komplettiert alles Schriftliche und wiederholt das Mündliche nochmals – mit Freude und Stolz, wie ich merke; denn dies sind nun schon ärztliche Teilaufgaben, an denen sie verantwortlich mitwirken darf. Ich gewinne dadurch Zeit, mich mit dem Patienten in Ruhe zu unterhalten. In erster Linie: ihm entspannt zuzuhören.

Meine Damen röntgen auch weitgehend selbständig. Haben es gelernt, richtig über notwendige Zusatzaufnahmen beim Urogramm zu entscheiden. Suchen die beste Längseinstellung bei der Sonografie und äußern bereits ein vorläufiges Urteil so sicher oder unsicher wie ich.

Das erhöht natürlich das Selbstbewußtsein Ihrer Mitarbeiterinnen – und deren Arbeitsmoral und Schaffensfreude. Man könnte nun folgern, daß die größere Bewegungsfreiheit, der Gewinn an Mitarbeiterzufriedenheit durch Abgabe von Entscheidungsbefugnissen durch Abnahme der Wichtigkeit des Arztes als Führer seines Betriebs bis zur Bedeutungslosigkeit eines Hampelmann-Daseins entwertet werden könnte.

Eine solche Gefahr sehe ich nicht. Im Gegenteil. Die Arbeits-Gruppe Arztpraxis wird immer konstruiert bleiben, da sie den Führer vorfindet, nicht aber auswählt und dadurch trotz aller nichtdirektiver Reformen eher autoritätsbelastet bleibt. Das heißt, der Gruppe droht jede Minute, daß der Führer die Zügel wieder straffer zieht und aller – wagen wir ruhig einmal »Fortschritt« zu sagen – wieder dahin ist.

Auf diese alles wieder zerstörende Drohung sollte man daher nur im allergrößten Notfall zurückgreifen. Wenn man sich einmal vom Segen der lockeren Zügel überzeugt hat, wird man schwerlich dazu bereit sein, ein so großes Risiko auf sich zu nehmen, die sich selbst regulierende Gruppe zu verunsichern, zu neurotisieren.

Probleme und Krisen gibt's immer. Auch mit einer so geführten bzw. nicht mehr traditionell geführten bzw. sanft geführten Gruppe, die hier nicht zu sehr idealisiert werden sollte.

Es sind meistens menschliche Probleme, die uns belasten. Ein Lehrling, hübsches Mädchen, hat einen verheirateten Mann kennengelernt. Sie ziehen zusammen, 100 km von der Praxis entfernt. Sie kann sich montags einfach nicht von ihm trennen – gibt mir den Praxisschlüssel zurück, scheidet aus. Kommt zwei Tage später zurück und will doch wieder mit uns arbeiten. Die Gruppe beschließt, dies abzulehnen. Aber auch die Nachfolgerin macht uns Kummer. Sie ist tüchtig, intelligent, flink, temperamentvoll. Auch sie hat montags Start-Schwierigkeiten, putzt und kämmt sich erst nach Dienstbeginn in der Praxis-Toilette oder Dunkelkammer. Überschlägt sich dann in Montags-Eile mit ihrem Wagen – leichte Verletzungen. Trennt sich von ihrem Freund, der hängt sich auf, sie verfällt in eine reaktive Depression – fehlt Wochen. Die Gruppe beschließt, den Vertrag zu lösen...

Eine neue Auszubildende – etwas langsam und nicht sehr klug – dank ihrer Mütterlichkeit, ihres Lächelns, ihres Alters, ihrer guten Zeugnisse durch die Maschen unseres Auslese-Systems gerutscht – fordert die Ablehnung und Aggression der einigen, flinken, klugen Gruppe heraus. Erste Anzeichen der alten Hackordnung werden sichtbar. Tränen, große Verunsicherung der Neuen, der plötzlich vier ablehnend gegenüberstehen. Die fünfte hält ihr die Stange. Vorsichtig greife ich ein: »Behandeln Sie jeden so, wie Sie sich wünschen, daß Sie von mir behandelt werden. Geben Sie jeder unter Ihnen eine Chance, sich zu entwickeln. Jeder Mensch hat seine guten, liebenswerten und nützlichen Seiten; seine Stärken. Helfen Sie mit, diese zu entwickeln...;«

Es ist natürlich gut, wenn man schließlich darauf verweisen kann: »Sie haben die Neue ja selbst gewählt – übrigens gegen meine Stimme. Nun seien Sie bitte auch geduldig und nehmen Sie sie in Ihre tüchtige Gruppe auf!« Dies alles bei offenen Türen – bzw. gemeinsam. Keine Geheimsitzungen, die jeden Gruppengeist vergiften müssen! Ich zwinge mich stets, meine Worte so zu wählen, daß jeder sie hören darf. Auch diesbezüglich hört man sein Echo:

Eine Mitarbeiterin, die schwanger ist, verkündet dies heute lächelnd in der Morgen-Besprechung – auch, wenn sie nicht verheiratet ist. Was soll auch die Geheimtuerei? Es kommt ja doch bald raus, und auch Unterbrechungen bleiben nur selten geheim. Die Möglichkeit, alles mit mir oder mit den Kolleginnen zu bereden, macht manches Problem schon nur noch halb so schlimm.

Es hilft einem natürlich, wenn man im eigenen Privatleben keine Geheimnisse und Probleme hat, die man vor den Mitarbeitern verstecken muß.

Das Prinzip der offenen Tür macht mir immer wieder Freude. Sogar bei Verhandlungen über Bankkredite oder Gespräche mit Freunden und Verwandten lasse ich die Tür zur Aufnahme spaltbreit offen, so daß jeder mithören kann, der das will. Dies hört natürlich bei Patienten-Beratungen auf, sofern der Name genannt wird und die Schweigepflicht in Gefahr käme. Durchsage von Laborwerten übernehmen oft die Helferinnen. Verwandte und Freunde mit privaten Anliegen werden wortarm abgewimmelt; denn dasselbe erwarten Sie wohl auch von Ihren Mitarbeiterinnen. Sprechzeiten gehören den Kranken!

Nur bei der Offenlegung meiner Einkommenslage bin ich – noch – altmodisch. Da kann ich mich mit der amerikanischen Gepflogenheit noch nicht anfreunden, stolz die Zahlen zu nennen – je höher, desto besser. Desto mehr Ansehen. Die Grenzen zwischen einem anständigen und einem unanständigen Einkommen sind zu verschwommen und wechseln in der Publikumsmeinung von Tag zu Tag. Ein Künstler, Star, Manager, Architekt, Politiker – darf soviel verdienen, wie er will. Er bleibt immer ein anständiger Kerl. Bei Ärzten ist das etwas anders. Wir Ärzte dürfen die Zahlen erst stolz präsentieren, wenn wir wirklich nicht mehr können: kurz vor der Pleite. Bei vielen Kollegen wird es bald soweit sein. Bei Ihnen, die Sie mir hier zuhören, wahrscheinlich nicht, weil Sie sich bemühen, die Zeichen der Zeit zu verfolgen, zu deuten, zu nutzen.

Und ich darf Ihnen verraten: Seit ich die nichtdirektive Führung nach ROGERS praktiziere, läuft die Praxis wirtschaftlicher, reibungsloser. Psychologie als Betriebsöl! ROGERS hat mit dieser Methode Psychotherapie betrieben. Aber bereits auch erkannt, daß sie sich in fast allen Gruppierungen der Gesellschaft anwenden läßt. An die Arztpraxis hat er kaum gedacht. Der Gedanke lag aber sehr nahe, nachdem bereits die Industrie seit langem erkannt hatte, daß nichtführende, »lasche« Abteilungsleiter bessere wirtschaftliche Erfolge erzielen. Säufer und Faulenzer sind natürlich gar keine Führer mehr – und überhaupt: Wenn man dieses System einmal praktiziert, beschleicht einen manchmal ein ungutes Gefühl: Wo und wann wird der Führer zum Verführer, zumal er mit der nichtdirektiven Führung auch noch – neben größerer Bequemlichkeit, Zeitgewinn, Ruhe usw. – wirtschaftliche Mehrgewinne erzielt?

Wenn man sich diese Frage stellt, ist's bereits ein gutes Zeichen.

Einen Teil des Mehrgewinns sollte man jedenfalls in den Betrieb stecken. Aber nicht nur in einen neuen echten Perser, der dann vielleicht sogar meistens im Wohnhaus liegt, sondern auch in diese gute Mitarbeiter-Gruppe. In Freizeit für alle z.B.: Wenn wir mehr als 1000 Scheine im Quartal erreicht haben, machen wir eine Woche Sonderurlaub. Angebot an alle: Wer will in dieser Woche in der Stadt bleiben und Telefondienst (Termin-Vergabe...) übernehmen? Für 400,– extra, versteht sich. Meistens will jemand, und so ist die Praxis auch im Kurz-Urlaub noch besetzt und bewacht.

Leistungs-Prämien, denn wir sind nun einmal – noch – eine Leistungsgesellschaft: 150,– netto extra, wenn man nicht mehr als höchstens einen Tag im Monat gefehlt hat. Fahrgeld. Dunkelkammer-Zulage (ab 10. Urogramm 10,– DM pro Urogramm extra) für die Röntgen-Assistentin. 300,– Urlaubsgeld, 13. Gehalt für alle – selbstverständlich. 20,– DM bei der Kassenabrechnung für jeden extra (keine Mittagspause) usw.

Effekt: Mehr Arbeitseifer und Zuverlässigkeit → dadurch wiederum mehr Einnahmen durch Zuzug von Patienten und Möglichkeiten für erweitertes, modernisiertes Leistungs-Spektrum. Der Circulus vitiosus der positiven Verstärkung!

Mit 1½ Kräften weniger wird heute mehr geschafft als früher.

So können Sie die Einkommensverluste durch Erhöhung der Sachkosten und Senkung der Einnahmen, besonders im Laborsektor, ausgleichen, und mehr als dies; dank Psychologie.

Dabei sollten Sie aber nicht ins kalte Manipulieren verfallen. Ein gutes Gefühl und Erfolg werden Sie dabei nur haben, wenn Sie sich von ehrlichen Überzeugungen, vom Glauben an die Kraft, an die eigenständigen Führungskräfte in der Gruppe mitreißen und überzeugen lassen.

Ich glaube, wir Ärzte haben im Strudel der Massen-Kassen-Praxis manchmal übersehen, daß wir unseren Mitarbeitern dasselbe schulden wie unseren Kranken: Ein stets offenes Ohr für alle ihre Probleme, Geduld, Zuwendung, Hilfe – und Großzügigkeit. Eine Arbeitsunfähigkeit für den Kranken wird leichter gewährt als eine Gehaltserhöhung. Ein teures Rezept eher ausgeschrieben als eine Leistungs-Prämie gezahlt. Das ist sehr, sehr verständlich, darf aber nicht zur starren, kalten Regel werden.

Auch der nichtdirektive Führer kann nicht alles gewähren. Die Mischung zwischen Arzt und Kalkulator ist manchmal gewissensmäßig schwer zu ertragen. Eine vorschnelle, großzügige Zusage an einen Mitarbeiter ist sicher schlecht, wenn sie zu Hause bereut und dann verdrängt, vielleicht in Aggressionen umgesetzt wird: Jetzt soll die aber mal zeigen, was sie kann und ob sie das verdient!

Arbeitsmoral ist grundsätzlich nicht käuflich, sondern eine Charaktereigenschaft, die sich aber in einer angenehmen, freundlichen Umgebung und mit von beiden Seiten akzeptierter Gehaltsstufe erst richtig entfalten kann. Wer mit seinen Leuten schreit, wird auch den Stimulus höchster Gehaltsspiegel neutralisieren. Geld (Ziffer) ist immer nur eine Seite der Medaille – auf der anderen leuchtet ein Bild, das als menschlich erkannt werden will.

Vergewaltigen Sie sich also nicht selbst, wenn Sie die nichtdirektive Führung einsetzen wollen. So was kann man nur vorsichtig probieren – und dann aus Erfolgen und Mißerfolgen lernen. Sie wissen ja: Es gibt drei Möglichkeiten zu lernen: durch Studieren (sehen, hören, lesen), durch Nachahmen, und aus schlechten Erfahrungen. Nachmachen ist das Einfachste, schlechte Erfahrungen das Teuerste – aber alles zusammen praktiziert: das Sicherste.

Vielleicht fangen Sie einmal bei der Personal-Auslese an, wenn Sie eine neue Mitarbeiterin brauchen. Schön wäre das schon, wenn Sie dann Ihr Team bereits soweit hätten, daß es gelernt hat, mitzubestimmen. Reif ist, die Neue gemeinsam zu wählen und zu prüfen. Gelernt hat, ohne Angst Meinungen zu äußern und sie auch durchzusetzen. Ein Team, das sich nicht vor der Autorität eines Chefs bedroht fühlt und eine Mitarbeiterin sucht, die in diese offene Gruppe paßt.

Klären Sie also zuerst gemeinsam, was Sie brauchen. Dann: Was Sie bieten. Entwerfen Sie gemeinsam die Anzeige. Zum Beispiel:

»Wir suchen mindestens 18jährige Arzthelferin mit Röntgen-Erfahrung und Schreibmaschinen-Kenntnissen. Nichtraucherin. Wohnhaft im Umkreis von 10 km.
Wir bieten Teamarbeit in Gruppe von 5 Helferinnen. Übertarifliche Bezahlung, 13. Gehalt...
36-Stunden-Woche.

Praxis Dr. ... Arzt für... Straße, Telefon...«

Was soll die Anonymität der Anzeige? Das Gesuche nach einer dynamischen, tüchtigen Person, fleißig und einsatzbereit? Das sind doch keine prüfbaren Auslese-Kriterien für den Kreis der Angesprochenen!

Was Sie suchen, ist eine Mitarbeiterin, die Ihnen sympathisch ist, in die Gruppe paßt und gewisse Kenntnisse und Fähigkeiten mitbringt. Das merken Sie vielleicht – nicht immer – wenn sie an Ihrer Seite und mit den anderen arbeitet – also lassen Sie sie probearbeiten. Sehen Sie ihr auf die Finger, ermuntern Sie sie zu fragen, zuzugreifen, mit allen zu sprechen. Lassen Sie sich etwas von ihr erzählen, aus ihrem Leben, von bisherigen Arbeitsstellen. Machen Sie das, was Sie können und gelernt haben: eine Art Anamnese. Nehmen Sie sich die Zeit, die Sie für einen schwierigen

Patienten brauchen. Und stellen Sie dann eine vorläufige Diagnose. Mehr ist nicht drin. Röntgen und Labor helfen Ihnen hier nicht. Sie sind ganz auf Ihr ärztliches Gefühl angewiesen.

Vergleichen Sie dann Ihre Diagnosen mit denen der Mitarbeiterinnen. Diskutieren Sie zusammen. Rufen Sie sich Gesichter und Eigenschaften ins Gedächtnis zurück. Stimmen Sie dann – wir machen es geheim – ab: Am liebsten hätte ich Frau X, an zweiter Stelle Y, an dritter Stelle Frau Z. Wer die meisten X-Stimmen hat, ist gewählt. Bei Unklarheiten entscheiden auch die Y-Stimmen – oder es wird erneut diskutiert. Versuchen Sie nicht, jemanden durchzudrücken. Die würde es eventuell schwer haben. Die Gruppen-Weisheit findet meistens die Richtige und Fähigste. Wenn Sie die richtige Gruppe haben – und hier liegt das Problem. Oder auch nicht. ROGERS glaubt, daß jede Gruppe zu großen Leistungen befähigt ist. Es gibt keine schlechten Gruppen, sondern nur schlecht geführte. Ich bin da nicht so sicher, da ich – nach dem Paukenschlag einer Auflösung der alten Gruppe – ganz neu und mit den genannten Prinzipien begonnen habe.

In die engere Wahl der Probearbeitenden kommen 4–6 Bewerberinnen. Auch dabei wirken die Mitarbeiterinnen wesentlich mit. Bewerberinnen, die die angezeigten Leistungskriterien nicht mitbringen, scheiden meine Helferinnen sofort selbständig aus.

Ich glaube, daß es gut ist, wenn die Mitarbeiter-Gruppe altersmäßig dicht beieinander liegt. Mit älteren Mitarbeitern habe ich keine Erfahrung, da Heiraten und Familiengründungen immer für Bewegung im Team sorgten, die Lücken wurden nach dem Willen der Gruppe mit Gleichaltrigen in den Zwanzigerjahren geschlossen. Natürlich sind jüngere auch gehaltlich billiger, dafür aber weniger erfahren im Umgang mit Menschen, besonders älteren. Unbekümmerter oft, aufgeschlossener für Neuerungen.

Man altert gewöhnlich mit seinem Team. Eine bleibt vielleicht viele Jahre, sucht sich dann eine ebenfalls ältere Gefährtin. Regeln gibt es dafür aber nicht. Und nicht immer kann man das auch steuern. Sollte man wohl auch nicht.

Ob man schöne oder weniger anziehende Damen wählen sollte – Sie haben sich eventuell in früheren Ausführungen von mir darüber amüsiert – ist heute weniger interessant für mich, da das Team die Wahl bestimmt. Ich bin allerdings weiterhin der Meinung, daß es schöne Frauen einfacher im Leben – auch in der Praxis – haben, daher oft selbstsicherer und tatkräftig sind, aber anfälliger für Flatterhaftigkeit, Angebote der Konkurrenz und natürlich Gravidität und Ehe. Wer eine junge, bewegte Gruppe mit wechselnder Zusammensetzung sucht, sollte sie also wählen, die Schönen.

Wer mehr nach Beständigkeit, Ruhe und Betriebstreue trachtet, entscheide sich für die weniger Attraktive – wenn er überhaupt noch darauf besteht, selbst zu entscheiden.

In unserer bislang stets recht jungen Gruppe geht es heiter und gelöst zu. Ich glaube aber nicht, daß diese lockere Atmosphäre altersspezifisch ist, sondern eher die Folge der Entlastung vom Autoritätsdruck.

Was gibt es sonst noch an Auswahl-Kriterien für eine neue Mitarbeiterin?

Ganz kann ich Sie mit dem Altgewohnten nicht verschonen. Natürlich müssen Sie sich die schriftlichen Bewerbungsunterlagen ansehen. Aber Vorsicht! Erliegen Sie nicht der Versuchung, wenn so ein charmantes, tüchtig scheinendes Wesen vor Ihnen sitzt, sofort zugreifen zu wollen. Es ist wie mit einer voreiligen Diagnose: peinlich, sie später zurücknehmen zu müssen, eventuell schmerzhaft für beide Seiten!

Der ganze Schriftkram – meines Erachtens weniger wichtig bei jeder Bewerbung:

Zum Beispiel das *Bewerbungsschreiben* – wurde es selbst verfaßt und geschrieben? Erklärt es schlüssig den Wunsch, bei Ihnen arbeiten zu wollen?

Der *Lebenslauf* – heute meistens tabellarisch und unglaublich mager. Vielleicht erzählt sie Ihnen mündlich mehr.

Zeugnisse – oft lediglich Anerkennungsschreiben auf Ruhe und Ordnung bedachter Lehrkräfte.

Dienstleistungszeugnisse – strotzen oft von Allgemeinheiten wie Pünktlichkeit, Ordnung, Fleiß usw. Suchen Sie nach der Beschreibung echter Qualifikationen! Ergänzen Sie sie durch konkrete Fragen.

Man fragt immer nach *Referenzen*. Mündlich wird oft mehr über die Ausscheidende verraten. Wie oft und warum hat sie bei ihrem letzten Arbeitgeber gefehlt? Würde er sie noch einmal einstellen?

Wichtig neben den Probearbeiten ist zweifellos das Einstellungsgespräch. Man bemühe sich um eine lockere Atmosphäre. Kein Abfragen von Listen! Selbst nicht zu viel reden, zum Sprechen eher anregen. Vorgefaßte Urteile meiden, sich nicht vom ersten Eindruck blenden oder abschrecken lassen! Obwohl dies arbeitsrechtlich umstritten ist, lasse ich es mir nie nehmen, auch nach den Eltern zu fragen, mich zu erkundigen, ob sie noch zu Hause, in einer Kommune oder mit einem Freund wohnt, Kinder hat, schon einmal schwanger war, schwanger ist. Frühere Krankheiten. Denn was wollen Sie mit einer Helferin anfangen, die ein oder mehr Kinder zu versorgen hat, jede Woche mindestens einen Tag fehlt usw.? Es klingt hart, aber im Sinne einer guten Patientenversorgung brauchen Sie nicht nur eine nette, flinke, intelligente, pünktliche und zuverlässige Helferin – sie muß auch gesund und belastungsfähig sein.

Wenn Ihnen der Stoff zum Fragen ausgeht, denken Sie an den W-Trick. W-Fragen stellen: Warum, welche, was, wie, wo? Die Frage nach Freizeitgestaltung und Freizeitinteressen belebt das Gespräch, verrät aber oft auch, wessen Geistes sie ist. Schließlich sehr wichtig: Vorstellungen vom Gehalt und von den Aufstiegsmöglichkeiten diskutieren. Eine überqualifizierte Kraft, die sich bei Ihnen langweilt und über Ihren alten Kram mokiert, kann schwieriger zu ertragen sein als ein ungeschicktes, unerfahrenes Mädchen.

Fragen Sie ruhig auch danach, wo sie ihre Stärken und Schwächen sieht. Nach den unglücklichsten und glücklichsten Stunden in ihrem Leben. Gehen Sie ruhig bis zur Grenze einer spürbaren Abwehr. Von den Patienten wird sie später auch oft provoziert. Die Toleranz-Schwelle darf weder zu hoch noch zu niedrig liegen.

Geben Sie auch Ihren Mitarbeiterinnen Gelegenheit, mit der Bewerberin zu sprechen.

Wenn Sie derartig zahlreiche und hohe Barrikaden vor der Einstellung aufbauen, haben Sie nicht nur eine erhöhte Sicherheit, mit der späteren Mitarbeiterin ganz zufrieden zu sein – sie wird auch mit einem gewissen Stolz und Zugehörigkeitsgefühl in Ihre Gruppe eintreten. Bei den meisten Kollegen sind diese Einstellungen das reinste Lotterie-Spiel.

Nun noch einige Worte zum Thema:

Die Rolle der Arztfrau in der Praxis*

Ein heikles Problem!

Jeder neigt dazu, seine eigenen Erfahrungen und Ansichten als Zielprojektion zu verherrlichen und zu Erfolgsrezepten zu machen. Es wäre interessant, in den Praxen einmal die Mitarbeiterinnen geheim abstimmen zu lassen, ob sie sich wünschen, daß »die Chefin« weiter unter oder besser über ihnen arbeiten oder lieber ausscheiden sollte. Man könnte das z. B. mit solch einem Briefkasten für anonyme Nachrichten machen, wie wir ihn haben. Ein toter Briefkasten, der gelegentlich sehr lebendig wird. Denn jedermann kann dort – Patienten und Mitarbeiter – irgendeine Nachricht, Bitte, Drohung, Kritik einwerfen, von denen er nicht möchte, daß man den Autor kennt. Der Praxiseigner verdaut das dann im stillen Stübchen – oder tritt damit in den Kreis der Mitarbeiter.

Wie viele Arztfrauen würden die von Ihnen meistens vorausgesetzte Anerkennung durch Ihre Helferinnen in dieser anonymen Stellungnahme bestätigt bekommen?

Nach meinen vorsichtigen Schätzungen: Bei weitem nicht alle.

Es mag sie geben, die ideale Arztfrau-Mitarbeiterin. Nach den vorhin erarbeiteten Kriterien einer gut funktionierenden, sich selbst führenden Gruppe müßte sie ungefähr so aussehen:

Die Frau des Doktors sollte ein bescheidenes Mitglied der Gruppe Arztpraxis sein. Anerkannt durch hohe Qualifikation und anpassungsfähiges, ausgleichendes Wesen. Weder durch besondere Vollmachten noch Ansprüche noch offene Arbeitszeiten herausgehoben.

Jetzt erwarte ich einen Aufschrei von Seiten der anwesenden Arztfrauen. Denn es kommt noch schlimmer:

Viele »Chefinnen« sind nämlich eher eine Bedrohung – oder werden als solche empfunden – für die kleinen Kolleginnen, die Angestellten, die »Mädchen« der Praxis, mit zahlreichen Privilegien ausgestattet: keine festen Dienstzeiten, übertarifliche Bezahlung, jederzeit Kontakt zum »Chef«,

* Nach einem Vortrag auf dem Wochenend-Seminar Vereinigung Aargauischer Ärzte für Allgemeinmedizin, Weggis am Vierwaldstätter See, Hotel Central, 29./30. 10. 1983.

dessen rechte Hand – dabei oft weniger qualifiziert als die anderen Glieder der Gruppe... Die Stimmung bei den Weihnachtsfeiern verrät manchmal viel darüber. Getuschel, scheele, ängstliche Blicke, keine echte Freude, leiser Dank, früher Abschied... Keiner fühlt sich so recht wohl. Man sitzt zusammen, aber doch nicht so recht im gleichen Boot.

Wenn man das hört, würde man sagen: Die Frau des Arztes bleibe besser zu Hause!

Aber diese negativen Fälle sind wohl sehr selten – besonders in der Schweiz.

Geben wir es ruhig zu: Für die Arztfrau ist diese Situation auch sehr schwierig.

Sie hat mit ihrer Arbeit in der Praxis Widerstände zu überwinden. Wird immer eine Sonderstellung einnehmen – wie man's auch wendet. Könnte dadurch aber auch zum wertvollen Bindeglied werden; wenn sie es verstünde, Hemmungen und Angst und Ablehnung durch Offenheit, weitgehende Nichteinmischung in Entscheidungsfragen der Gruppe, wohlwollende Neutralität und Bescheidenheit abzubauen. Wenn der Chef Probleme immer wieder abschiebt mit Erklärungen, wie »Das muß ich mit meiner Frau erst besprechen«, wird einer derartigen freundlich-offenen Atmosphäre meist entgegengewirkt. Eine sich selbst führende Gruppe wird frustriert.

Aber stellen Sie sich doch einmal vor, liebe Kollegen, Ihre Frau würde eine Praxis führen; mit einigen jungen, kräftigen, hübschen Burschen zusammen, als »meine Jungens« bezeichnet, und Sie, meine Herren, müßten zu Hause sitzen und die Kinder betreuen, das Häuschen putzen...

Welche Gefühle würden Sie dieser Praxis gegenüber entwickeln? Aggressionen? Argwohn? Eifersucht?

Also: Die Frau gehört doch in die Praxis!

Stellen wir uns diese zwei Gruppen als Kreise vor: Arbeitsgruppe Praxis – Familie. Sie sind der große Punkt, der in beiden Gruppen kreist – das Bindeglied. Gibt die harmonische Figur einer 8. Nun ein zweiter, besonderer Punkt, ein Rädchen, das leicht zum schabenden Zahnrad werden kann – auch zwischen den Gruppen kreisend: Es entsteht die Figur einer Bretzel: Funktion schon viel schwieriger. Brenzlig.

Aber, es geht!

In erster Linie müssen beide Arbeitskreise – Familie und Praxis – im gleichen Stile geführt werden.

Kürzlich heulte unser 8jähriger. Ich hatte seine Vorstellungen über die Funktion einer Sonnenuhr korrigiert. »Der hat immer recht. Der bestimmt alles. Der weiß immer alles!« schluchzte der Kleine. Mir wurde klar, daß hier etwas nicht stimmt. Daß ich mehr Sorgfalt auf die Führung der Praxis als auf die meiner Familie verwandte. Wenn Sie also die nichtdirektive Führung einer Praxis anstreben, dann – bitteschön – sollten Sie dies auch in Ihrer Familie versuchen. Auch hier also: einordnen, Entscheidungsgewalten abgeben, zuhören, kommunizieren statt dirigieren.

Die heiklen Punkte bei der Mitarbeit der Ehefrau sind also:
- Ist sie qualifiziert für die Tätigkeit, die sie ausübt? Röntgt sie z.B., ohne eine Ausbildung dafür zu haben – dirigiert sie die MTA und das Labor – und war früher Schreibkraft?
- Wirkt sie auf die anderen Mitarbeiter eher als Bedrohung, Angst und Unsicherheit verbreitend?
- Demonstriert sie gern, der verlängerte Arm des Chefs zu sein?
- Genießt sie größere Rechte und Vollmachten in der Praxis als jedes andere Mitglied der Gruppe?
- Beeinflußt sie stark alle wesentlichen Entscheidungen des Arztes bezüglich Organisation und Führung der Praxis?
- Oder strahlt sie im Gegenteil Offenheit, Bescheidenheit und Kollegialität aus?
- Entsprechen ihre Führungsansprüche dem Leistungs-Koeffizienten?
- Taucht sie eventuell nur sporadisch in der Praxis auf – und hat trotzdem das Sagen?

Sollte sie nun also – oder besser nicht – in der Praxis mitarbeiten?

Auch hier: Keine Regeln, kein festes Konzept!

Ich meine eher: Die Frau des Arztes gehört in die Praxis. Und wenn es nur stundenweise oder halbtags ist. Nicht nur, weil sie sonst eventuell das mühsam Verdiente auf Tennisplätzen, beim Golf oder in Boutiquen verplempert; sondern auch, weil sie durch ihre Mitarbeit die naturgegebene Eifersucht auf Praxis, Helferinnen und Beruf des Mannes abbauen kann. Weil sie durch ihre Mitarbeit die Kommunikation zum Mann und dessen Beruf sehr wesentlich verbessert.

Sie sollte bei dieser Arbeit darauf achten, weder Statist noch Dirigent sein zu wollen – lediglich ein Glied in der empfindlichen Kette. Ihre besondere Rolle vorsichtig und zurückhaltend spielen, über die psychologischen Zusammenhänge orientiert, die Prinzipien gegenseitiger Anerkennung und Achtung im Auge – dann wird es klappen, ihr selbst und allen anderen in der Gruppe dienen.

Auch hier darf dieses wohlwollende Akzeptieren der Gruppenmitglieder nicht lediglich eine Sublimierung oder Überkompensation, z.B. autoritärer

Grundeinstellung sein, sondern muß zur Überzeugung und zum Wesenszug werden. Nicht nur lieben, um verstehen zu können, wie es Le Shan sagt, sondern auch verstehen, um lieben zu können!

Wenn auch die Ehefrau bemüht ist, ihre Umgebung positiv zu stimulieren, mehr zu loben als zu tadeln, nichtdirektiv zu denken und zu handeln, kann sie mit ihrer Mitarbeit durchaus segensreich wirken.

Lob – immer spontan! Je öfter desto besser.

Tadel – erst nach gründlicher Überlegung und Besinnung. So selten wie möglich.

Wie schwer das manchmal ist, soll ein letztes Beispiel beleuchten.

Die intelligente und flinke Mitarbeiterin entdeckt nach ihrem Examen eine Vorliebe für Arzt-Konsultationen. Bauch zu dick → zum Gynäkologen → Klinik → 2. Gynäkologe → Internist... Durchfälle (medikamentös?). Bauch zu dünn → Internist II. Zahnregulierungen über zwei Jahre. Pille → zwei neue Gynäkologen. Unverträglichkeiten? → Spirale → Nebenwirkungen → operative Entfernung der Spirale. Trennung von ihrem Freund (vorbestrafter Mann). Neue Bekanntschaft im Ausland. Zwei teure Reisen: Finanzierung über Kredit-Hai. Gehaltspfändung. Schwangerschaft. Ende gut, alles gut? Ehe geplant. Trotz dieses lebhaften Krankheitsgeschehens hat sie stets nur 1–2 Tage gefehlt. Glauben Sie, ich wäre bei »saurer Reaktion« so glimpflich davongekommen?

Akzeptieren, Trösten, Verstehen, Zuneigung – das alles ist gegenüber Patienten oft wirklich leichter als bei den eigenen Mitarbeitern.

Einstellen würde man so jemanden nicht. Wenn Sie sich aber für diese Helferin entschieden haben, müssen Sie auch fest hinter ihr stehen. »Da komme was da wolle« geht zwar zu weit. Aber man wundert sich doch, wie weit man mit seinem Verständnis kommt, wenn man nur will. Jedenfalls weiter – so gut wie immer – als vor dem Arbeitsgericht.

Jeder Mensch bestimmt andere Schicksale. Der Arzt nicht nur die seiner Patienten, auch die seiner Mitarbeiter. Wir vergessen das oft. Es sollte uns vorsichtig und nachdenklich machen. Die menschliche Einfühlsamkeit muß Mitarbeiter und sogar die Ehefrau einschließen, um ein harmonisches Ganzes zu werden.

Die Zeit, die wir alle durch nachlassenden Patientenstrom gewinnen, könnten wir auf diesem Sektor der psychologischen Gruppenführung in Praxis und Familie einsetzen.

Wenn Ihnen die Praxis aber doch zu klein geworden ist, können Sie den Patienten auch erst einmal erzählen, was Sie alles können und machen.

Nicht jedem einzelnen natürlich. Schreiben Sie einen Praxis-Prospekt, in dem Sie Ihre Praxis, Mitarbeiter, Organisation, Aufgabenteilung, Leistungen und schließlich sich selbst vorstellen.

Wir haben das einmal versucht (s. Anhang).

Wir legen täglich ein paar solcher Informations-Blätter in die Warteräume und wundern uns: Nach einem Jahr sind tausend von den zweitausend gedruckten Exemplaren bereits mitgenommen worden. Fast täglich hören wir anerkennende Bemerkungen über dieses Praxis-Informationsblatt und sehen Kranke, die den Prospekt mitgebracht bekamen und gelesen haben. Mehr Betreuung als Werbung darstellend hat dieses Hinweisblatt bisher auch keine Kritik von Seiten der Ärztekammer erfahren.

Nach diesen Praxis-Beispielen noch ein wenig Theorie, die alle Erfahrungen mit dem neuen Stil der Praxisführung zusammenfaßt.

Rogers hat seine Prinzipien für psychotherapeutische Gruppen-Sitzungen entwickelt.

Die Arbeitsgruppe Arztpraxis ist m.E. ein günstiges Anwendungs- und Experimentierfeld für seine Theorien: Ein im Umgang mit Menschen geschulter Arzt praktiziert psychologische Erkenntnisse in den gleichen Räumen; an seinen Mitarbeitern, mit ihnen, und möglichst unter Einschluß der mitarbeitenden Ehefrau, ja: der ganzen Familie.

Schlagworte, Leitlinien, Prinzipien, die in Rogers' Werken (3) immer wieder auftauchen, sollen vertiefen, zusammenfassen, zum Nachdenken anregen und Nachmachen ermutigen:

»Weil ich mich weniger davor fürchte, positive Gefühle zu geben oder zu empfangen, bin ich fähig geworden, Menschen mehr zu schätzen«, sagt er zum Beispiel.

»Menschen sind genau so wundervoll wie ein Sonnenuntergang, wenn ich sie sein lassen kann.«

»Eine etwas orientalische Einstellung; für mich ist sie überaus befriedigend.«

»Wenn man mich schätzt, blühe ich auf und entfalte mich zu einem interessanten Individuum.«

»Die sensible Fähigkeit zu hören, die tiefe Befriedigung, gehört zu werden; Fähigkeit, echter zu sein, die ihrerseits größere Echtheit bei anderen bewirkt; größere Freiheit, Liebe zu geben und zu empfangen...«.

Er möchte auch die statusbewußte Ärzteschaft beeinflussen, humanisierende Wirkung auf die Mediziner ausüben.

»Sicherheit und Gewißheit langweilen mich. Es ist lebensnotwendig für mich, Neues auszuprobieren. Ob ich Erfolg habe oder scheitere – ich lerne!«

»Ein von Zwängen bestimmtes Leben erscheint mir sehr traurig.«
Seine Erfahrung: »Ohne Schuldgefühle, in angenehmer Weise »verantwortungslos« zu sein. Und zu meiner Überraschung stellte ich fest, daß ich auf diese Weise effektiver war.«

»Ich merkte, daß es mir großen Spaß machte, mit mir selbst zusammen zu sein.

Ich mag mich.«

»Den Wunsch aufgeben, diesen Menschen nach meinen Bedürfnissen zu ändern.«

ROGERS hat (in seinen Therapiegruppen) zeitlich begrenzte Gemeinschaften. Wir: dauerhafte! Ein Vorteil für uns, wenn wir die neuen Prinzipien anwenden!

»Es gibt Möglichkeiten des Seins, ohne Macht über einzelne oder Gruppen auszukommen.«

Er sieht sich als humanistischen Psychologen mit einer personenzentrierten Philosophie.

»Es gefällt mir, mich kennenzulernen und mich mit meinen Gedanken und Gefühlen anzufreunden.«

»Ich habe gelernt, mehr von mir zu geben.«
Gruppen-Dynamik: Ein niemals endendes Abenteuer.
»Ich kann es immer noch nicht glauben. Ihr Verhalten und ihre Probleme änderten sich.

Es war wie Zauberei.
Zuerst wird das als lächerlich und unmöglich angesehen.
Es ist nicht lächerlich, durchaus möglich, aber für die Allgemeinheit immer noch inakzeptabel.

Wir hängen an konventionellen Machtverhältnissen.
Gegenstrom: Der gegenwärtige Trend zum Konservativen und Traditionellen.

Eine politische Bedrohung, die von einem personenzentrierten Ansatz ausgeht?

Macht abzugeben: Erschreckende Vorstellung!«
»Ich weigere mich, Noten als Bestrafungsmittel zu verwenden.«
»Wir sollten bereit sein, Risiken auf uns zu nehmen.

Es ist besser, allmählich, in wohlbemessenen Schritten voranzugehen, als mit einem Mal völlig auf Macht zu verzichten: Angst zu bekommen und sie dann wieder zurückgewinnen zu wollen.

Viele verstummen verwirrt, wenn ihnen die Freiheit tatsächlich gewährt wird.«

Ich kann Befriedigung darin finden, daß ich die Entwicklung anderer fördere!

Gefahr: Daß in jedem von uns eine gewisse Neigung zum Eiferer besteht.«

Schüler waren zunehmend zu höheren kognitiven Leistungen fähig, z.B. zum Problemlösen, wenn die Lehrer ein hohes Maß an positiver Einschätzung und Achtung zeigten. Es gab weniger disziplinäre Schwierigkeiten, es fehlten weniger.

Anstieg des Intelligenzquotienten.

»Solche Einstellungen im Umgang mit anderen Personen können erfahren und übernommen werden. Es handelt sich dabei nicht einfach um intellektuelles Lernen.

Lehrer, die ein hohes Niveau an fördernden Qualitäten zeigen, haben häufiger auch andere Merkmale:

Sie offenbaren sich, reagieren öfter auf die Gefühle der Schüler, loben öfter, sind für die Ideen ihrer Schüler aufgeschlossener, dozieren weniger oft.

Das Gefühl beginnt zu keimen, eine bedeutsame Erfahrung miteinander zu teilen.

Vermitteln Sie Gefühle wie: Ich ignoriere Sie nicht, ich höre Ihre Enttäuschung, höre Ihren Ärger; es kommt bei mir an. Wir nehmen auch die leisen Stimmen, die abweichenden Meinungen, die zögernd vorgebrachten Gefühle zur Kenntnis, jeder Anwesende ist es wert, angehört zu werden.

Resultate: Stille Verbundenheit.

Wir hören einander, nehmen uns sogar die Zeit, miteinander zu schweigen.«

Mitreißend für mich: Sein Glaube an die Weisheit der Gruppe!

Er warnt aber gleichzeitig:

»Jede Richtung, die von irgendeiner Person oder durch irgendwelche Formulierung gewiesen wird, enthält Fehlerquellen. Die Richtung wird eventuell immer verkehrter, bis die Bewegung schließlich ihre eigenen Ziele zerstört«. (Marxismus?)

Und tröstet an anderer Stelle seiner Werke: »Scheitern, und sich dennoch selbst akzeptieren können!«

Im Chinesischen hat ein und derselbe Schriftzug zwei verschiedene Bedeutungen: »Krise« und »Chance«.

Vielleicht bedeutet dieses ganze Referat aber nicht mehr als den »Mut zur eigenen Dummheit« (nach BALINT), den Erguß eines stümperhaft agierenden Laien, der sich nur vorübergehend an angewandter Psychologie, auf die Gruppenführung in der Arztpraxis übertragen, berauscht, – und schon morgen scheitern kann.

Schon jetzt will ich aber sagen: Eine glückliche Zeit war es jedenfalls.

Und wenn Sie den Teufel in Ihrem eigenen Betrieb durch diese Ausführungen erkannt haben, dann hilft es Ihnen vielleicht schon etwas weiter, wenn Sie ihn jetzt beim Namen nennen können. Wie einen Kranken oft bereits die Nennung der Diagnose erleichtert. Erkennen beruhigt immer – beide Seiten.

Jedenfalls glaube ich, daß es zu der genannten nichtdirektiven Praxisführung «kaum irgendwelcher beruflicher Vorkenntnisse bedarf«, wie es BALINT auch von seiner Therapieform glaubt. Lediglich einer gewissen Schulung, um Fehlentwicklungen und Probleme zu erkennen – wie bei der Betrachtung einer Röntgenaufnahme.

Dieses Referat birgt für mich und Sie die Gefahr, daß mehr Wissen vorgespiegelt wird, als ich eigentlich besitze – ein Wort, das BALINT allen Fachärzten mehrfach entgegenschleudert.

Daher bitte ich Sie, in der jetzt eröffneten Diskussion nicht mir Fragen zu stellen, sondern sich selbst – und danach zu trachten, auch Antworten aus Ihrer Runde zu finden.

In diesem Sinne sehe ich mich lediglich als provozierenden Katalysator – einen mit Psychologie vielleicht zu spielerisch umgehenden Laien.

Dabei hoffe ich allerdings, daß Sie meine Worte ein wenig höher einstufen als BALINT es mit den Ergüssen vieler Fachärzte tut: »Gutgemeinte Phrasen« (10).

Vielleicht können Sie mir zugestehen, daß hier gemeinsam »Neuland beackert« wird (auch von BALINT).

Auch bei ihm finden wir Erkenntnisse, die sich auf die reformierte Praxisführung anwenden lassen.

Vielleicht leben viele von uns mit der Gruppe unserer Mitarbeiter nicht besser, als es BALINT von psychosomatischen Kranken beschreibt: »Durch seine Stellung und Funktion ist der Gruppenleiter unweigerlich herausgehoben, und so wird eine ziemliche Summe von Affekten auf ihn konzentriert. Bloße Aggressivität ist dann ebenso nutzlos wie gar zu sanfte, überzuckerte Konstruktivität. Es ist alles andere als leicht, eine solche Atmosphäre zu schaffen... Gruppe wie Gruppenleiter sollten lernen, geduldig zu sein.«

»Es wurde eine fast undurchdringliche Mauer errichtet, die oberflächlich als freundliche, kooperative Hochachtung vor der Arbeit des Doktors maskiert war.«

Es wäre sicher traurig, dies nicht zu erkennen und so zu belassen. Bequem ist aber eine Änderung, ein Aufbrechen solcher starrer Strukturen sicherlich nicht.

Zusammenfassung

Unser aller Reizhunger erinnert an den Hunger nach Nahrung. Streben nach Anerkennung gesellt sich hinzu: Streicheln ist die Maßeinheit unserer sozialen Aktivitäten. Positive Streicheleinheiten sind starke Leistungsverstärker: Anerkennung vermitteln, zumindest Beachtung schenken, zahlt sich bei jeder Betriebsführung mehr aus als das Verteilen von negativen Streicheleinheiten, also Kritik, Tadel und Abwertung.

Die experimentelle Psychologie hat in Tierversuchen nachgewiesen (12), daß biologische Vorgänge im Gehirn und sogar die Widerstandsfähigkeit gegen Leukämie günstig beeinflußt werden, wenn man sich den Tieren zuwendet, mit ihnen beschäftigt. Eine fürsorglich sanfte Behandlung hatte dabei den gleichen Effekt bezüglich Gesundheitsförderung wie eine Behandlung mit schmerzhaften Elektroschocks. Für den Mitarbeiter gilt: Negative Streicheleinheiten sind ihm immer noch lieber als gar keine. Behütung und geistige Zuwendung kann einen Menschen fördern, aber auch harter Leistungssport.

Unserem Reizhunger und Hunger nach Anerkennung folgend, strukturieren wir unsere Zeit. Neben Arbeit, Aktivitäten, Rückzug und Zeitvertreib gibt es die Möglichkeit, die Zeit mit Spiel zu verbringen. Positive und negative Spiele lassen sich auch im Praxisalltag leicht erkennen. Merkmale der Spiele sind Vorspiegelung von Emotionen, regelhafter Ablauf, verdeckte Ziele. Zeitvertreib und Spiele sind wahrscheinlich ein Ersatz für tiefer empfundene Intimerlebnisse. Der äußerst aktive junge Mann wird sich aus Kegelklub, Familie, Freundeskreis usw. zurückziehen, wenn er die ihm ideal erscheinende Partnerin gefunden hat. Bleibt seine Hoffnung auf dauerhafte Intimität, nicht nur geschlechtlichen Charakters, unerfüllt, so wird er nach einiger Zeit wieder in seinen Kreisen auftauchen. Reizhunger, Hunger nach Anerkennung und Strukturhunger werden also mit Intimität befriedigt. Ein Phantom? Gleichzusetzen mit Liebe?

Ein einsamer Mensch kann nur tätig sein oder fantasieren. Kommen mehrere Menschen zusammen, stehen alle Möglichkeiten zur Zeitstrukturierung zur Verfügung: Rituale, Zeitvertreib, Spiele, Intimerlebnisse, Rückzug und Aktivitäten.

Auch Spiele können befriedigend sein. Sie sind im Sozialleben viel häufiger als die heimlich ersehnten Intimitäten – Friede, Zufriedenheit, Ruhe, wahre Liebe ... Sie muß uns als ein sehr vager und verwaschener

Begriff erscheinen, diese Intimität. Für BERNE ist sie eine seltene Privatangelegenheit.

Die Strukturanalyse beschäftigt sich mit den verschiedenen Ich-Zuständen im Menschen, mit blitzartigen Umschichtungen in unserem Gefühlsleben, die man bei allen menschlichen Kontakten beobachten kann. Man sagt, wir können unsere drei Ich-Zustände mit unterschiedlicher Energie besetzen.

Jeder trägt in seinem Wesen seine Eltern mit sich herum, angeborene und anerzogene Faktoren, Eltern-Ich genannt, aus einer strengen, belehrenden und liebenden, nährenden Schicht zusammengesetzt.

Außerdem lebt der kleine Junge in uns, Kreativität, Emotionalität, Impulsivität (Freude, Haß, Tränen, Trotz, Experimentierlust – Kind-Ich genannt, in eine freie und angepaßte Schicht unterteilbar). Dazwischen der nüchtern wertende Computer, Kommunikations-Ebene des Erwachsenen-Ichs.

Das Kind-Ich ist wohl der wertvollste und interessanteste Bestandteil der Persönlichkeit, schenkt Anmut, Freude, schöpferischen Geist, wie das Kleinkind seiner Familie.

Unterschätzen wir aber auch unser Eltern-Ich nicht. Es ist zum Überleben absolut unentbehrlich, z. B. unsere Moralbegriffe und automatischen Reaktionen beherbergend – von ethischen bis zu Verkehrsregeln reichend. Alle Selbstverständlichkeiten, die unser Zusammenleben lenken, kommen aus unserem Eltern-Ich. Jeder Ich-Bereich wird für ein produktives Leben benötigt. Ein fehlerhafter Aufbau der Ich-Zustände in der Entwicklungsphase verursacht eventuell lebenslängliche soziale Schwierigkeiten, falsche momentane Energiebesetzung von Ich-Zuständen bewirkt aktuelle Problematik. In allen Fällen sind Transaktionsanalysen möglich und nützlich.

Im Kapitel der eigentlichen Transaktionsanalyse interessieren hier in erster Linie die verdeckten Transaktionen im Psycho-Spiel. Vertreter praktizieren z. B. Angulär-Transaktionen, bei denen drei Ich-Zustände beteiligt sind: »Dieser Vertrag wäre noch besser, aber den können Sie sich leider nicht leisten«.

»Ich glaube doch, ich nehme ihn.« In der Praxis: »Wäre sicherer, wir würden diese und jene Untersuchung durchführen... Aber wenn Sie sich so fürchten...?« »Nein, nein, Herr Doktor, wir sollten das schon machen, wenn Sie es für richtig halten.«

Bei den meisten Spielen entscheidet das Kind-Ich darüber, was dabei herauskommt: Emotionelle Faktoren haben überall Vorfahrt.

Rituale sind ein beruhigendes Geplätscher von parallelen Transaktionen, häufig dem Austausch von Streicheleinheiten entsprechend. Schauen wir uns das Begrüßungsritual in der Praxis an:

»Grüß Gott, Herr Meier, kommen Sie näher, bitte. Nehmen Sie Platz, hier bitte. Nun, was führt Sie zu mir?«: 5 Streicheleinheiten, die der aufmerksame Arzt auf seinen Patienten häuft. Letzterer hat die Möglichkeit, mit dankenden, ebenso positiven Streicheleinheiten in Richtung Arzt zu reagieren. Rituale haben etwas beruhigendes, können aber durch ihre Gleichförmigkeit auch zur Ermüdung und zu negativen Gefühlen führen. Unseren Berufspraktiken (von den Transaktionsanalytikern »Verfahren« genannt) haften zweifellos ritualistische Elemente an: Auf das Begrüßungsritual folgt das Ritual der Anamneseerhebung mit Standard-Fragen, Untersuchungsrituale, Verordnungsritual – Verabschiedung... Die Gebote aus dem Eltern-Ich stehen im Hintergrund: So und nicht anders! So muß man das machen, so haben wir's gelernt! Auch für die gute Atmosphäre im Sprechzimmer sind Kinder-Ich-Impulse nützlich: Spontanität, Kreativität, Heiterkeit und Freude dürfen und sollen im Patienten angesprochen werden.

Rituale sind also durchaus nützlich, dürfen aber nicht alles sein. BERNE sagt: »Ein Mittel, mit dem eingeschworene Fachleute sich gern der Einführung brauchbarer neuer Verfahrensweisen in ihrem Beruf widersetzen, besteht darin, sie als Rituale abzuklassifizieren...« Unter Kollegen und auf Kongressen hört man dann z. B. Urteile über neue Verfahrensweisen wie diese: »Teure Spielerei, durchaus entbehrlich, unverbindliche Spielerei, die nur der Industrie hilft« – gelegentlich eben auch eingesetzt, um nützliche Weiterentwicklungen abzuschießen.

Verfahren (Berufspraktiken) werden vom Erwachsenen-Ich gesteuert, Rituale mehr vom Eltern-Ich bestimmt. Menschen, die Rituale nicht mögen, legen sich Ersatzverfahren zu. Der Gast, der sich der Gastgeberin als Küchenhilfe aufdrängt, entspricht dem Arzt, der statt eines Begrüßungsrituals Blut abnimmt oder zur Begrüßung nur auf den Stuhl deutet und erklärt: »Ich habe hier Ihre Akte in der Hand und weiß bereits folgendes über Sie: »...«.

Für Zeitvertreib, eine weitere mögliche Art der Zeitstrukturierung, ist in der Arztpraxis nur wenig Platz. Er ist auf das Wartezimmer oder Betriebsfeste begrenzt, wird natürlich auch von den Arzthelferinnen in ruhigen Minuten eingesetzt: Belangloses Geplauder unter dem Titel

»Gibt es denn sowas?«

»Was ist denn aus dem und dem geworden?«

»Autos, Küche, Garderobe.«
»Wieviel kostet das dort und dort?«
»Wie macht man das?«
»Kennen Sie den und den?«
»Was ist denn aus dem geworden?«
»Der Morgen nach dem tollen Fest.«
»Die heutige Jugend.«
»Diese Ärzte heute.«
»Zu dumme Geschichte« usw.

Die verschiedenen Arten des Zeitvertreibs sind oftmals gleichzeitig Aufforderung zum Spiel, Suche nach Spielpartnern oder Freundschaften, Intimität. Die Transaktionsanalytiker sprechen von sozialen Selektionsprozessen. So hat am Schluß einer Party oder Betriebsveranstaltung jeder Teilnehmer ausgesiebt, potentielle Spielpartner für seine Tendenzen entdeckt, andere abgelehnt. Ärzte mit kleineren Praxen halten gelegentlich Ausschau nach Patienten, dann wird's zur verdeckten Transaktion, echter Spielcharakter. Zeitvertreib kann, so betrachtet, durchaus erfreuliche Gefühle wecken, menschliche Beziehungen begründen. Banale Zeitvertreib-Gesprächsthemen können auch zur Übermittlung nützlicher Informationen führen. Man kann so in harmlosen Zeitvertreib (»Ist das nicht schrecklich?« »Haben Sie das schon gehört?« »Ich auch...«), nützlichen und sogar negativen Zeitvertreib einteilen:

»Den kann ich überhaupt nicht riechen, und zwar weil...«
»Nun laßt uns mal ein Ding drehen!«

Spiele sind schließlich das interessanteste Kapitel der Transaktionsanalyse, charakterisiert durch Folgen verdeckter Komplementär-Transaktionen. Es wird ein geheim gehaltenes Ergebnis angesteuert, über eine Folge sich wiederholender Transaktionen erreicht. Die Motive bleiben verborgen, verdeckt. Der Nutzeffekt wird oftmals vom Spielenden selbst nicht klar erkannt und ist zweischneidig. Rituale mögen wirkungsvoll, Zeitvertreib nützlich, offen und ehrlich sein, Spiele bleiben durch ihre verdeckten Motive unehrlich. Sie haben die Tendenz, sich dramatisch zu entwickeln. Bittet ein Patient um einen Rat, erhält ihn, bedankt sich und richtet sich danach, so ist dies eine offene, ehrliche Transaktion, auch Operation genannt. Setzt er den erhaltenen Rat jedoch, oberflächlich dankend, gegen den Arzt und sich selbst ein, dann wird die Transaktion zum Spiel: Patient weiß schon im Vorhinein, daß ihm auch dieses Medikament nicht helfen wird, klagt im Wartezimmer über die Unfähigkeit seiner Ärzte usw. Seine Bitte um Hilfe war nicht aufrichtig, lediglich ein Schachzug in seinem Spiel.

Unbewußte Spiele bestimmen weitgehend das gesellschaftliche und politische Leben, aber auch viele Vorgänge in der Arztpraxis. Eine Analyse kann zu sinnvollen Verhaltensänderungen beitragen. Man unterteilt in positive und negative, also nützliche und schädliche Spiele – von einer sozialen Wertung ausgehend. Die Definition »Spiel« geht also über den üblichen Begriff von Freude oder Vergnügen hinaus. Negative Spiele haben oftmals bedenkliche Folgen, in Krankheit, Tod oder gar Krieg mündend.

Patienten, die von Konsultation zu Konsultation, von Arzt zu Arzt ziehen mit der verdeckten Überzeugung, daß ihnen sowieso niemand helfen kann, alle Ärzte unfähig und gemein sind, treiben ein negatives Spiel. Sie erkennen die Schuldgefühle ihrer Ärzte, den verzweifelten oder suchenden Charakter aller Bemühungen, ziehen daraus ihren geheimen Nutzen, schaden sich jedoch in Wirklichkeit selbst, verbauen jeder therapeutischen Intervention den möglichen, segensreichen Effekt. »Nun geben Sie doch der Placebo-Wirkung Ihrer Medikamente eine Chance!« erklärte kürzlich sein Arzt meinem ewig zweifelnden und wankelmütigen Onkel. Das ist eine Möglichkeit, die Antithese einzuleiten. »Mach', was Du willst« wäre eine harte Form der Antithese, die sorgfältige Spielanalyse mit dem Patienten zusammen ist der bessere Weg.

Manche Arztfrauen treiben das Spiel: »Er ist an allem Schuld, seinetwegen bin ich nichts geworden, durfte nicht weiterstudieren… Immer nur der Haushalt und die Kinder, wie deprimierend…« Macht man diesen Frauen schließlich den Weg zum Studium frei, sind sie gezwungen, die Karten auf den Tisch zu legen: Geben ihr negatives Spiel, das zu ständiger Unzufriedenheit und Reibereien in der Familie führt, auf – oder studieren tatsächlich, in eine sinnvolle Aktivität oder ein positives Spiel mündend. Gelegentlich werden Phobien aufgedeckt, die damals zur Beendigung des Studiums geführt haben: Die Frau erkennt ihren Horror, in Hörsälen und Kursen zu sitzen, kehrt geleutert in Haushalt und Praxis zurück.

Mit zunehmender Spieldauer steigert sich die Geschicklichkeit, Spiele einzuleiten, zu führen, zu verdecken, den Nutzen zu kassieren. »Kümmere Dich um die Kinder und die Praxis«, sagt und denkt der Arzt z. B. immer wieder, und sie begehrt auf: »Wenn Du nicht wärest, würde ich heute, wäre ich heute…«. Die psychologische Ebene wird mehr und mehr von der sozialen verdeckt und lautet: »Ich habe solche Angst zu studieren, Euch zu verlassen… Beschützt mich!« Je länger und perfekter das Spiel getrieben wird, desto ferner rückt die Möglichkeit einer spontanen Lösung. In diesem Falle muß man sich gut überlegen, ob man ein solches Spiel wirklich auflösen will. Die herausfordernden Transaktionen der Ehefrau helfen ihr, die Gesundheit ihres labilen Nervensystems aufrecht zu erhalten. Das stumme Eingeständnis der Familie bestätigt ihre Position: Er ist ein Tyrann, alle Männer sind Tyrannen, knechten uns Frauen, rauben uns Selbständigkeit und intellektuelle Entwicklung, beschneiden Berufschancen... Ein mangelnder Realitätssinn mag dahinterstecken, die Kapitulation vor Arbeit und Autorität des Ehemannes bewahren diese Frau aber auch vor Offenlegung ihrer neurotischen Angstzustände. Schließlich kann es sogar Erregung bedeuten, sich einem Tyrannen zu unterwerfen. Sie hat sich ihr Recht erworben zu sagen: »Wenn Du nicht wärest, dann wäre ich heute...«.

Parallel dazu spielt der Arzt häufig »Überbeschäftigung, Streß«.

Der Ursprung der Spieltendenzen liegt in der Kindheitsentwicklung. Die Motivierung zu bestimmten Spielen wird in den Lebensplan eingewoben. Bevorzugte Spiele leiten unser Schicksal, den Erfolg in Beruf und Ehe. Unsere Eltern verwenden viel Fleiß darauf, uns Rituale, Aktivitäten und Möglichkeiten des Zeitvertreibs zu lehren. Die Spiele werden oft vergessen bzw. unbewußt vermittelt: Das Kind, das über Bauchschmerzen klagt, nur weil der kleine Bruder mit Bauchschmerzen im Bett liegt und große Zuwendung genießt, wird nicht auf diese Spieltendenzen hingewiesen, die notwendige Antithese unterbleibt: »Du willst uns doch nicht etwa auf den Arm nehmen, Dein Spiel mit uns treiben? Laß' ihn ansehen, Deinen Bauch. Nein, Du kannst ja gar keine Bauchschmerzen haben.« Ein schelmisches Lächeln des Kindes könnte die Akzeptanz dieser Antithese reflektieren.

Ein kleines Brüderchen kommt zur Welt, und prompt oder im Laufe der nächsten Monate fängt auch das ältere Kind wieder an einzunässen. Dies ist eines der wenigen Spiele, die weithin bekannt sind. Oft aber spielen die Eltern die Spielchen ihrer Kinder unwissend mit; oder führen munter ihre eigenen Psychospiele vor: »Ich habe heute solche Kopfschmerzen, ich fühle mich nicht wohl«. Auf der verdeckten Ebene sind sie z. B. ihrem Mann oder irgend jemandem böse. Appell: »Nehmt auf mich Rücksicht, räumt mir Privilegien ein.« Spielverlauf wird von der Reaktion des Partners und den anderen Mitspielern abhängen. Die verdeckte Natur solcher Spiele ist oftmals bis zur Unkenntlichkeit vernebelt. Spielanalyse bedeutet dann, Geschichte und auslösende Faktoren ins Bewußtsein zurückzuheben. Kinder tendieren dazu, die Spiele ihrer Eltern zu imitieren; Arzthelferinnen lernen Psychospiele z. B. von ihren Chefs. Spielanalysen haben das Ziel, von ungünstigen Verhaltensmustern wegzukommen, ohne die das Leben reibungsloser liefe. Vor der Analyse und Auflösung von Spielen muß aber überlegt werden, wie die Reaktionsweisen des Betreffenden danach aussehen könnten oder müssen: Es gibt positive und negative Auswirkungen erfolgreicher Analysen und effektvoller Antithesen.

Die Funktion von Spielen im Alltag, Gesellschaftsleben und auch im Praxisbetrieb ist durchaus nicht immer und nur negativ zu sehen. Spielcharakteristika zu erkennen und aufzudecken, bereitet oft geheime Freude und wird damit selbst zum Spiel, einer verdeckten Transaktion. Die Frage des Arztes beim Patientenkontakt sollte heißen: Sind diese Spiele für ihn auch wirklich ertragreich?

Ein Patient, der »SCHLEMIHL« mit seinem Arzt spielt, immer wieder Diät-Fehler begeht, schmunzelnd darüber berichtet oder sie verlegen lächelnd eingesteht, dicker und dicker wird, sich gern und immer wieder dafür entschuldigt, in der Gewährung dieser Verzeihung seinen geheimen Gewinn kassiert, treibt natürlich ein negatives Spiel – schadet sich selbst. Findet dieser dicke Fresser seine, in Wirklichkeit ersehnte, nicht spielgebundene Intimität, eine vollkommenere Form des Fühlens und menschlichen Kontakts, z. B. die ersehnte Partnerin, wird er gern auf sein Freß-Spiel verzichten. Spiele sind demnach oft dazu da, Zeiten der Hoffnung auszufüllen. Negativ sind diese Wartespiele dann, wenn sie zu Passivität führen (»Hat sowieso alles keinen Zweck«, »Warten auf den Weihnachtsmann...«) oder in Kritiksuche: »Jetzt hab' ich Dich endlich, Du Schweinehund!« wie sich BERNE (4) ausdrückt.

Der Grad der negativen Spiele kann harmlos und akzeptabel (erstgradig), schädlich (zweitgradig) oder folgenreich sein, in schmerzhaften Operationen, juristischen Streitereien oder Tod mündend (drittgradig). Man sagt auch, es gebe zwanglose und harte Spiele.

Hat der Arzt einmal diese Definitionen begriffen und akzeptiert, wird er erstaunt sein, wie viele Transaktionen in seinem Wartezimmer, im Kreis seiner Mitarbeiterinnen und seiner Familie ablaufen, die Spielcharakter besitzen. Derartige Feststellungen können ergötzlich, aber auch deprimierend sein, zu Analysen und Verhaltensänderungen veranlassen oder lediglich zu einer verständnisvolleren Betrachtung führen. Ein vorsichtiges erstes Experimentieren mit dieser Methode kann aber schließlich zu Einblicken und Fertigkeiten führen, die ein fester und nützlicher Bestandteil nicht nur aller Praxisgeschehnisse werden könnten.

LITERATUR

(1) Breitwieser, P.: Erfolgreiche Praxisgründung und -führung, Arzt und Wirtschaft Nr. 8–28, 1982. Nachdruck Med Zürich 1983. Buchfassung Röhm Pharma GmbH, Weiterstadt 1984.

(2) Harris, T. A.: Ich bin o.k. – Du bist o.k., Rowohlt, Reinbek bei Hamburg 1975.

(3) Rogers, C. R.: Die klientbezogene Gesprächstherapie, Kindler, München, 1972. Der neue Mensch, Klett-Cotta, 1981.
Zitate aus seinen Werken: »Lernen in Freiheit«, »Die Kraft des Guten«, »Die Person als Mittelpunkt der Wirklichkeit«, »Die Entwicklung der Persönlichkeit«.

(4) Berne, E.: Spiele der Erwachsenen, Rowohlt, Reinbek bei Hamburg, 1970.

(5) Heinzel, F. und Heinzel, H.: Zielwirksam führen, expert, Grafenau, 1983.

(6) Rüttinger, R.: Arbeitshefte zur Führungspsychologie: Transaktionsanalyse. Sauer-Verlag, Heidelberg, 1982.

(7) Meininger, J.: Transaktionsanalyse, moderne industrie, 1982.

(8) Wandel, F.: Erziehung im Unterricht, Kohlhammer, Stuttgart – Berlin – Köln – Mainz, 1977.

(9) Heinzel, F.: So geht's besser im Beruf, Herder, Freiburg i.B., 1983.

(10) Balint, M.: Der Arzt, sein Patient und die Krankheit, Klett-Cotta, 1980.

(11) Buddeberg, C.: Sexualberatung, Enke, Stuttgart, 1983.

(12) Levine, S.: Stimulation in Infancy, Scientific American *202,* 80–86 (1960). Infantile experience and resistance to physiological stress, Science *126,* 405 (1957).

Anhang
Vorschlag für eine Praxisinformation

Hinweise für Patienten

Priv.-Doz. Dr. med. PETER BREITWIESER, Urologe
Göttingen

Praxis-Information

(Nieren, Blase, Prostata, Genitale; Fruchtbarkeit, Potenz, Vorsorge)

Anschrift:

Weender Straße 80/82, Gothaer Haus, gegenüber Hertie

Parken:

Theaterstraße, Parkhaus Hertie. – Besser: Anfahrt per Bus!

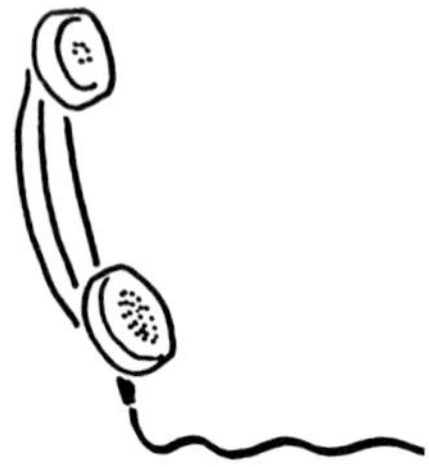

Telefon:

0551/41075: Notfälle außerhalb der Sprechzeiten: priv. 05507/7333

Sprechzeiten:

Montag bis Freitag	8.30–11.00 Uhr
Dienstag (für Berufstätige gedacht)	15.00–18.00 Uhr
Donnerstag u. Freitag	13.30–16.00 Uhr

Anmeldung:

(telef. oder persönlich) nicht Bedingung, aber erwünscht: Zu den Sprechzeiten plus eine Stunde darüber; montags auch 14.30–16.30 Uhr. Lassen Sie sich von meinen Damen beraten: Es gibt ruhige und Stoßzeiten!

Unangemeldete Patienten müssen mit längeren Wartezeiten rechnen.

Notfälle:

(Harnbluten, Koliken, Fieber . . .) werden immer angenommen und, falls nötig, vorgezogen. Weisen Sie bei der Anmeldung darauf hin! Auch Mütter mit kleinen Kindern werden möglichst gleich behandelt. Dadurch kommen die Terminpläne häufig durcheinander. Haben Sie bitte Verständnis dafür. Fragen Sie, wenn Sie bereits 20 Minuten über Ihren Termin hinaus warten, ob Sie noch einmal weggehen können.

Freundlichkeit

und Hilfsbereitschaft sind unsere obersten Gebote. Nur ein ruhiges Gespräch und eine gründliche Untersuchung führen zur richtigen Diagnose und wirksamen Behandlung.

Terminverschiebungen

an lebhaften Tagen sind daher leider – gelegentlich um Stunden – nicht zu vermeiden. Kommen Sie evtl. besser an einem ruhigeren Tag noch einmal wieder, wenn es Ihre Beschwerden und Ihr Terminplan erlauben.

Rechnen Sie bitte bei einer urologischen Konsultation – mit den evtl. nötigen Untersuchungen – stets mit mindestens 1 Stunde *Zeitaufwand.*

Glauben Sie uns bitte, daß wir alles tun, um Wartezeiten zu verringern.

Sie werden nur von sorgfältig geschultem Personal betreut. Machen Sie bitte keinem von uns *Geschenke,* andere Kranke könnten sich gedrängt fühlen, dasselbe zu tun.

Wer ist wofür zuständig?

Anmeldung, Terminvergabe, Überweisungsscheine, Rezeptwünsche, Auskünfte: Frau *Eger-Else,* Arzthelferin

Röntgen: Frau *Nolte,* Arzthelferin

Assistenz bei instrumentellen Eingriffen (Spiegelungen . . .) und Operationen: Frau *Reißenweber,* Arzthelferin; Schwester *Ingrid,* Krankenschwester; Frau *Hente,* Schwesternhelferin

Ultraschall-Vorbereitung und Labor: Frau *Michaelis,* Arzthelferin; Frau *Breitwieser,* MTA

Narkose: Frau *Dr. Schröder,* Fachärztin für Anästhesie (Tagesklinik)

Samenuntersuchung: Frau *Nolte,* Arzthelferin

Gelegentlich werden die Arbeitsplätze ausgetauscht, um den Mitarbeiterinnen alle Fähigkeiten zu erhalten.

Praxisbesonderheiten:

Montags 13.00–18.00 Uhr ambulante *Operationen* in der Tagesklinik. Am Leinekanal, Telefon: 0551/55155

Vorsorgeuntersuchungen für Männer: Mittwoch 8.30–11.00 Uhr

Während des Semesters verlasse ich die Praxis jeden 2. Mittwoch bereits um 11.30 Uhr wegen meiner Lehrverpflichtung an der Universität Gießen/Lahn.

Patienten mit *Fruchtbarkeits-Problemen,* Potenzstörungen und psychosomatischen Beschwerden werden vorzugsweise abends behandelt. Für diese Kranken ergeben sich oftmals längere Beratungs- und Wartezeiten.

Telefon-Sprechstunde (bei vorliegendem Krankenschein): freitags 15.00–17.00 Uhr

Für *Kritik* und Verbesserungsvorschläge habe ich stets ein offenes Ohr, bitte wenden Sie sich damit direkt an mich.

Es gibt *4 Wartezimmer* in der Praxis: Eines vor der Anmeldung, eines für Kranke, deren Karte bereits angelegt oder herausgesucht wurde; und zwei Zwischenwartezimmer für Patienten, bei denen bestimmte Untersuchungen bevorstehen. Bitte beachten Sie die Hinweise meiner Mitarbeiterinnen.

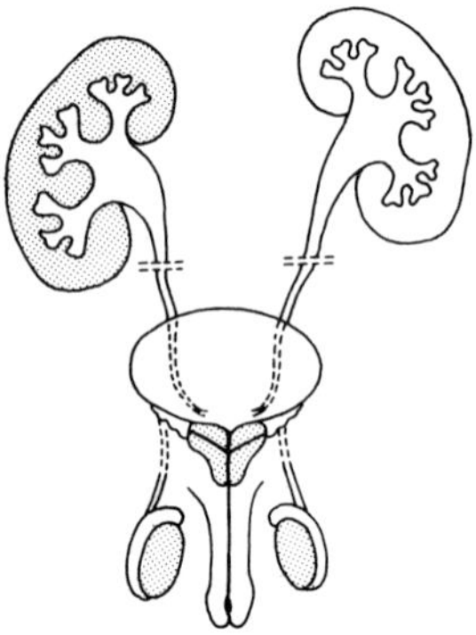

Sie leiden an:

Behandlung:

Kontrolle erforderlich:

Melden Sie sich in einer Woche wieder bei dem Arzt, der Sie zu uns geschickt hat. Er wird dann bereits einen Befundbericht von mir bekommen haben.

Mit freundlichen Grüßen
Ihr

Dalmadorm®

Zusammensetzung: 1 Lacktablette enthält 30 mg Flurazepam-Hydrochlorid. **Anwendungsgebiete:** Einschlafstörungen, häufiges nächtliches Aufwachen, verfrühtes Aufwachen am Morgen. **Gegenanzeigen:** Myasthenia gravis, akutes Engwinkelglaukom, bekannte Überempfindlichkeit gegen Flurazepam. Wenn Dalmadorm länger angewendet wird, sind bei Patienten mit Leber- und Nierenfunktionsstörungen, insbesondere bei Dialysepatienten, Funktionsproben vorzunehmen. In der Frühschwangerschaft (1. Trimenon) und Stillzeit nur bei zwingender Indikation und nach Rücksprache mit dem Arzt anwenden. **Nebenwirkungen:** Zu Beginn der Therapie und bei höherer Dosierung können Benommenheit, Schwindel, Mundtrockenheit, bittere Geschmacksempfindung, Kopfschmerzen, Übelkeit, Sodbrennen und Lichtempfindlichkeit auftreten. Äußerst selten: Hautjucken, Hautausschlag, Erhöhung der Leberenzyme und des Bilirubins. Nach längerer täglicher Einnahme können, wie bei anderen Schlafmitteln dieses Wirkungstyps, nach Absetzen der Therapie vorübergehend erneut Schlafstörungen auftreten, ebenso ist der Nutzen der Behandlung gegen das Risiko der Gewöhnung und Abhängigkeit abzuwägen. **Warnhinweise:** Dalmadorm kann auch bei bestimmungsgemäßem Gebrauch das Reaktionsvermögen soweit verändern, daß auch am Tag nach der Einnahme die Fähigkeit zur aktiven Teilnahme am Straßenverkehr oder zum Bedienen von Maschinen beeinträchtigt ist. Dies gilt in verstärktem Maße im Zusammenwirken mit Alkohol. Bei älteren Menschen kann eine länger anhaltende muskelentspannende Wirkung mit Beeinträchtigung der Geh- und Bewegungsfähigkeit (Unfallgefahr) eintreten. Wird Dalmadorm mit zentralwirksamen Pharmaka vom Typus der Neuroleptika, Tranquilizer, Antidepressiva, Analgetika, Narkotika kombiniert, so ist zu beachten, daß es den zentralsedativen Effekt dieser Präparate verstärken kann. Wie für alle Schlafmittel gilt auch für Dalmadorm, daß man unter dem Einfluß seiner Wirkung keinen Alkohol genießen sollte, da die individuelle Reaktion im einzelnen nicht vorauszusehen ist.

Packungen und Preise: 10 Lacktabletten mit Bruchrille N 1 DM 6,85; 20 Lacktabletten mit Bruchrille N 2 DM13,20. Außerdem Packungen für Krankenhausbedarf. Stand bei Drucklegung.

Lexotanil® 6

Zusammensetzung: Lexotanil 6 enthält als Wirkstoff in 1 Tablette 6 mg Bromazepam (7-Brom-1,3-dihydro-5-(2-pyridyl)-2H-1,4-benzodiazepin-2-on). **Anwendungsgebiete:** Nervöse Reiz-, Überforderungs- und Erschöpfungssyndrome. **Unverträglichkeiten und Risiken:** Lexotanil 6 darf nicht angewendet werden bei Myasthenia gravis. **Nebenwirkungen und Begleiterscheinungen:** Bei relativer Überdosierung können Müdigkeit, in seltenen Fällen Muskelschwäche infolge zu starker muskulärer Entspannung vorkommen. Bei sorgfältiger Anpassung der Dosierung lassen sich solche Begleiterscheinungen leicht vermeiden. **Dosierung:** 1 Tablette abends oder 2–3 × ¼ oder ½ Tablette täglich. **Besondere Hinweise:** Wird Lexotanil mit anderen zentralwirksamen Pharmaka vom Typ der Neuroleptika, Tranquilizer, Antidepressiva, Hypnotika, Analgetika und Anästhetika kombiniert, ist zu beachten, daß es den zentralsedativen Effekt dieser Präparate verstärken kann. Wie für alle Psychopharmaka gilt auch für Lexotanil, daß man unter dem Einfluß seiner Wirkung keinen Alkohol genießen sollte, da die individuelle Reaktion im einzelnen nicht vorauszusehen ist. Ebenso wie alle Arzneimittel vom gleichen Wirkungstyp kann Lexotanil je nach Anwendung, Dosierung und individueller Empfindlichkeit das Reaktionsvermögen (z. B. Fahrtüchtigkeit, Verhalten im Straßenverkehr, Bedienen von Maschinen) beeinflussen. Im übrigen wird an den ärztlichen Grundsatz erinnert, Medikamente in der Frühschwangerschaft nur bei zwingender Indikation zu verabreichen. Für Lexotanil kann nicht ausgeschlossen werden, daß die Wirksubstanz in die Muttermilch übertritt. Bei notwendiger regelmäßiger Einnahme wird Abstillen empfohlen.

Packungen und Preise: 10 Tabletten N 1 DM 6,10; 20 Tabletten N 2 DM 11,30; 50 Tabletten N 3 DM 26,–. Außerdem Packungen für Krankenhausbedarf. Stand bei Drucklegung.

Limbatril® Tabs

Zusammensetzung: 1 Lacktablette enthält: 12,5 mg Amitriptylin und 5 mg Chlordiazepoxid. **Indikationen:** Vegetative Dystonie, psychovegetative und depressive Syndrome. **Relative Kontraindikationen:** Glaukom, Prostatahypertrophie. **Nebenwirkungen:** Gelegentliche Müdigkeit, Mundtrockenheit, Tachykardie, Hypotonie, Obstipation, Miktionsbeschwerden. **Mittlere Dosierung:** 1–3 Lacktabletten täglich. **Hinweis:** Wie für die gesamte Gruppe der trizyklischen Antidepressiva und Neuroleptika – so auch für Limbatril – gilt der Hinweis, daß bei Verdacht auf Herzinsuffizienz sowie bei Rhythmus- und Reizleitungsstörungen, insbesondere bei älteren Patienten, vorsichtige Dosierung und sorgfältige Überwachung geboten sind. Amitriptylin kann die Wirkung adrenerge Neuronen blockierender Antihypertensiva, wie z. B. Guanethidin, hemmen. Vor allem bei prädisponierten Personen können trizyklische Antidepressiva und Neuroleptika EEG-Veränderungen verursachen; in seltenen Fällen wurden Konvulsionen beobachtet. Die Wirkung von ZNS-aktiven Substanzen sowie von Alkohol kann verstärkt, das Reaktionsvermögen im Straßenverkehr beeinträchtigt werden. Zwischen der Therapie mit MAO-Hemmern und Limbatril müssen 14 Tage Abstand eingehalten werden. Im übrigen wird an den ärztlichen Grundsatz erinnert. Medikamente in der Frühschwangerschaft nur bei zwingender Indikation zu verabreichen.

Packungen und Preise: 20 Lacktabletten N 1 DM 7,80; 50 Lacktabletten N 2 DM 18,15; 100 Lacktabletten N 3 DM 32,95. Außerdem Packungen für Krankenhausbedarf. Stand bei Drucklegung.

Rohypnol®

Zusammensetzung: 1 Tablette enthält 2 mg Flunitrazepam. **Anwendungsgebiete:** Klinisch bedeutsame (psychogene, psychotisch bedingte, mit organischen Erkrankungen des Zentralnervensystems einhergehende sowie prä- und postoperative) Schlafstörungen. **Gegenanzeigen:** Myasthenia gravis, akutes Engwinkelglaukom. In der Frühschwangerschaft nur bei zwingender Indikation. Die Wirksubstanz kann in die Muttermilch übertreten. Kindern bis zum Vorliegen entsprechender Erfahrungen Rohypnol nicht verordnen. **Nebenwirkungen:** Bei höheren Dosen (mehr als 4 mg) gelegentlich Schläfrigkeit am Tage, Benommenheit, Schwindelgefühl und Koordinationsstörungen. Für Wachphasen innerhalb der Wirkungsdauer von 6–8 Stunden in Einzelfällen zeitlich umgrenzte Erinnerungslücken. **Warnhinweise:** Am Tage nach der abendlichen Einnahme können infolge noch nicht abgeklungener Wirkung Leistungsfähigkeit und Reaktionsvermögen beeinträchtigt sein. Alkoholische Getränke während des Medikamenteneinflusses meiden. Auch bei bestimmungsgemäßem Gebrauch kann das Reaktionsvermögen soweit verändert werden, daß die Fähigkeit zur aktiven Teilnahme am Straßenverkehr oder zum Bedienen von Maschinen beeinträchtigt wird. Das gilt besonders im Zusammenhang mit Alkohol. Bei älteren Patienten mit hirnorganischen Veränderungen kann am nächsten Tag Benommenheit auftreten. Daher niedriger dosieren. Bei Kombination von Rohypnol mit anderen zentral wirksamen Pharmaka vom Typus der Neuroleptika, Tranquilizer, Antidepressiva, Hypnotika, Analgetika und Anästhetika ist mit einer Verstärkung des zentralsedativen Effekts dieser Präparate zu rechnen. Diese Wirkungsverstärkung ist gegebenenfalls therapeutisch nutzbar. Die Potenzierung von Alkohol und Rohypnol kann im Einzelfall unvorhersehbare Reaktionen bewirken. Nach längerfristiger täglicher Anwendung können wie bei anderen Schlafmitteln nach plötzlichem Absetzen der Therapie vorübergehend Schlafstörungen verstärkt wieder auftreten. Wie bei anderen Arzneimitteln dieses Wirkungstyps bei fortgesetzter Anwendung den Nutzen gegen das Risiko von Gewöhnung und Abhängigkeit abwägen.

Packungen und Preise: 10 Tabletten N 1 DM 6,85; 20 Tabletten N 2 DM 13,10. Außerdem Packungen für Krankenhausbedarf. Stand bei Drucklegung.